中学入試 まんが攻略BON!

社会

政治・国際

Gakken

中学入試 まんが攻略BON！ 政治・国際

もくじ

第1章 日本国憲法と基本的人権

第2章 国会・内閣・裁判所

この本の特色と使い方

特色

❶ まんがだから楽しく勉強できる！

まんがでやさしく解説《かいせつ》しているので、楽しく読めて、わかりにくい学習項目《こうもく》もグングン理解《りかい》できます。

❷ 入試によく出る重要《じゅうよう》ポイントが、ガッチリつかめる！

入試によく出る重要ポイントには、重要マークや入試に出る！マークをつけ、まんがの中に出てくる重要な用語は、赤く太い文字になっているので、おさえるポイントが一目でわかります。

❸ 重要《じゅうよう》ポイントに関連《かんれん》する知識《ちしき》も満《まん》さい！

重要ポイントや重要用語の理解をさらに深めるために、重要ポイントに関連する知識を、コラムの［ポイント解説］やページの左右のはしと下のらん外に、［マメ知識］［くわしく］、［重要用語］［参考］としてのせています。

❹ 実力がついたかどうか、2段階《だんかい》で確認《かくにん》できる！

①から⑥まである「要点整理と重要事項のまとめ」と「重要事項の一問一答」と、巻末《かんまつ》にある「入試問題にチャレンジ」で、実力を2段階で確認できます。

使い方

ステップ1

この本は、効果的《こうかてき》に学習できるように構成《こうせい》しているので、最初《さいしょ》から読み進めていくことをおすすめします。しかし、興味《きょうみ》のある事項《じこう》やちょっと苦手な事項を選《えら》んで、そこから読み始めてもかまいません。

ステップ2

重要マークや 入試に出る! マークがついていたり、赤く太い文字になっていたりする学習事項や用語は、入試に出題される確率《かくりつ》の高いものです。必《かなら》ずおさえておきましょう。そのとき、らん外にある 重要用語 （重要な用語の解説）と 参考 （重要事項に関連《かんれん》する知識）や、

マメ知識　くわしく（重要ポイントの理《り》解《かい》を深めるための知識《ちしき》）もあわせて覚えましょう。

ステップ3

「要点整理と重要事項のまとめ」と「重要事項の一問一答」を章ごとに（第5章は2つ）のせています。まずここで章単位の実力確認《かくにん》をしましょう。もしわからない場合は、本文にもどっておさらいをしましょう。そして全部読み終えたら、過《か》去《こ》の中学入試に出題された問題をまとめた「入試問題にチャレンジ①〜③」で実力を試してみましょう。

日本国憲法は、いつ、どのようにしてできたのか、また、基本としている考え方を理解《りかい》しよう。

① 日本国憲法《けんぽう》の成立《せいりつ》

1946年11月3日に公布《こうふ》され，翌年《よくねん》の5月3日から施行《しこう》された日本国憲法は国の最高法規《さいこうほうき》で，国民主権《こくみんしゅけん》，基本的人権《きほんてきじんけん》の尊重《そんちょう》，平和主義《しゅぎ》を3つの原則《げんそく》としている。大日本帝国《ていこく》憲法と比《くら》べながら特色《とくしょく》を理解《りかい》しよう。

日本国憲法

これから日本の政治《せいじ》のことを勉強していくんだから…。
まず、憲法《けんぽう》を読まなくちゃ！
国の最高《さいこう》のきまりが憲法なのね。法律《ほうりつ》も、命令《めいれい》も、憲法に合っていなければ無効《むこう》なんだわ。
憲法
国会が制定《せいてい》する
法律
内閣《ないかく》などが定める
命令
法《ほう》の構成《こうせい》
わしの命令でもかな？
ヌッ
だれっ？
わし？王様！
この国の王様やろうかなって思ってるの。このところひまだから。
ルイ40世
ルイ41世になる予定
ルイって…昔のフランスの王様でしょ。
？
アヤシイ…

参考 **法の支配《ほうしはい》**…法にもとづいて政治《せいじ》を行うこと。民主主義《みんしゅしゅぎ》はこの原則《げんそく》と結《むす》びついて発達《はったつ》した。逆《ぎゃく》に，法を無視《むし》し絶対的《ぜったいてき》権力者が行う政治を専制《せんせい》政治という。

ぼくもパパのあと、この国で王様やるつもりだよ。
日本じゃ、王様は政治《せいじ》できないと思うわ。
だって、ほら…。
日本国憲法
国民主権《こくみんしゅけん》
基本的人権《きほんてきじんけん》の尊重《そんちょう》
平和主義《しゅぎ》
▲日本国憲法の3つの原則《げんそく》
重要
日本国憲法では、国民主権《こくみんしゅけん》が原則《げんそく》よ。国の政治のやり方を最終的《さいしゅうてき》に決める権利《けんり》（主権）は国民にあるの！
わしの出る幕《まく》はないのか。
そうですよね、博士《はかせ》！
はい！
それに、だれでも自由に活動し、平等に扱《あつか》われる権利をもっていますよ。これが基本的人権《きほんてきじんけん》です。
憲法博士
王様も国民も平等…？
うそ！
それに、二度と戦争《せんそう》をしない平和主義《しゅぎ》も、大切な原則よ！
ねっ、博士…。
あれ？
今、研究中

マメ知識

日本国憲法《けんぽう》は、前文と11章103条《じょう》からなっている。各《かく》章の内容《ないよう》は、第1章（天皇《てんのう》）、第2章（戦争《せんそう》の放棄《ほうき》）、第3章（国民《こくみん》の権利《けんり》と義務《ぎむ》）、第4章（国会）、第5章（内閣《ないかく》）、第6章（司法《しほう》）、第7章（財政《ざいせい》）、第8章（地方自治《じち》）、第9章（改正《かいせい》）、第10章（最高法規《さいこうほうき》）、第11章（補則《ほそく》）。

参考 **日本国憲法《けんぽう》の性格《せいかく》**…日本国憲法第98条《じょう》で，日本国憲法は「国の最高法規《さいこうほうき》であって，憲法のきまりに反する法律《ほうりつ》や命令《めいれい》などは効力《こうりょく》をもたない。」と定めている。

その憲法《けんぽう》、いつごろできたの？
日本では、明治《めいじ》時代に大日本帝国《ていこく》憲法がつくられたわ。
大日本帝国憲法では、主権《しゅけん》は天皇《てんのう》にあって、国民《こくみん》の権利《けんり》もいろいろ制限《せいげん》されていたの。
でも…。
…と本に書いてあるわっ！
大日本帝国憲法
第4条《じょう》
天皇は、国の元首《げんしゅ》であり、国や国民を治《おさ》める権限《けんげん》をもつ。
しかし、第二次世界大戦《たいせん》で敗戦《はいせん》
もう戦争はいやだ…
民主主義の国がいい…
民主的《みんしゅてき》ナ新シイ憲法ヲツクリナサイ。
マッカーサー
▲日本を占領《せんりょう》した連合国軍《れんごうこくぐん》最高司令官総司令部《こうしれいかんそうしれいぶ》(GHQ《ジーエイチキュー》)
コンナ感ジノ憲法ガ、イイデショウ。
そして、日本国憲法が成立《せいりつ》
1946（昭和《しょうわ》21）年11月3日、公布《こうふ》
入試に出る！
新憲法けふ公布
歴史的な式典を擧行
自らの力で進め
ジョージ・アチソン氏
日本國憲法公布記念祝賀都民大会
1947年5月3日 施行《しこう》
入試に出る！
だから、5月3日は憲法記念日なのね。
フムフム

くわしく

日本国憲法《けんぽう》は、大日本帝国《ていこく》憲法を改正《かいせい》する形をとって成立《せいりつ》したが、内容的《ないようてき》にはまったく新しい憲法である。たとえば、日本国憲法が国民主《こくみんしゅ》権《けん》、基本的人権《きほんてきじんけん》の尊重《そんちょう》を原則《げんそく》とするのに対して、大日本帝国憲法は天皇《てんのう》主権で、国民の権利《けんり》は法律《ほうりつ》のはん囲《い》内で認《みと》めるという制限《せいげん》があった。

重要用語 大日本帝国憲法《ていこくけんぽう》…1889年，明治天皇《めいじてんのう》が国民《こくみん》にさずけるという形で発布《はっぷ》された。伊藤《いとう》博文《ひろぶみ》が中心となり，ドイツ(プロイセン)の憲法を参考《さんこう》にして草案《そうあん》がつくられた。

憲法は、いやだと思ったら、変《か》えればいいんでしょ。
わしの好《す》きな憲法にすればいいんじゃな。
ダメ！
憲法は国の最高《さいこう》のきまりだから、改正《かいせい》するにはきびしい手続《てつづ》きが必要《ひつよう》です！
ハカセどこから出てくるの…？
国会が憲法改正を発議《はつぎ》し、それから、国民《こくみん》投票《とうひょう》をするのね。
新しくしよう！
いやいやこれまでの憲法のままがいい！
王様は、憲法を自由に変える権利もないのか。
この国で王様やるの、むりかもしれないね。

マメ知識

第二次世界大戦末期《まっき》の1945年8月にポツダム宣言《せんげん》を受け入れたことにより、日本は民主的《みんしゅてき》な政府《せいふ》をつくる義務《ぎむ》を負った。そして、GHQ《ジーエイチキュー》（連合国軍《れんごうこくぐん》最高司令官総《そう》司令部）の最高司令官のマッカーサー（アメリカ合衆国《がっしゅうこく》）の指示《しじ》で大日本帝国憲法《ていこくけんぽう》の改正《かいせい》作業が進められた。

ポイント解説

●法律の改正よりもきびしい

日本国憲法《けんぽう》の改正《かいせい》

日本国憲法は、国の根本法規《ほうき》であり、国の最高《さいこう》法規であるため、改正にはきびしい手続《てつづ》きが定められている。発議《はつぎ》には各議《かくぎ》院《いん》の「総議員《そうぎいん》」の3分の2以上《いじょう》の賛成が必要《ひつよう》で、国民《こくみん》投票《とうひょう》で過半数《かはんすう》の賛《さん》成《せい》がなければならないとしている。

2007年、憲法改正の国民投票に関《かん》する手続きを定めた国民投票法《ほう》が制定《せいてい》された。

憲法改正の手続き

憲法改正案 → **国会** 各議院の総議員の3分の2以上の賛成で発議（発議） → **国民** 国民投票で過半数の賛成があれば承認される（承認） → **天皇** 天皇《てんのう》が国民の名で公布《こうふ》（公布）

重要用語

公布《こうふ》と施行《しこう》…公布は発布《はっぷ》と同じ意味で，法律《ほうりつ》などを広く国民《こくみん》に知らせることをいう。施行は，法律などが実際《じっさい》に効力《こうりょく》をもつことをいう。

② 日本国憲法《けんぽう》の3つの原則《げんそく》

国の政治《せいじ》を最終的《さいしゅうてき》に決めるのは国民《こくみん》で，基本的人権《きほんてきじんけん》は侵《おか》すことのできない永久《えいきゅう》の権利《けんり》である。また，日本は戦争《せんそう》を放棄《ほうき》し，戦力《せんりょく》をもたず，国の交戦権《こうせんけん》を認《みと》めないことにした。憲法の条文《じょうぶん》とともに理解《りかい》するようにしよう。

原則《げんそく》その1
国民主権《こくみんしゅけん》
入試に出る!
この国の憲法《けんぽう》…。なかなかよくできているけど、国民主権かぁ。
王様主権がいいな!
政治《せいじ》の進め方を最終的《さいしゅうてき》に決めるのは、わたしたち国民なのよ。
悪いけど。
国の政治を、国民がやるの?
じゃあ、あんた!こんなことできるのか?
大臣に指示したり
法律をつくったり…。
政治って大変《たいへん》なんだから…。
法律《ほうりつ》をつくるのは国会だけど…。
その国会議員を選挙《せんきょ》で選《えら》ぶのが国民です。政治の主人公は国民ですよ。

参考 **主権《しゅけん》**…2つの意味があり，国民主権《こくみん》という場合は国の政治《せいじ》のあり方を最終的《さいしゅうてき》に決定する権利《けんり》のことで，主権国家という場合は，他国に支配《しはい》されない権利のこと。

マメ知識

国民主権《こくみんしゅけん》について、日本国憲法《けんぽう》の前文では、「主権が国民に存《そん》する」ことを宣言《せんげん》し、「そもそも国政《こくせい》は、国民の厳粛《げんしゅく》な信託《しんたく》によるものであって、その権威《けんい》は国民に由来し、その権力《けんりょく》は国民の代表者がこれを行使し、その福利《ふくり》は国民がこれを享受《きょうじゅ》する」とのべている。

くわしく

天皇《てんのう》の国事行為《こくじこうい》には、内閣総理大臣《ないかくそうりだいじん》を任命《にんめい》する、最高裁判所長官《さいこうさいばんしょちょうかん》を任命する、法律《ほうりつ》や条約《じょうやく》などを公布《こうふ》する、国会を召集《しょうしゅう》する、衆議院《しゅうぎいん》を解散《かいさん》する、国会議員の総選挙《そうせんきょ》を行うことを公示《こうじ》する、栄典《えいてん》（勲章《くんしょう》など）を授与《じゅよ》する、外国の大使などをもてなす、などがある。

じゃあ、天皇《てんのう》は？
重要
天皇は，日本国の象徴《しょうちょう》であり日本国民統合《とうごう》の象徴である。（第1条《じょう》）
天皇は、日本の国や国民のまとまりの象徴と定められているわ。
天皇は、形式的《けいしきてき》で儀礼的《ぎれいてき》な国事行為《こくじこうい》を行います。
わたしたちが助言と承認《しょうにん》をあたえます。
内閣《ないかく》
原則その2
基本的人権《きほんてきじんけん》の尊重《そんちょう》
入試に出る！
基本的人権って何なの？
人間らしく生きるために、だれでも生まれながらもっている権利《けんり》のことね。
基本的人権は，侵《おか》すことのできない永久《えいきゅう》の権利。（第11条）
それほしい！
よこせ!!
ぼくの権利だもんねっ！
王子！
友だちのいやがることをしてはいかん。
基本的人権があるからって、他人の権利を侵してはいけないのよ！
そうじゃ！
この憲法もいいこと書いておるな。

重要用語

象徴《しょうちょう》…抽象的《ちゅうしょうてき》で形のないものを具体的な形で表すこと。たとえば，「ハトは平和の象徴である」や，「国旗《こっき》は国家の象徴である」というように使われる。

この公共《こうきょう》の福祉《ふくし》って、社会全体の利益《りえき》というような意味ね。
公共の福祉に反するときは、人権《じんけん》も制限《せいげん》されることがあるんです。
重要
国民《こくみん》は，自由および権利《けんり》をむやみに使ってはならないのであって，常《つね》に公共の福祉のために利用《りよう》する責任《せきにん》を負う。(第12条)
こういうとき，自由権は制限される。
まわりの家に日があたらないから、
ビルを低《ひく》くするように！
わたしの自由じゃないんですか？
え～…
ビルのもち主
日本っていい国だな。日本の国民になろうかな！
憲法《けんぽう》では、権利だけでなくて、国民の義務《ぎむ》も定めているわよ。義務をはたせる？
国民の三大義務
子どもに普通《ふつう》教育を受けさせる義務
小学校
勤労《きんろう》の義務
納税《のうぜい》の義務
税務署
原則《げんそく》その3
平和主義《しゅぎ》
入試に出る！
平和がいちばん。
日本は二度と戦争《せんそう》をしないって決めて、憲法の第9条でこういうことを定めたのよ。
戦争の放棄《ほうき》
戦争しません！
戦力《せんりょく》をもたない
交戦権《こうせんけん》を認《みと》めない

マメ知識

大日本帝国憲法《ていこくけんぽう》では、国民《こくみん》に納税《のうぜい》の義務《ぎむ》と兵役《へいえき》の義務があった。兵役の義務は、日本国憲法には定められていない。日本国憲法に定められた国民の三大義務のうち、教育と勤労《きんろう》は国民の権利《けんり》でもある（→22ページからの「5．社会権《しゃかいけん》、その他の権利」を参照《さんしょう》）。

重要用語

公共《こうきょう》の福祉《ふくし》…基本的人権《きほんてきじんけん》は最大限《さいだいげん》に尊重《そんちょう》されなければならないが，個々《ここ》の自由や権利《けんり》を調整し，結果《けっか》として社会全体の利益《りえき》（公共の福祉）に結《むす》びつける必要《ひつよう》がある。

日本は、太平洋戦争《たいへいようせんそう》で、広島《ひろしま》や長崎《ながさき》に原子爆弾《げんしばくだん》が落とされて、ひどい被害《ひがい》を受けたそうじゃな…。

核兵器《かくへいき》はぜったいダメ！
だから、日本では、こういう原則《げんそく》をつくって、守っているのよ。
非核三原則《ひかくさんげんそく》
核兵器を，
もたず，
つくらず，
もちこませず。
入試に出る！

ん？
じゃあ、国の安全のためにはどうしているんじゃ？
ん？
国を守るために自衛隊《じえいたい》があります。自衛隊のあり方には、いろいろな意見がありますけど。
わたしの出番！

ほかの国では、どんな憲法をつくってきたのかなあ？
ん？
今度は、王様の国の昔のようすも調べてみようか。

マメ知識

アメリカ軍《ぐん》が1945年8月6日に広島《ひろしま》、9日に長崎《ながさき》に原子爆弾《げんしばくだん》を投下し、2つの都市で数十万の人々の命がうばわれた。1954年には、日本の漁船第五福竜丸《ふくりゅうまる》が太平洋《たいへいよう》でアメリカ合衆国《がっしゅうこく》が行った水爆実験《すいばくじっけん》で放射性物質《ほうしゃせいぶっしつ》（死の灰《はい》）をあび、1人が死亡《しぼう》した。

ポイント解説

●前文と第9条で規定する

平和主義《しゅぎ》

前文で国際協調《こくさいきょうちょう》と恒久《こうきゅう》の平和（永遠《えいえん》に続《つづ》く平和）のために努力《どりょく》することを明記し、第9条《じょう》で戦争《せんそう》の放棄《ほうき》㋐、戦力《せんりょく》の不保持《ふほじ》㋑、交《こう》戦権《せんけん》の否認《ひにん》㋒を規定《きてい》した。

日本国憲法《けんぽう》

前文（一部）　日本国民は，恒久《こうきゅう》の平和を念願《ねんがん》し，人間相互《そうご》の関《かん》係《けい》を支配《しはい》する崇高《すうこう》な理想《りそう》を深く自覚《じかく》するのであって，平和を愛《あい》する諸国民《しょこくみん》の公正と信義《しんぎ》に信頼《しんらい》して，われらの安全と生存《せいぞん》を保持《ほじ》しようと決意した。

第9条　①日本国民は，正義《せいぎ》と秩序《ちつじょ》を基調《きちょう》とする国際《こくさい》平和を誠《せい》実《じつ》に希求《ききゅう》し，㋐国権《こっけん》の発動たる戦争《せんそう》と，武力《ぶりょく》による威嚇《いかく》または武力の行使は，国際紛争《ふんそう》を解決《かいけつ》する手段《しゅだん》としては，永久《えいきゅう》にこれを放棄する。
②前項《ぜんこう》の目的《もくてき》を達《たっ》するため，㋑陸海空軍《りくかいくうぐん》その他の戦力《せんりょく》は，これを保持しない。㋒国の交戦権は，これを認《みと》めない。

重要用語

自衛隊《じえいたい》…朝鮮戦争《ちょうせんせんそう》が起こった1950年，日本の治安《ちあん》を守るという目的《もくてき》で警察予備隊《けいさつよびたい》が創設《そうせつ》された。その後，保安隊《ほあんたい》をへて，1954年に現在《げんざい》の自衛隊へと発展《はってん》した。

③ 基本的人権《きほんてきじんけん》の発達《はったつ》

人間としての基本的な権利《けんり》である自由・平等の権利は，フランス革命《かくめい》などの市民《しみん》革命をへて認《みと》められるようになった。そして20世紀《せいき》になると，社会権《けん》が確立《かくりつ》した。ここでは，人権の発達についてみていくことにしよう。

遠い昔のことじゃ。
16〜18世紀《せいき》、フランスなどヨーロッパ各国《かっこく》では、王様が絶対的《ぜったいてき》な力をふるっていた。
わたしの言うことは何でも聞くように。
ルイ16世
専制政治《せんせいせいじ》反対！
パンを！
王政《おうせい》を批判《ひはん》する者は逮捕《たいほ》する！
そして、市民《しみん》や農民《のうみん》の不満《ふまん》がばく発した。
王政をたおせ！
われわれに自由を！
市民革命《かくめい》が起こる。
1789年、フランス革命が起こる。
1793年，王政の廃止《はいし》

くわしく
16〜18世紀《せいき》のヨーロッパには、国王が政治的《せいじてき》な権力《けんりょく》のほとんど独占《どくせん》する専制政治《せんせいせいじ》を行う国が多かった。このような政治を絶対王政《ぜったいおうせい》といい、イギリスでは16世紀のエリザベス1世、フランスでは17世紀にルイ14世が全盛期《ぜんせいき》を築《きず》いた。

重要用語
フランス革命《かくめい》…国王の専制政治《せんせいせいじ》のもと，僧《そう》や貴族《きぞく》が特権《とっけん》をもっていたフランスで1789年，パリの民衆《みんしゅう》がバスティーユ牢獄《ろうごく》をおそって革命の火ぶたを切った。

これを宣言《せんげん》する！
こうして、わたしの先祖《せんぞ》の王様は追われてしまったのじゃ。
自由・平等の権利とか国民主権とか、日本国憲法《けんぽう》と似《に》ているわね。
DÉCLARATION DES DROITS DE L'HOMME
入試に出る！
フランス人権宣言《じんけんせんげん》
第1条《じょう》
人は生まれながら，自由で平等な権利《けんり》をもつ。
第3条
主権《しゅけん》のみなもとは，もともと国民《こくみん》のなかにある。
市民革命って、イギリスやアメリカでも起こったんでしょ。
あのころの革命は、こういう思想家のえいきょうがあったんじゃ。
主権は人民《じんみん》にある。
ルソー
『社会契約論《しゃかいけいやくろん》』
モンテスキュー
三権分立《さんけんぶんりつ》のしくみをつくれ。
『法《ほう》の精神《せいしん》』
日本では、こういう革命のえいきょうは受けなかったのか？
国民を政治《せいじ》に参加させるべきだ。
言論《げんろん》の自由を認《みと》めろ！
自由民権《みんけん》運動
（明治《めいじ》時代）
そのとおり！
フランスの民権思想を見習おう！
板垣退助《いたがきたいすけ》
自由民権運動って、フランスの思想にえいきょうを受けていたのね。

マメ知識

人権《じんけん》思想は、17世紀《せいき》以降《いこう》、ロック、モンテスキュー、ルソーらによって理論的《りろんてき》に確立《かくりつ》され、市民革命《しみんかくめい》に大きなえいきょうをあたえた。ロックは『統治二論《とうちにろん》』で民主政治《みんしゅせいじ》を、モンテスキューは『法《ほう》の精神《せいしん》』で三権分立《さんけんぶんりつ》を、ルソーは『社会契約論《しゃかいけいやくろん》』で人民主権《じんみんしゅけん》を説《と》いた。

重要用語

人権宣言《じんけんせんげん》…平民《へいみん》（市民《しみん》）の代表者からなる国民議会《こくみんぎかい》が発表し，人間の自由・平等，国民主権《しゅけん》，言論《げんろん》の自由，所有権《しょゆうけん》の不可侵《ふかしん》など，フランス革命《かくめい》の理念《りねん》を明らかにした。

でも…、自由はあっても、まずしくて生活できない人もいるわね。
病気になって働《はたら》けない人もいるだろうしな。
19世紀《せいき》ごろ、各国《かっこく》で近代工業が発達《はったつ》し、工場で働く人がふえた。
資本家《しほんか》
仕事がきびしすぎる。
いくら働いても生活が苦しい…。
労働者《ろうどうしゃ》
社会権《しゃかいけん》の確立《かくりつ》
だれでも人間らしい生活を送る権利《けんり》があると思うが……。
わたしもそう思う。
それを社会権と呼《よ》ぼう!
よし、社会権を憲法で保障《ほしょう》しよう。
ワイマール憲法《けんぽう》成立《せいりつ》
(1919年，ドイツ)
入試に出る!
ドイツの政治家《せいじか》たち
このあと、ほかの国でも社会権を認《みと》めるようになったのね。
人権《じんけん》思想の広がり
わしたち、世界のいろんな国に行ったな。
王様になれる国をさがしたんだよね。
世界には、困《こま》っている人がたくさんいたぞ。
民族差別《みんぞくさべつ》
圧
人種差別《じんしゅ》
飢《う》えに苦しむ人々

マメ知識

基本的人権《きほんてきじんけん》の歴史《れきし》は、18世紀《せいき》に国家からの自由である自由権《じゆうけん》を得《え》ることから始まった。19〜20世紀には、国民が政治《せいじ》に参加《さんか》する参政権《さんせいけん》の要求《ようきゅう》が高まった。資本主義《しほんしゅぎ》が発達《はったつ》した20世紀になると、人間らしく生きるための社会権が新しく認《みと》められるようになった。

重要用語

ワイマール憲法《けんぽう》…ドイツ共和国《きょうわこく》憲法の通称《つうしょう》。世界で初《はじ》めて社会権《けん》(生存権《せいぞんけん》)の規定《きてい》を憲法にもりこみ，民主《みんしゅ》憲法の典型《てんけい》とされたが，ナチス政権《せいけん》の出現《しゅつげん》で効力《こうりょく》を失《うしな》った。

この宣言《せんげん》は何？
第二次世界大戦《たいせん》後、国際連合《こくさいれんごう》で採択《さいたく》された宣言です。
世界人権宣言（1948年）
第１条　すべての人間は生まれながらに自由であり，かつ，尊厳《そんげん》と権利とについて平等である。
国連《こくれん》では、人権を守るためにいろいろな取り決めをしていますよ。
女子差別撤廃条約《てっぱいじょうやく》
女子と男子を差別するのはダメ！
子どもの権利条約
子どもにも基本的《きほんてき》人権が保障《ほしょう》されているんだ。
日本の憲法でも、こういう権利はちゃんと保障されているのか？
基本的人権のこと、もっと調べてみるわ。

くわしく

国際連合《こくさいれんごう》などが中心となり、国際的《てき》な人権《じんけん》保障《ほしょう》への取り組みが行われている。世界人権宣言《せんげん》、国際人権規約《きやく》のほかにも、人種差別撤廃条約《じんしゅさべつてっぱいじょうやく》、女子差別撤廃条約、子ども（児童《じどう》）の権利条約などが採択《さいたく》された。子どもの権利条約は、18歳未満《さいみまん》の子どもを対象《たいしょう》にしている。

ポイント解説

●フランス革命にえいきょう

名誉革命《めいよかくめい》と独立戦争《どくりつせんそう》

商工業者などが絶対王政《ぜったいおうせい》をたおした革命を、市民《しみん》革命という。イギリスでは議会《ぎかい》が国王を追放《ついほう》し、新国王をむかえる名誉革命が1688年に起こり、その翌年《よくねん》に権利《けんり》の章典《しょうてん》が発布《はっぷ》された。アメリカではイギリスからの独立戦争が1775年に始まり、その翌年に独立宣言《せんげん》が発表された。

権利（の）章典

1. 議会の同意なしに，国王が法律《ほうりつ》を制定《せいてい》したり，廃止《はいし》したりすることはできない。

独立宣言

われわれは，自明《じめい》の真理として，すべての人は平等につくられ，創造主《そうぞうしゅ》によって，一定のうばいがたい生まれながらの権利をあたえられ，そのなかに生命，自由および幸福《こうふく》の追求《ついきゅう》がふくまれていることを信《しん》ずる。

重要用語

世界人権宣言《じんけんせんげん》…1948年に国際連合《こくさいれんごう》の総会《そうかい》で採択《さいたく》され，世界共通《きょうつう》の人権保障《じんけんほしょう》の基準《きじゅん》を示《しめ》した。これを実現化《じつげんか》する条約《じょうやく》として，1966年に国際《こくさい》人権規約《きやく》が採択された。

④ 平等権《けん》，自由権

平等権は，基本的人権《きほんてきじんけん》の土台となる権利《けんり》である。自由権は，国家からの自由を求《もと》める権利で，基本的人権のなかでも早くから発達《はったつ》した権利である。自由権の3つの種類《しゅるい》については，具体例《れい》もしっかりおさえよう。

くわしく

法の下《もと》の平等について憲法《けんぽう》では、人種《じんしゅ》や性別《せいべつ》などのほかにも信念《しんねん》や信仰《しんこう》、家がらなどでも差別《さべつ》されることはないとしている。そのため、明治《めいじ》時代から続《つづ》いていた華族《かぞく》という身分制度《せいど》も日本国憲法では廃止《はいし》された。

遊園地
観覧車《かんらんしゃ》に乗ろう！
わーい
乗車入り口
みんな並《なら》んでいるのに！
なんで？
ひどいよ！
ぼくたち王様だよ。
これ！
基本的人権《きほんてきじんけん》のなかの大切な権利《けんり》よ！
平等権
平等権って，だれでも平等なあつかいを受ける権利のことよ。
ごめんなさい…。
すべて国民は，**法《ほう》の下《もと》に平等**で，人種《じんしゅ》，性別《せいべつ》，身分などで差別《さべつ》されない。
（第14条《じょう》）

重要用語

平等権《けん》…基本的人権《きほんてきじんけん》の土台になる権利《けんり》で，日本国憲法《けんぽう》では，法《ほう》の下《もと》の平等，両性《りょうせい》（男女）の本質的《ほんしつてき》平等，政治《せいじ》上の平等（男女平等の普通選挙《ふつうせんきょ》）を規定《きてい》している。

マメ知識

差別《さべつ》を受けず、だれもが同じあつかいを受ける権利《けんり》をもっているといっても、現実《げんじつ》にはさまざまな差別が残《のこ》っている。たとえば、男女差別、江戸《えど》時代の身分制度《せいど》に由来する部落差別、アイヌの人々や在日韓国《ざいにちかんこく》・朝鮮人《ちょうせんじん》に対する民族《みんぞく》差別、障《しょう》がい者《しゃ》への差別などである。

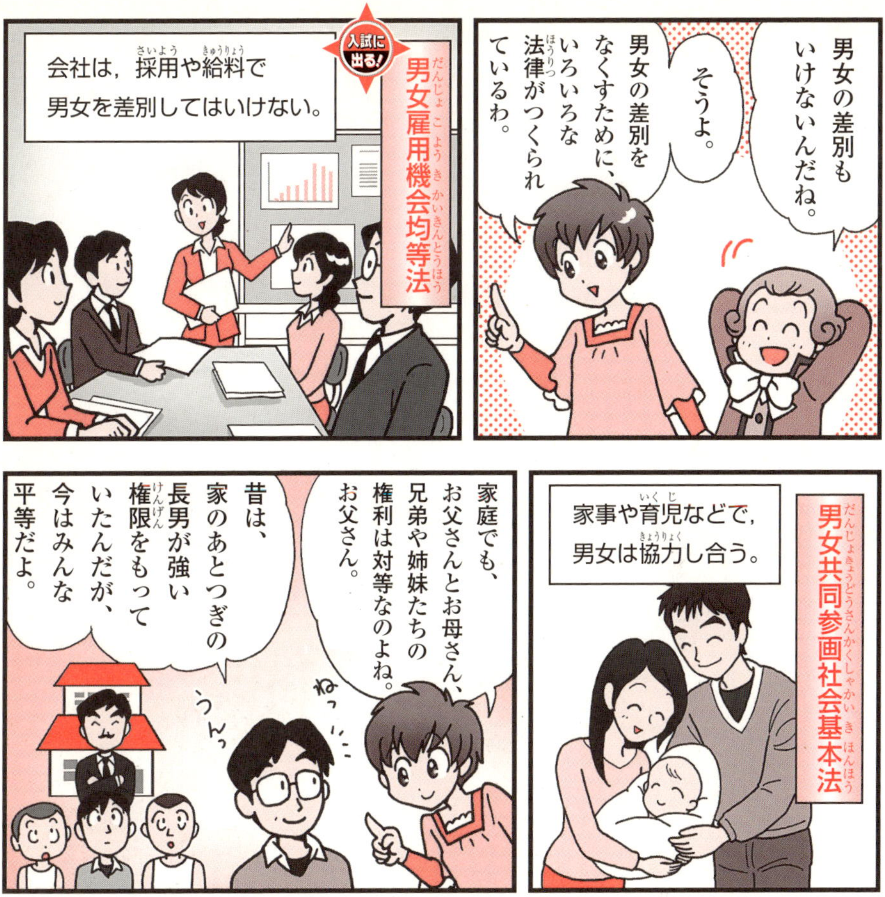
男女の差別もいけないんだね。
そうよ。
男女の差別をなくすために、いろいろな法律《ほうりつ》がつくられているわ。
入試に出る!
男女雇用機会均等法《だんじょこようきかいきんとうほう》
会社は，採用《さいよう》や給料《きゅうりょう》で男女を差別してはいけない。
男女共同参画社会基本法《だんじょきょうどうさんかくしゃかいきほんほう》
家事や育児《いくじ》などで，男女は協力《きょうりょく》し合う。
家庭でも、お父さんとお母さん、兄弟や姉妹たちの権利は対等なのよね。お父さん。
ねっ
うんっ
昔は、家のあとつぎの長男が強い権限《けんげん》をもっていたんだが、今はみんな平等だよ。
基本的人権って、いろいろあるんだな。
まとめるとこんな感じになるわね。
重要
基本的人権
自由権
社会権
基本的人権を守るための権利
平等権
自由権って、どんなものがあるのかな？

重要用語

男女雇用機会均等法《こようきかいきんとうほう》…国際連合《こくさいれんごう》で女子差別撤廃《さべつてっぱい》条約が採択《さいたく》され，日本は1985年に批《ひ》准《じゅん》した。その翌年，男女雇用機会均等法が施行《しこう》され，以後改正《いごかいせい》・強化された。

自由権《けん》
わしの主張
日本の政治《せいじ》については、わしも言いたいことがある。
ひっこめ！
反対!!
みんなとちがう意見を言ったら、おこられないかな……？
精神《せいしん》の自由
・思想の自由
・表現《ひょうげん》の自由
・学問の自由 など
重要
だいじょうぶ。憲法《けんぽう》ではこういうことが保障《ほしょう》されているわ。
ある王様の一生
ある王様の一生
小説《しょうせつ》も書いているぞ！
せっせっ
王様がモデル？かっこよく書きすぎじゃない？
表現の自由じゃ！
王様の本発売中
売れるといいね。
ところで、昨日《きのう》の夜…こんな夢《ゆめ》を見た…。悪夢《あくむ》じゃ。
この王様、あやしいぞ。
よし、逮捕《たいほ》する！
逮捕令状《れいじょう》も証拠《しょうこ》もないけど…。
昔の王様の時代じゃないんだから、だれでも、むやみに逮捕されたりしないはずよ。
身体の自由があるのよ。

くわしく

身体の自由について、憲法《けんぽう》は次のように保障《ほしょう》している。どれいのようにあつかわれたり、無理《むり》やり働《はたら》かされたりしない。法律《ほうりつ》の定める手続《てつづ》きによらなければ、生命・自由をうばわれたり、刑罰《けいばつ》を科されたりしない。現行犯《げんこうはん》を除《のぞ》き、裁判官《さいばんかん》の令状《れいじょう》がなければ逮捕《たいほ》されない。

重要用語

自由権《けん》…国から制約《せいやく》を受けず，自由に行動する権利《けんり》。日本国憲法《けんぽう》は，精神《せいしん》の自由，身体の自由，経済《けいざい》活動（経済）の自由の３つを保障《ほしょう》している。

それから、こういう自由もあるわ！
経済活動《けいざい》の自由
・居住《きょじゅう》、移転《いてん》と職業選択《しょくぎょうせんたく》の自由
・財産権《ざいさんけん》の保障
重要
職業も自由に選《えら》べるんだね。じゃあ、王様やめて、医者になる！
え!?
お前、わしのあとをついでくれないのか！
その権利《けんり》はあるけど、かってにお医者さんになるわけにはいきません！
資格《しかく》がなければなれないんじゃ。
たぶんもうダメですなっ
えっ!
治らないんですか!?
公共の福祉《ふくし》に反するときは自由な権利も制限《せいげん》されるって、前に勉強したわ。
まわりがめいわくするからな…。

マメ知識

基本的人権《きほんてきじんけん》は、公共《こうきょう》の福祉《ふくし》（↓12ページ参照《さんしょう》）のために制限《せいげん》されることがある。他人の名誉《めいよ》を傷《きず》つけることの禁止《きんし》は表現《ひょうげん》の自由、デモの規制《きせい》は集会・結社《けっしゃ》の自由、資格《しかく》をもたない者（医師《いし》など）の営業《えいぎょう》禁止は経済《けいざい》活動の自由を制限していることになる。

ポイント解説

●男女共同参画社会をめざす 男女平等のための法律《ほうりつ》

男女平等とはいうものの、「男は仕事、女は家事・育児《いくじ》」という考え方が根強く残《のこ》っている。そこで、男女の区別《くべつ》なく能力《のうりょく》を生かせる男女共同参画《きょうどうさんかく》社会を実現《じつげん》するため、さまざまな法律《ほうりつ》が整備《せいび》された。

民法改正《みんぽうかいせい》…日本国憲法《けんぽう》の個人《こじん》の尊厳《そんげん》と男女平等の考えにもとづき，1947年に民法が改正された。「家」の制度《せいど》，戸主《こしゅ》や長男の特別《とくべつ》の権利（相続権《そうぞくけん》）などがなくなった。

男女雇用機会均等法《だんじょこようきかいきんとうほう》…1997年に改正され、1999年に施行《しこう》された。企業《きぎょう》に採用《さいよう》，配置《はいち》，昇進《しょうしん》などでの性差別《せいさべつ》を禁止《きんし》し，セクシャル・ハラスメント防止《ぼうし》への配慮《はいりょ》を義務《ぎむ》づけた。2007年にも改正され強化された。

男女共同参画社会基本法《だんじょきょうどうさんかくしゃかいきほんほう》…男女の区別なくその能力と個《こ》性《せい》を発揮《はっき》できる社会をめざし，1999年に施行された。

育児・介護《かいご》休業法…育児と介護の両立をめざし，1995年に制定《せいてい》された。

重要用語

経済活動（経済）の自由…安定した生活を送るために必要《ひつよう》な，好《す》きな場所に住み，自由に職業《しょくぎょう》を選《えら》び，財産《ざいさん》を自由に処分《しょぶん》したりする権利《けんり》。ほかの自由権よりも制限《せいげん》が多い。

⑤ 社会権《けん》，その他の権利《けんり》

社会権は，資本主義社会《しほんしゅぎしゃかい》の発達《はったつ》で深《しん》刻《こく》な社会問題が発生したことから，20世紀《せいき》に確立《かくりつ》した権利《けんり》である。人権《じんけん》を守るための権利や，新しい人権も重《じゅう》要《よう》な権利である。生存権《せいぞん》を規定《きてい》した憲《けん》法《ぽう》第25条《じょう》の条文はしっかり覚《おぼ》えよう。

王様
よろしく!

社会権《けん》
もうダメ…。生きていけそうもない。
おかゆだよ…
収入《しゅうにゅう》もへったし。
しっかりして！
憲法《けんぽう》には、こういうことが書かれているわよ。
入試に出る!
生存権《せいぞんけん》
すべて国民《こくみん》は、健康《けんこう》で文化的《ぶんかてき》な最低《さいてい》限度《げんど》の生活を営《いとな》む権利《けんり》をもつ。
（第25条《じょう》）

生存権っていうのがあるんですね。
人間らしい生活の保障を求める権利が社会権です。その中心が生存権ですよ。

そんな権利があったって…。
からだがいうことをきかないから。もう、働《はたら》けないよ。

マメ知識

生活保護法で、医療《いりょう》と生活扶助《ふじょ》を受けて入院中だった朝日茂《あさひしげる》さんは1957年，「600円の日用品代では、憲法《けんぽう》で保障《ほしょう》された健康《けんこう》で文化的《ぶんかてき》な最低限度《さいていげんど》の生活はできない」として裁判《さいばん》を起こした。朝日訴訟《そしょう》と呼《よ》ばれるこの裁判《さいばん》をきっかけに、国の生活保護基準《きじゅん》はかなり改善《かいぜん》された。

重要用語

社会権《けん》…ドイツのワイマール憲法《けんぽう》（→16ページ参照《さんしょう》）で確立《かくりつ》した権利《けんり》で，日本国憲法では生存権《せいぞんけん》，教育を受ける権利，勤労《きんろう》の権利，労働基本権《ろうどうきほんけん》（労働三権《さんけん》）からなる。

マメ知識

1947年に制定《せいてい》された教育基本法《きょういくきほんほう》は、民主的《みんしゅてき》な教育の原則《げんそく》を明らかにし、男女共学《きょうがく》や教育の機会均等《きかいきんとう》などを規定《きてい》した。2006年に改正《かいせい》され、愛国心《あいこくしん》など国家の教育に対する責任《せきにん》と権限《けんげん》がより強調された。

生存権を保障《ほしょう》するために、健康保険《けんこうほけん》や生活保護《ほご》などの社会保障制度《しゃかいほしょうせいど》があるんですって。
ほんと？
94ページからでも勉強するけど…。
けろっ
健康保険証
受付
健康保険証《けんこうほけんしょう》を出すと、治療《ちりょう》で支払う費用《ひよう》が少なくなるんだな！
社会権には、ほかにどんな権利があるの？
こういう権利があるわ。
○○会社　入社試験
勤労《きんろう》の権利
王様だって働きたい！
教育を受ける権利
小学校
王様が働くようになったら、こういう権利が保障されます。
労働《ろうどう》基《き》本権《ほんけん》（労働三権《さんけん》）
重要
団体行動権（争議《そうぎ》権）（ストライキなどを行う権利）
団体交渉権《だんたいこうしょうけん》（経営者《けいえいしゃ》と交渉《こうしょう》を行う権利）
経営者
立場の弱い労働者を守るためだ。
団結《だんけつ》権（労働組合をつくる権利）
労働組合

参考 労働三法《ろうどうさんぽう》…労働組合法《ほう》（労働基本権《きほんけん》を保障《ほしょう》する），労働基準《きじゅん》法（労働条件《じょうけん》の最低《さいてい》基準を定める），労働関係《かんけい》調整法《ほう》（労働争議《そうぎ》の予防《よぼう》と解決《かいけつ》をはかる）をいう。

基本的人権《きほんてきじんけん》を守るための権利《けんり》
わしの主張
今の日本の政治《せいじ》は…。
また演説《えんぜつ》してるね。
演説するほかにも政治に参加《さんか》する権利があるんじゃないかしら。
参政権《さんせいけん》のことですね。
被選挙権《ひせんきょけん》
参政権
重要
よろしくお願いしまーす!
○○太郎
議員《ぎいん》に立候補《りっこうほ》できるのか。
○○議員選挙　投票所
選挙権
選挙《せんきょ》で議員を選《えら》ぶ権利もあるんだね。
こういう権利が参政権よ。
どれがいいかな?
よろしく!
王様
・国会議員
・地方議会《ぎかい》議員
・都道府県知事《とどうふけんちじ》
・市(区)町村長
パパが立候補したら、ぼくが投票《とうひょう》するね。
満《まん》18歳《さい》にならなければ選挙権はないのよ。

マメ知識

参政権《さんせいけん》と請求権《せいきゅうけん》は、日本国憲法《けんぽう》で保障《ほしょう》されている平等権、自由権、社会権をより確《たし》かなものとするための権利《けんり》である。参政権は国民主権《こくみんしゅけん》にもとづく国民本位《こくみんほんい》の政治《せいじ》を実現《じつげん》するための権利で、請求権は人権が侵害《しんがい》された場合にその救済《きゅうさい》や補償《ほしょう》を求《もと》める権利である。

重要用語

参政権《さんせいけん》…国民《こくみん》が直接《ちょくせつ》・間接的《かんせつてき》に政治《せいじ》に参加《さんか》する権利《けんり》で，中心は選挙権《せんきょけん》と被《ひ》選挙権。ほかに，最高裁判所裁判官《さいこうさいばんしょさいばんかん》の国民審査《こくみんしんさ》権，憲法改正《けんぽうかいせい》の国民投票《とうひょう》権などがある。

選挙権や被選挙権のほかに、政治に参加する権利ってあるかい？
国民審査権《こくみんしんさけん》
最高裁判所裁判官《さいこうさいばんしょさいばんかん》が適任《てきにん》かどうか投票する権利。
憲法改正《けんぽうかいせい》の国民投票権《とうひょうけん》
憲法改正が賛成《さんせい》か反対か投票する権利。
こういった権利も参政権にふくまれるのね。
自分たちの基本的人権を守るためにも参政権があるんです。
ほかにも基本的人権を守るための権利があるわ。
え〜と、それから…
重要
請求権《せいきゅうけん》
裁判を受ける権利
裁判でわたしの無実《むじつ》を証明《しょうめい》したい！
免田被告 再審で無罪
死刑囚に初の救済
熊本地裁八代支部
無実だったのに！
無実の判決《はんけつ》を受けた人の刑事補償請求権《けいじほしょうせいきゅうけん》

マメ知識

基本的人権《きほんてきじんけん》を守るための権利《けんり》として、このほかに、国や地方公共団体《こうきょうだんたい》に対して自分の要望《ようぼう》をのべる請願権《せいがんけん》がある。この請願権は、国民《こくみん》の要求《ようきゅう》を政治《せいじ》に反映《はんえい》させることから参政権《さんせいけん》の一部と考えるのが一般的《いっぱんてき》だが、請求権《せいきゅうけん》にふくめることもある。

ポイント解説

選挙権《せんきょけん》の年齢《ねんれい》

●18歳以上の国が多い

選挙権は、日本では、第二次世界大戦後《たいせんご》の1945年末《すえ》、満《まん》20歳《さい》以上《いじょう》の男女に認《みと》められるようになった。それまでは、1890年の第1回衆議院議員総選挙《しゅうぎいんぎいんそうせんきょ》以来《いらい》、満25歳以上の男子のみだった。

選挙権の年齢《ねんれい》は、世界的《せかいてき》にみると、満18歳からという国が多い。日本でも、2016年に、18歳からに引き下げられた。

国名	選挙権《せんきょけん》	被選挙権《ひせんきょけん》
ブラジル	16歳	21歳
中国	18歳	18歳
ドイツ	18歳	18歳
フランス	18歳	23歳
アメリカ	18歳	25歳
韓国《かんこく》	20歳	25歳
日本	18歳	25歳

▲おもな国の選挙権と被選挙権の最低《さいてい》年齢

重要用語

請求権《せいきゅうけん》…基本的人権《きほんてきじんけん》が侵害《しんがい》されたり，不利益《ふりえき》をこうむったとき，国などにその救済《きゅうさい》や補償《ほしょう》を求《もと》める権利《けんり》。裁判《さいばん》を受ける権利，損害賠償《そんがいばいしょう》請求権，刑事《けいじ》補償請求権がある。

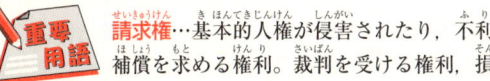

新しい人権《じんけん》
重要
環境権《かんきょうけん》
ふとんもほせないな…。
市役所
日が当たらないんですけど…。
それは環境権《かんきょうけん》が侵害《しんがい》されてますね…。
相談係
環境権って、憲法《けんぽう》にのっていないぞ。
それ、新しく認《みと》められるようになった権利《けんり》ですよ。よりよい環境を求《もと》める権利を環境権っていうんです。
空気のよごれ
そう音
プライバシーの権利
重要
わたしのふだんの生活のことをだれかが書きこんでいるわ。許《ゆる》せない！
パシャ
パシャ！
わしも、最近《さいきん》、マスコミに追われているぞ。
考えすぎだと思うな。

くわしく

科学技術《ぎじゅつ》の発達《はったつ》により工業化や情報化《じょうほうか》が進み、社会が大きく変化《へんか》した。それにともない人々の意識《いしき》も変化し、新しい人権《じんけん》が主張《しゅちょう》されるようになった。新しい人権は、憲法《けんぽう》の規定《きてい》にはない人権や、現代《げんだい》社会に合わせて見直されるようになった人権などをいう。

重要用語

環境権《かんきょうけん》…とくに1960年代以降《いこう》，環境破壊《かんきょうはかい》や公害《こうがい》が深刻化《しんこくか》したことから主張《しゅちょう》されるようになった。日本国憲法《けんぽう》の生存《せいぞん》権と幸福追求《ついきゅう》の権利《けんり》にもとづく権利とされる。

それは、プライバシーの権利が侵害されていますね。
プライバシーの権利？
個人《こじん》の生活や情報《じょうほう》を他人の干渉《かんしょう》から守る権利のことですよ。
それも、新しい人権なのか？
知る権利
重要
わし、日本の政治《せいじ》のこと、もっと知りたいんだが。
国や市の政治に関《かん》する情報が少なすぎるんじゃ。
国や市に、情報の公開を請求《せいきゅう》したらいいんですよ。
市役所
市のお金の使い道を知りたい。情報を公開してください。
必要書類
○○課
こういう知る権利は、政治の動きを監視《かんし》するためにも大切よね。
社会の変化《へんか》とともに認《みと》められるようになった新しい権利です。
わしが議員《ぎいん》に当選《とうせん》したら、もっといっぱい新しい権利をつくるぞ。
王様…、立候補《りっこうほ》するつもりみたいだわ…。

マメ知識

新しい人権《じんけん》が認《みと》められるようになると、それらに対応《たいおう》する法律《ほうりつ》や制度《せいど》が整備《せいび》された。具体的《ぐたいてき》には、環境権《かんきょうけん》→環境基本法《きほんほう》や環境アセスメント（環境影響評価《えいきょうひょうか》）法、知る権利→情報《じょうほう》公開法、情報公開条例《じょうれい》や情報公開制度《せいど》、プライバシーの権利→個人情報保護《こじんじょうほうほご》法などである。

重要用語

プライバシーの権利《けんり》…もともとは個人《こじん》の私的《してき》生活を他人の干渉《かんしょう》から守る権利だが，情《じょう》報《ほう》社会の今日では，自分に関《かん》する情報を自分で管理《かんり》する権利をさすようになってきた。

要点整理と重要事項のまとめ ①

①日本国憲法《けんぽう》の成立《せいりつ》

●**大日本帝国《ていこく》憲法**…ドイツ(プロイセン)の憲法を参考《さんこう》にして，1889年に発布《はっぷ》された。主権《しゅけん》は天皇《てんのう》にある。

●**日本国憲法**

制定…1946年11月3日公布《こうふ》，1947年5月3日から施行《しこう》。
3つの原則《げんそく》…国民《こくみん》主権，基本的人権《きほんてきじんけん》の尊重《そんちょう》，平和主義《しゅぎ》。
改正《かいせい》の手続《てつづ》き…国会が発議《はつぎ》→国民の承認《しょうにん》→天皇が公布。

②日本国憲法の3つの原則

●**国民主権**…国の政治《せいじ》を最終的《さいしゅうてき》に決めるのは国民である。天皇は，日本の国や国民のまとまりの象徴《しょうちょう》である。

●**基本的人権の尊重**…基本的人権は，侵《おか》すことのできない永久《えいきゅう》の権利《けんり》である(第11条《じょう》)。

●**平和主義**…憲法の前文と第9条で，二度と戦争《せんそう》をしないことを宣言《せんげん》。自衛隊《じえいたい》についてはいろいろな意見。

③基本的人権の発達《はったつ》

●**市民革命《しみんかくめい》**…イギリスの名誉《めいよ》革命で権利(の)章典《しょうてん》，アメリカの独立《どくりつ》戦争で独立宣言，フランス革命で人権宣言。

●**人権思想家**…ロック，モンテスキュー，ルソーら。

●**社会権の確立《かくりつ》**…1919年，ドイツでワイマール憲法制定《せいてい》。

●**世界人権宣言**…1948年，国際連合《こくさいれんごう》の総会《そうかい》で採択《さいたく》。

●**子ども(児童《じどう》)の権利条約《じょうやく》**…子どもの人権を守る。

④平等権《けん》，自由権

●**平等権**…だれもが同じあつかいを受ける権利で，基本的人権の土台。法の下《もと》の平等，両性《りょうせい》の本質《ほんしつ》的平等。

●**法律《ほうりつ》**…男女雇用機会均等法《こようきかいきんとうほう》，男女共同参画《きょうどうさんかく》社会基本法。

●**自由権**…国から制約《せいやく》を受けず，自由に行動する権利。精神《せいしん》の自由，身体の自由，経済《けいざい》活動(経済)の自由。

⑤社会権，その他の権利

●**社会権**…人間らしい生活の保障《ほしょう》を要求《ようきゅう》する権利。生存《せいぞん》権，教育を受ける権利，勤労《きんろう》の権利，労働《ろうどう》基本権。

●**参政《さんせい》権**…選挙《せんきょ》権，被《ひ》選挙権，国民審査《しんさ》権，国民投票《とうひょう》権。

●**請求《せいきゅう》権**…基本的人権が侵害《しんがい》されたときなどに救済《きゅうさい》を求《もと》める権利。裁判《さいばん》を受ける権利，刑事補償《けいじほしょう》請求権など。

●**新しい人権**…環境《かんきょう》権，プライバシーの権利，知る権利。

ここもマーク!

●**法《ほう》の構成《こうせい》**…最上位《さいじょうい》が憲法で，以下《いか》は法律《ほうりつ》，命令《めいれい》の順。

●**憲法の性格《せいかく》**…国の最高法規《さいこうほうき》。

●**憲法記念日**…5月3日。

●**発議**…各議院《かくぎいん》の総議員《そうぎいん》の3分の2以上《いじょう》の賛成《さんせい》が必要《ひつよう》。

●**天皇の国事行為《こくじこうい》**…形式的《てき》・儀礼《ぎれい》的な行為を行う。

●**人権の制限《せいげん》**…公共《こうきょう》の福祉《ふくし》に反する場合。

●**国民の三大義務《ぎむ》**…教育・納税《のうぜい》・勤労《きんろう》の義務。

●**非核《ひかく》三原則**…核兵器《かくへいき》を，もたず，つくらず，もちこませず。

●**人権宣言**…自由・平等の権利や，国民主権などを宣言。

●**人権思想**…モンテスキューが『法の精神《せいしん》』で三権分立《さんけんぶんりつ》，ルソーが『社会契約《けいやく》論《ろん》』で人民主権を主張《しゅちょう》した。

●**自由民権《みんけん》運動**…市民革命のえいきょう。板垣退助《いたがきたいすけ》ら。

●**基本的人権**…平等権，自由権，社会権，基本的人権を守るための権利(参政《さんせい》権など)。

●**精神《せいしん》の自由**…思想・表現《ひょうげん》・学問の自由など。

●**経済活動(経済)の自由**…居住《きょじゅう》・移転《いてん》と職業選択《しょくぎょうせんたく》の自由，財産《ざいさん》権の保障《ほしょう》。

●**生存権**…「すべて国民は，健康で文化的な最低限度の生活を営《いとな》む権利を有する」(第25条)

●**労働基本権(労働三権)**…団結《だんけつ》権，団体交渉《だんたいこうしょう》権，団体行動権(争議《そうぎ》権)。

重要事項の一問一答 1

1 日本国憲法の成立

（▼答え記入らん）

①ドイツの憲法《けんぽう》を参考《さんこう》にして，日本で1889年に発布《はっぷ》された憲法を何といいますか。 ………… ［　　　］

②日本国憲法の３つの原則《げんそく》は，基本的人権《きほんてきじんけん》の尊《そん》重《ちょう》，平和主義《しゅぎ》と，あと１つは何ですか。 ………… ［　　　］

2 日本国憲法の3つの原則

①日本国憲法で天皇《てんのう》は，日本の国や国民《こくみん》のまとまりの何とされましたか。 ………… ［　　　］

②基本的人権は，侵《おか》すことのできない何の権利《けんり》であるとされましたか。 ………… ［　　　の権利］

③日本国憲法で，二度と戦争《せんそう》をしないことを宣言しているのは前文と第何条《じょう》ですか。 ………… ［第　　　条］

3 基本的人権の発達

①フランス革命《かくめい》が起こった1789年，国民議会《ぎかい》が発表した宣言《せんげん》を何といいますか。 ………… ［　　　］

②『法《ほう》の精神《せいしん》』を書き，三権分立《さんけんぶんりつ》のしくみをつくることを主張《しゅちょう》したのはだれですか。 ………… ［　　　］

4 平等権，自由権

①差別《さべつ》を受けず，だれもが同じあつかいを受ける権利を何といいますか。 ………… ［　　　］

②自由権のうち，思想・表現《ひょうげん》・学問の自由などをまとめて何といいますか。 ………… ［　　　］

5 社会権，その他の権利

①日本国憲法第25条の「健康《けんこう》で文化的な最低《さいてい》限度《げんど》の生活を営《いとな》む権利」を何といいますか。 ………… ［　　　］

②選挙《せんきょ》権や被《ひ》選挙権のほか，国民審査《しんさ》権や国民投票《とうひょう》権もふくまれる権利を何といいますか。 ………… ［　　　］

答え　1 ①大日本帝国《ていこく》憲法　②国民主権《しゅけん》　2 ①象徴《しょうちょう》　②永久《えいきゅう》(の権利)　③(第)9(条)　3 ①(フランス)人権宣言　②モンテスキュー　4 ①平等権　②精神《せいしん》の自由　5 ①生存《せいぞん》権　②参政《さんせい》権

① 国会のしくみとはたらき

日本国憲法《けんぽう》では，「国会は国権《こっけん》の最高機関《さいこうきかん》で，唯一《ゆいいつ》の立法機関《りっぽうきかん》である」と定めている。この国会のしくみとはたらきについて，二院制《にいんせい》，法律《ほうりつ》の制定《せいてい》，衆議院《しゅうぎいん》の優越《ゆうえつ》，国会の種類《しゅるい》などをくわしくみていこう。

きょう、国会議事堂《こっかいぎじどう》に見学に行ったんだ。
良太《りょうた》
恵美《えみ》
何をするところなのお兄ちゃん？
いろいろなことを決めるんだ。
いろいろって？
いろいろだよぉ
そうそう、いろいろなことを決めるんじゃ！
国民《こくみん》の代表が話し合って、法律《ほうりつ》をつくったり、予算を決めたりする。
国の議会《ぎかい》だから国会じゃな！
はっはっは
あ、そういえば、コッカイギインだったんだっけ？おじいちゃん
そういえば？だったんだっけ？おいおい…。
くぅぅ～

参考 **国会議事堂《こっかいぎじどう》**…地上３階，地下１階。左右対称《たいしょう》で，正面に向かって左側《ひだりがわ》が衆《しゅう》議院《ぎいん》，右側が参議院《さんぎいん》である。住所は，東京都千代《ちよ》田《だ》区永田町《ながたちょう》１－７－１。

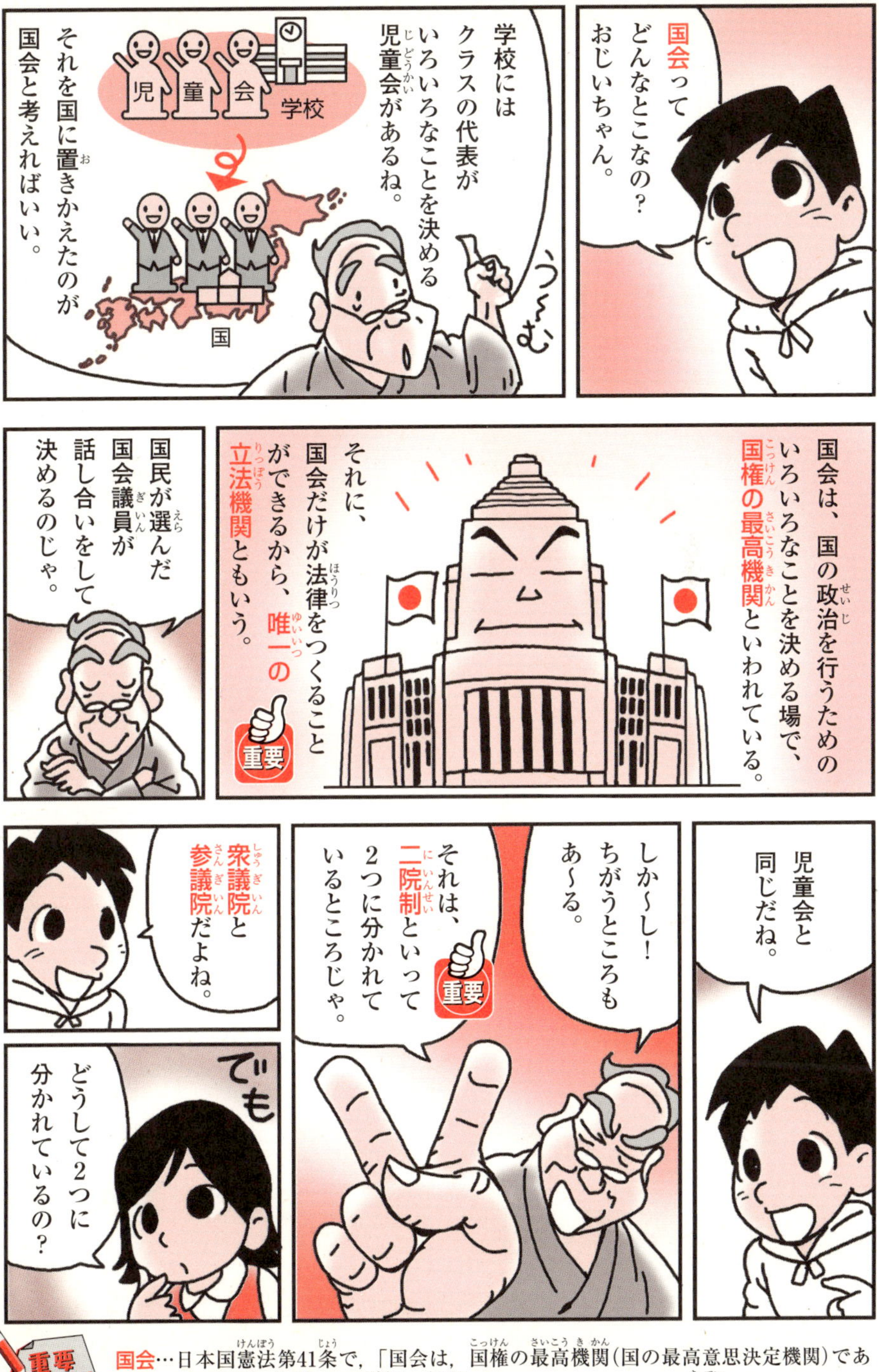
国会って
どんなとこなの？
おじいちゃん。
学校には
クラスの代表が
いろいろなことを決める
児童会《じどうかい》があるね。
児
童
会
学校
国
それを国に置《お》きかえたのが
国会と考えればいい。
う〜む
国会は、国の政治《せいじ》を行うための
いろいろなことを決める場で、
国権《こっけん》の最高機関《さいこうきかん》といわれている。
それに、
国会だけが法律《ほうりつ》をつくること
ができるから、唯一《ゆいいつ》の
立法機関《りっぽうきかん》ともいう。
重要
国民が選《えら》んだ
国会議員《ぎいん》が
話し合いをして
決めるのじゃ。
児童会と
同じだね。
しか〜し！
ちがうところも
あ〜る。
それは、
二院制《にいんせい》といって
2つに分かれて
いるところじゃ。
重要
衆議院《しゅうぎいん》と
参議院《さんぎいん》だよね。
でも
どうして2つに
分かれているの？

マメ知識

日本と同じ二院制《にいんせい》の国は、イギリス・イタリア・フランス・ドイツ・アメリカ合衆国《がっしゅうこく》・オーストラリアなどである。一つの院だけの一院制の国は、アイスランド・スウェーデン・デンマーク・フィンランド・ギリシャ・ポルトガル・ニュージーランドなどである。

重要用語

国会…日本国憲法《けんぽう》第41条《じょう》で，「国会は，国権《こっけん》の最高機関《さいこうきかん》（国の最高意思決定機関）であって，国の唯一《ゆいいつ》の立法《りっぽう》機関（法律《ほうりつ》の制定《せいてい》は国会だけ）である。」と規定《きてい》している。

決定!
1つだと、人数の多い政党《せいとう》やグループがかってに決めてしまいやすいだろ。それは防《ふせ》がないと。
それに、2か所で話し合えば、慎重《しんちょう》に中身を考えられるね。
でも、同じことを話し合うんでしょ？
そう、むだともいえるかもね。
早く決めなきゃいけないことが、おくれてしまったり……。
むずかしいところじゃ
衆議院《しゅうぎいん》と参議院《さんぎいん》って、何がちがうの？
うむ。表で比《くら》べてみよう！
大きなちがいは、任期《にんき》と、解散《かいさん》があるかどうかじゃな。
入試に出る!

衆議院		参議院
※475名 {比例《ひれい》代表 180名 / 小選挙区《せんきょく》 295名	議員《ぎいん》数	242名 {比例代表 96名 / 選挙区 146名
4年（解散《かいさん》で資格《しかく》を失うことがある）	任《にん》期《き》	6年（3年ごとに半数改選《かいせん》）
満《まん》25歳以上《さいいじょう》の日本国民《こくみん》	被《ひ》選挙権《けん》	満30歳以上の日本国民
比例代表選出…全国を11区 小選挙区選出…全国を295区	選挙区	比例代表選出…全国を1区 選挙区選出…43都道府県と2合区
解散により世論《せろん》を的確《てきかく》に反映《はんえい》	性《せい》格《かく》	理の政治《せいじ》で衆議院のゆきすぎをおさえる

▲衆議院と参議院のちがい

※2012年の衆議院選挙までは480名。2013年以降の衆議院選挙から475名に変更。

くわしく

二院制《にいんせい》は、多数党《たすうとう》の強行採決《さいけつ》などによる「数の政治《せいじ》」を、もう一つの院が理性的《りせいてき》におさえる「理の政治」を行うことを目的《もくてき》としている。「良識《りょうしき》の府《ふ》」とされる参議院《さんぎいん》に解散《かいさん》がなく、任期《にんき》が長いのは、政治の継続性《けいぞくせい》と安定性《あんていせい》を保《たも》つ役割《やくわり》をあたえられているためである。

重要用語

二院制《にいんせい》…審議《しんぎ》を慎重《しんちょう》に行うためのしくみで，この長所をいかすために両院《りょういん》の議員《ぎいん》の任《にん》期《き》・被選挙権《ひせんきょけん》・選挙区などにちがいがある。両院制《りょういんせい》ともいう。

解散って？

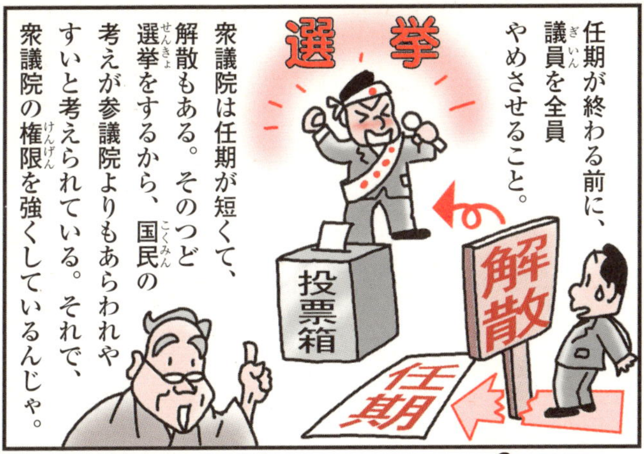
任期が終わる前に、議員《ぎいん》を全員やめさせること。
選挙
解散
投票箱
任期
衆議院は任期が短くて、解散もある。そのつど選挙《せんきょ》をするから、国民《こくみん》の考えが参議院よりもあらわれやすいと考えられている。それで、衆議院の権限《けんげん》を強くしているんじゃ。

衆議院ってどんなところなの？
法律《ほうりつ》ができるまでをみてみるとわかりやすい。

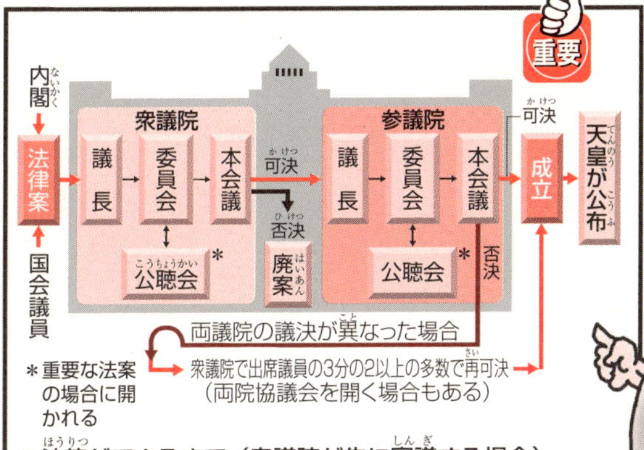
重要
内閣《ないかく》
法律案
国会議員
衆議院
議長
委員会
本会議
公聴会《こうちょうかい》＊
可決《かけつ》
否決《ひけつ》
廃案《はいあん》
参議院
議長
委員会
本会議
公聴会＊
否決
可決《かけつ》
成立
天皇《てんのう》が公布《こうふ》
両議院の議決が異《こと》なった場合
衆議院で出席議員の3分の2以上の多数で再《さい》可決
（両院協議会を開く場合もある）
＊重要な法案の場合に開かれる

▲法律《ほうりつ》ができるまで（衆議院が先に審議《しんぎ》する場合）

くわしく

法律案《ほうりつあん》は、国会議員《ぎいん》または内閣《ないかく》が衆議院《しゅうぎいん》か参議院《さんぎいん》に提出《ていしゅつ》する。法律案の提出先は、予算の場合（→35ページ参照《さんしょう》）とちがい、どちらの院《いん》が先でもよい。内閣が提出する場合が多いが、議員が一定数以上《いじょう》の連名《れんめい》で出すこともでき、このことを議員立法《りっぽう》という。

ポイント解説

●10日→40日→30日以内 衆議院《しゅうぎいん》解散《かいさん》後の流れ

日本国憲法《けんぽう》第69条《じょう》に「内閣《ないかく》は、衆議院《しゅうぎいん》で不信任《ふしんにん》の決議案《けつぎあん》を可決《かけつ》し、または信任の決議案を否決《ひけつ》したときは、10日以内《いない》に衆議院が解《かい》散《さん》されない限《かぎ》り、総辞職《そうじしょく》をしなければならない。」とあり、内閣が国会の信任によって成立《せいりつ》していることを定めている。

解散後40日以内に衆議院議員総選挙《そうせんきょ》が行われ、30日以内に特別会《とくべつかい》が召集《しょうしゅう》される。そこで内閣は総辞職し、新しい内閣総理大臣《そうりだいじん》が指名される。

内閣不信任案の可決から新内閣成立まで

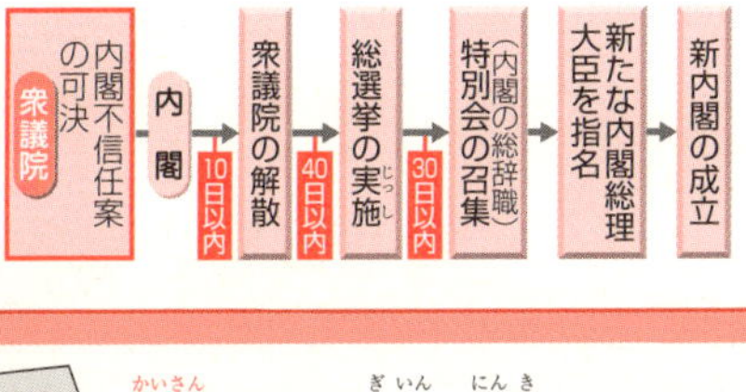
衆議院
内閣不信任案の可決
内閣
10日以内
衆議院の解散
40日以内
総選挙の実施《じっし》
30日以内
特別会の召集（内閣の総辞職）
新たな内閣総理大臣を指名
新内閣の成立

重要用語

解散《かいさん》…衆議院議員《ぎいん》の任期《にんき》が終わる前に議員全員の資格《しかく》を失《うしな》わせることで，内閣《ないかく》が決定する。衆議院《しゅうぎいん》だけにあり，参議院《さんぎいん》は，衆議院の解散とともに閉会《へいかい》となる。

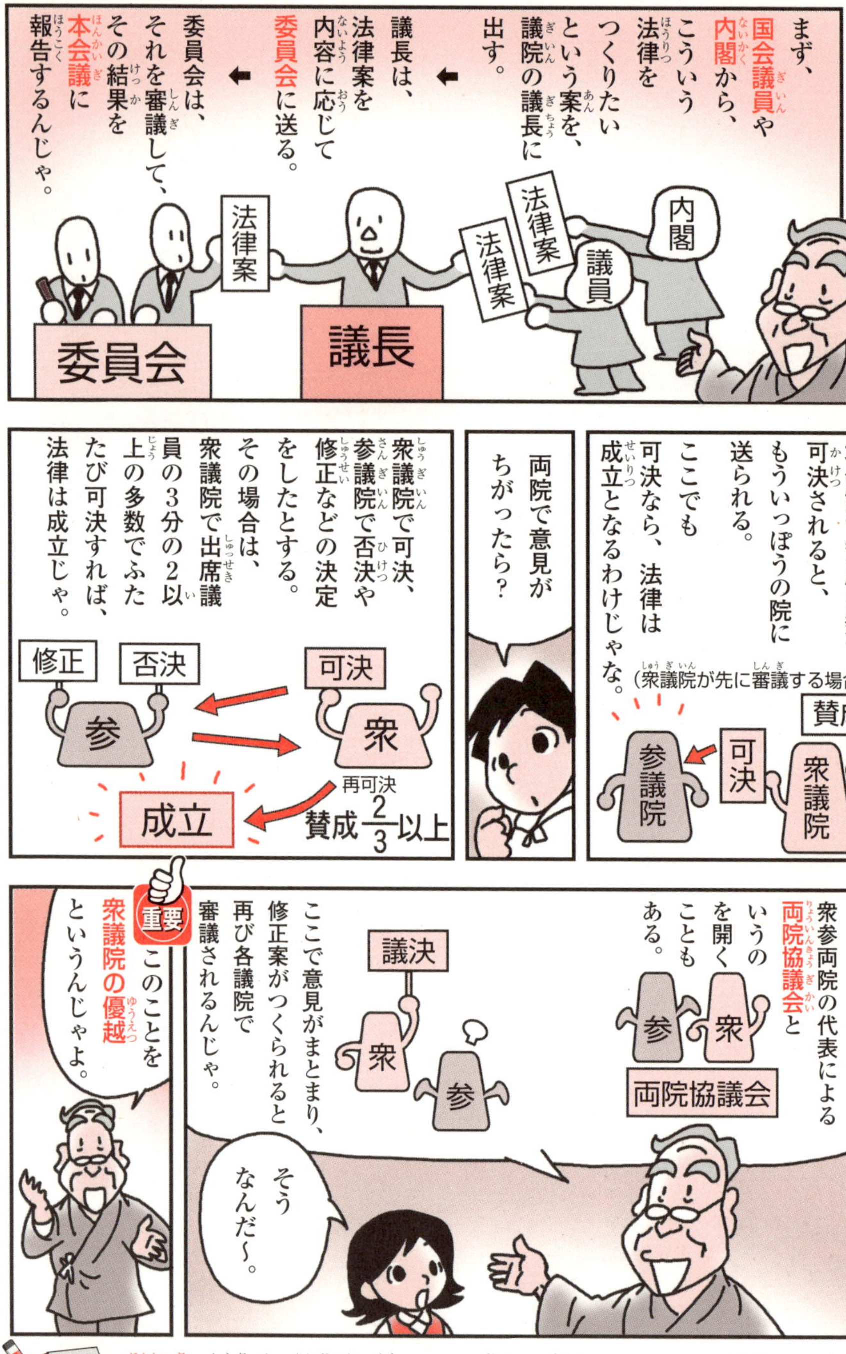
まず、国会議員《ぎいん》や内閣《ないかく》から、こういう法律《ほうりつ》をつくりたいという案《あん》を、議院《ぎいん》の議長《ぎちょう》に出す。
内閣
法律案
議員
法律案
議長は、法律案を内容《ないよう》に応《おう》じて委員会に送る。
法律案
議長
委員会は、それを審議《しんぎ》して、その結果《けっか》を本会議《ほんかいぎ》に報告《ほうこく》するんじゃ。
委員会
本会議で賛成《さんせい》多数で可決《かけつ》されると、もういっぽうの院に送られる。ここでも可決なら、法律は成立《せいりつ》となるわけじゃな。
（衆議院《しゅうぎいん》が先に審議《しんぎ》する場合）
賛成
衆議院
可決
参議院
両院で意見がちがったら？
衆議院《しゅうぎいん》で可決、参議院《さんぎいん》で否決《ひけつ》や修正《しゅうせい》などの決定をしたとする。その場合は、衆議院で出席《しゅっせき》議員の3分の2以《い》上《じょう》の多数でふたたび可決すれば、法律は成立じゃ。
可決
衆
否決
修正
参
再可決
賛成$\frac{2}{3}$以上
成立
衆参両院の代表による両院協議会《りょういんきょうぎかい》というのを開くこともある。
衆
参
両院協議会
ここで意見がまとまり、修正案がつくられると再び各議院で審議されるんじゃ。
議決
衆
参
そうなんだ～。
重要
このことを衆議院の優越《ゆうえつ》というんじゃよ。

マメ知識

国会ではさまざまな議案《ぎあん》を審議《しんぎ》しているが、議員《ぎいん》はそれらのすべてについてじゅうぶんな知識《ちしき》をもっているわけではない。そこで、各《かく》分野の専門《せんもん》知識をもつ議員（委員）が委員会に分かれて所属《しょぞく》することで、細かい点まで効率《こうりつ》よく審議ができるようにしているのである。

重要用語

本会議《ほんかいぎ》…衆議院《しゅうぎいん》と参議院《さんぎいん》の各《かく》議院の全議員《ぎいん》で構成《こうせい》され，各議院の最終《さいしゅう》決定が行われる。両院《りょういん》には，それぞれ議長《ぎちょう》と副議長《ふくぎちょう》が1名ずつ置《お》かれている。

入試に出る！
予算の議決、条約《じょうやく》の承認《しょうにん》、内閣総理大臣《ないかくそうりだいじん》の指名でも衆議院の優越があるんじゃ。
衆
内閣が作成した予算は、先に衆議院に提出《ていしゅつ》することになっておる。
内閣
予算
衆議院
予算
予算委員会
議長
衆議院に先議権《せんぎけん》があるというんじゃがね。
予算委員会では、必《かなら》ず公聴会《こうちょうかい》を開くことになっておる。
予算委員会
専門家《せんもんか》などを呼《よ》んで意見を聞くわけじゃ。
専門家
公聴会
衆議院を通れば参議院。
ゴ
そうじゃ
法律案の議決以外で参議院が衆議院とちがった議決をした場合は、両院協議会を開く。そこでも意見がまとまらないときは、衆議院の議決が国会の議決となる。これは内閣総理大臣の指名や条約の承認でも同じじゃ。
衆
参
衆
参
両院協議会
議決
衆
国会
忘《わす》れるところじゃった。
内閣不信任案《ふしんにんあん》を出して、決議できるのも衆議院だけなんじゃよ。
内閣不信任案
衆
ズズー
内閣の不信任って？
内閣に政治《せいじ》をまかせられないと思ったときに出すものなんじゃ。

くわしく

衆議院《しゅうぎいん》の優越《ゆうえつ》には、衆議院の議決《ぎけつ》が重くみられるものと、衆議院のみに認《みと》められたものの2種類《しゅるい》がある。前者に法律案《ほうりつあん》の議決、予算の議決、条約《じょうやく》の承認《しょうにん》、内閣総理大臣《ないかくそうりだいじん》の指名があり、後者に予算の先議権《せんぎけん》、内閣の信任決議権《しんにんけつぎけん》・不信任《ふしんにん》決議権がある。

重要用語

公聴会《こうちょうかい》…委員会で審議《しんぎ》する場合，重要議案《ぎあん》についての利害関係者《りがいかんけいしゃ》や専門家《せんもんか》などから意見を聞くために開く。予算の審議のときは必《かなら》ず開かれる。

さて、まず委員会でやる。審議《しんぎ》は
つねにあるのが常任委員会《じょうにんいいんかい》で、数は両院《りょういん》とも17。国会議員《こっかいぎいん》は、必《かなら》ずどれかに入るんじゃ。特別《とくべつ》なことを検討《けんとう》するために、特別委員会を置《お》くこともある。
常
常
特
衆
参
へぇ～。そういう仕事があるのね。
そうじゃよ。なかなか大変《たいへん》なんじゃ。
ええと…、委員会もふくめて、国会の仕事っていうと…。
法律《ほうりつ》をつくること。予算を決めること。あぁ～、それから、条約《じょうやく》の承認《しょうにん》、内閣総理大臣《ないかくそうりだいじん》の指名…。
それに、衆議院《しゅうぎいん》だけじゃが、内閣不信任《ふしんにん》の決議《けつぎ》。
まだある！
裁判官《さいばんかん》をやめさせるかどうかを決めるため、両議院《りょうぎいん》の議員《ぎいん》からなる弾劾裁判所《だんがいさいばんしょ》を設置《せっち》する。
憲法改正《けんぽうかいせい》の発議をすることもそうじゃ。
これは、衆参各《かく》議院の総《そう》議員の3分の2以上《いじょう》の賛成《さんせい》で発議《はつぎ》する。最後《さいご》は国民投票《こくみんとうひょう》で決めるんじゃがね。
賛成
賛成
衆
参
国民投票
2/3以上
2/3以上
（→9ページ参照《さんしょう》）
国会は正しい政治《せいじ》を行うために証人《しょうにん》を呼《よ》んで、証言《しょうげん》や記録の提出《ていしゅつ》を求《もと》めたりできる。これを国政調査権《こくせいちょうさけん》という。
ナントカカンモン!?
うん、証人喚問《かんもん》や参考人招致《しょうち》のことじゃ。

マメ知識

会議《かいぎ》を開いて表決するには、一定数以上《いじょう》の議員《ぎいん》の出席《しゅっせき》が必要《ひつよう》である。これを定足数《ていそくすう》といい、本会議は総《そう》議員の3分の1以上の出席が必要で、委員会はその委員会の委員の半数以上の出席が必要である。表決は、ふつう、出席議員の過半数《かはんすう》の賛成《さんせい》で決まる。

重要用語

国政調査権《こくせいちょうさけん》…国会に認《みと》められた，国の政治《せいじ》がどのように行われているかを調べる権《けん》限《げん》。国会に証人《しょうにん》を呼《よ》んだり，行政機関《ぎょうせいきかん》に記録《きろく》の提出《ていしゅつ》を要求《ようきゅう》したりすることができる。

国会って、いつも開いているの？
いやいや、だれにだって休みは必要《ひつよう》じゃ。
ぐはは…
まず、常会《じょうかい》が毎年1月中に開かれるんじゃ。
常会
150日間
ほかに、臨時《りんじ》の議題《ぎだい》について話し合う臨時会《りんじかい》、内閣総理大臣を指名する特別会《とくべつかい》があ～る。
入試に出る！
臨時会
特別会
衆議院の解散《かいさん》中に急いで議決《ぎけつ》する必要《ひつよう》があるときは、参議院だけで緊急集会《きんきゅうしゅうかい》というのを開くこともある。
解散中
参
衆
緊急集会
おじいちゃんてさ、大変《たいへん》なお仕事をしていたんだね。
ほんと。おじいちゃんすごい！
わしはうれしい！もっと聞かせてやるぞぉ！
あ、いや、きょうはこれで解散！

くわしく

国会議員《こっかいぎいん》の身分(地位《ちい》)は、じゅうぶんに活動できるように、日本国憲法《けんぽう》で保障《ほしょう》されている。ふさわしい給料《きゅうりょう》(現在《げんざい》、年間約《やく》2200万円)を支給《しきゅう》する、国会の会期中は現行犯《げんこうはん》以外《いがい》では院の許可《きょか》がなければ逮捕《たいほ》されない、議院内《ぎいんない》での発言は議院外で責任《せきにん》を問われない、など。

ポイント解説

●常会で予算を議決する

国会の種類《しゅるい》

常会《じょうかい》は毎年1回1月中に召集《しょうしゅう》され、会期は150日間である。会期の延長《えんちょう》は、常会は1回、臨時会《りんじかい》と特別会《とくべつかい》は2回まで認《みと》められている。主要議題《しゅようぎだい》は、常会では次の年度の予算の議決《ぎけつ》、特別会では内閣《ないかく》総理大臣《そうりだいじん》の指名である。

参議院《さんぎいん》の緊急集会《きんきゅうしゅうかい》で決まったことは、次の国会が開かれてから10日以内《いない》に衆議院の同意が得《え》られなければ、無効《むこう》となる。

国会の種類

種類	召集	会期
常会(通常国会)	毎年 1回1月中	150日間
臨時会(臨時国会)	内閣が必要と認めたとき,または,どちらかの議院の4分の1以上の議員の要求があったとき	両議院の一致《いっち》の議決による
特別会(特別国会)	衆議院解散後の総選挙の日から30日以内	両議院の一致の議決による
参議院の緊急《きんきゅう》集会	衆議院解散中に緊急の必要が生じたとき内閣が召集	不定

参考 国会法《こっかいほう》…国会の組織《そしき》や運営《うんえい》などについて，基本的《きほんてき》なことがらを定めた法律《ほうりつ》。日本国憲法《けんぽう》の第４章で国会を規定《きてい》しているが，国会法はさらに具体的《ぐたいてき》に定めている。

② 内閣《ないかく》のしくみとはたらき

内閣は，国の最高《さいこう》の行政機関《ぎょうせいきかん》である。内閣総理大臣《そうりだいじん》は国会議員《こっかいぎいん》の中から選《えら》ばれるなど，内閣は国会の信任《しんにん》の上に成立《せいりつ》し，国会に対して責任《せきにん》を負っている。ここでは，この議院内閣制《ぎいんないかくせい》のしくみを中心にみていくことにしよう。

内
閣

くわしく

内閣《ないかく》は、国の最高《さいこう》の行政機関《ぎょうせいきかん》であり、他の行政機関（総務省《そうむしょう》・財務省《ざいむ》・文部科学省など）を指揮《しき》・監督《かんとく》している。内閣総理大臣《ないかくそうりだいじん》は国務《こくむ》大臣を任《にん》命《めい》するが、内閣総理大臣が死亡《しぼう》や欠格《けっかく》（資格《しかく》を失《うしな》うこと）などで欠けた場合は、すべての国務大臣は辞職《じしょく》しなければならない。

ああ、内閣総理大臣《ないかくそうりだいじん》が決まったね。
内閣総理大臣って、国会で決めるのね。
そのとおり。内閣総理大臣は、国会で指名する。そうして、天皇《てんのう》が任命《にんめい》する。
おじいちゃんは、大臣だったんだもんね。内閣のことならくわしいわよ。
あいやいや
へえ〜
わぁ、それじゃ、教えて！
知らなかったぁ

重要用語　**内閣総理大臣《ないかくそうりだいじん》**…内閣の長で，首相《しゅしょう》や単《たん》に総理ともいう。一般《いっぱん》には，衆議院の議席《ぎせき》の多数をしめた政党《せいとう》（与党《よとう》）の代表が指命され，天皇が任命する。

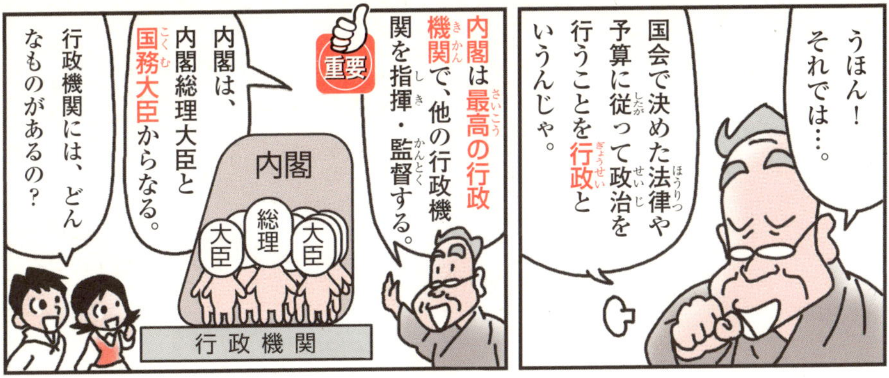
うほん！
それでは…。
国会で決めた法律《ほうりつ》や予算に従《したが》って政治《せいじ》を行うことを行政《ぎょうせい》というんじゃ。
重要
内閣は最高《さいこう》の行政機関《きかん》で、他の行政機関を指揮《しき》・監督《かんとく》する。
内閣は、内閣総理大臣と国務大臣《こくむだいじん》からなる。
内閣
総理
大臣
大臣
行政機関
行政機関には、どんなものがあるの？

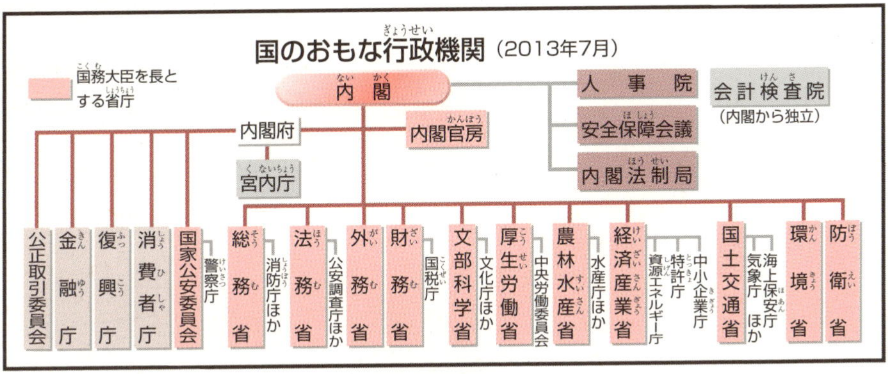
国のおもな行政機関《ぎょうせい》（2013年7月）
国務《こくむ》大臣を長とする省庁《しょうちょう》
内閣《ないかく》
人事院
安全保障《ほしょう》会議
内閣法制《ほうせい》局
会計検査《けんさ》院
（内閣から独立）
内閣府
内閣官房《かんぼう》
宮内庁《くないちょう》
公正取引委員会
金融《きんゆう》庁
復興《ふっこう》庁
消費者《しょうひしゃ》庁
国家公安委員会
警察《けいさつ》庁
総務《そうむ》省
消防《しょうぼう》庁ほか
法務《ほうむ》省
公安調査庁ほか
外務《がいむ》省
財務《ざいむ》省
国税《こくぜい》庁
文部科学省
文化庁ほか
厚生《こうせい》労働省
中央労働委員会
農林水産《すいさん》省
水産庁ほか
経済産業《けいざいさんぎょう》省
資源《しげん》エネルギー庁
特許《とっきょ》庁
中小企業《きぎょう》庁
国土交通省
海上保安《ほあん》庁
気象庁ほか
環境《かんきょう》省
防衛《ぼうえい》省

行政機関が集まる霞《かすみ》が関《せき》の官庁街《がい》、なつかしいのぉ。
文部科学省……
教育や文化の仕事をするのね。
ここは財務省。国の財政《ざいせい》を受けもつところだね。

くわしく

中央省庁《しょうちょう》には、中心となる内閣府《ないかくふ》のほか、11の省《しょう》がある。内閣府は、内閣の政策方針《せいさくほうしん》の企画《きかく》を助ける仕事をする総合調整機関《そうごうちょうせいきかん》で、総務省は地方行財政《ぎょうざいせい》など、財務省は財政《ざいせい》などを担当《たんとう》する。復興庁は、東日本大震災《だいしんさい》の復興のために設置《せっち》された（2021年に廃止される）。

重要用語

行政《ぎょうせい》…国会で決まった法律《ほうりつ》や予算にもとづいて，実際《じっさい》に政治《せいじ》を行うこと。日本国憲法《けんぽう》第65条《じょう》に，「行政権《ぎょうせいけん》は，内閣《ないかく》に属《ぞく》する。」とある。

くわしく

公務員《こうむいん》には、国の機関《きかん》で働《はたら》く国家公務員と、都道府県《とどうふけん》や市(区)町村の役所などで働く地方公務員がある。日本国憲法《けんぽう》第15条《じょう》で、「すべて公務員は、全体の奉仕者《ほうししゃ》であって、一部の奉仕者ではない。」と定め、国民《こくみん》全体のためにはたらくことを定めている。

ここで働《はたら》いている人たちを国家公務員《こっかこうむいん》というのよね。
おう、あれが首相官邸《しゅしょうかんてい》。内閣総理大臣《ないかくそうりだいじん》のいるところじゃ。
首相って、内閣総理大臣のこと?
そう。簡単《かんたん》に総理《そうり》ともいうね。
閣議《かくぎ》もここで開かれるんじゃ。
閣議というのは、首相が国務《こくむ》大臣全員を集めて会議《かいぎ》をするんじゃよ。
そんな会議、テレビで見たことないなぁ。
秘密会《ひみつかい》じゃからな。閣議では全員一致《いっち》が原則《げんそく》で、その内容《ないよう》は内閣官房長官《ないかくかんぼうちょうかん》が国民《こくみん》に伝《つた》えるんじゃ。
ひみつじゃ
官房長官って?
総理大臣を助ける人で、国務大臣なんじゃよ。総理大臣が最《もっと》も信頼《しんらい》する政治家《せいじか》がなるのがふつうだな。

重要用語

閣議《かくぎ》…内閣総理大臣《ないかくそうりだいじん》とすべての国務《こくむ》大臣が出席《しゅっせき》して，内閣の方針《ほうしん》を決める最高《さいこう》意思決定機関《きかん》。決定は全員一致《いっち》が原則《げんそく》で，定例《ていれい》の閣議は火曜日と金曜日に開かれる。

そろそろ、お昼にしようか。
わ〜い
昔なじみの店がよいな。
わぁ、高そう！おじいちゃん大じょうぶ？
なあに、大船《おおぶね》に乗った気持ちで…。
OPEN
どろ船に乗った気持ち？
ぐはげほほ
大じょうぶじゃ。
さてと、さっきの続《つづ》きじゃが…。
国務大臣のこと？
うむ。官房長官をはじめ、それぞれの国務大臣は、内閣総理大臣が任命《にんめい》するんじゃ。
天皇《てんのう》は？
それを認証《にんしょう》する。
天皇
総理大臣は、大臣をやめさせることもできるんでしょ？
総理大臣って、すごいのね。
うむ
それだけ責任《せきにん》が重いんじゃ。
内閣総理大臣は国会議員《ぎいん》のなかから指名されるが、
国務大臣の過半数《かはんすう》も国会議員から選《えら》ばれる。
内閣は、この国会から生まれるといえるね。
そう。そして、内閣は国会に対して連帯責任《れんたいせきにん》を負う。

マメ知識

国家公安委員会《こっかこうあんいいんかい》や公正取引《とりひき》委員会などは行政《ぎょうせい》委員会と呼《よ》ばれ、政治的中立性《せいじてきちゅうりつせい》や専門的知識《せんもんてきちしき》を必要《ひつよう》とする分野に設置《せっち》されている。また、国の会計検査《けんさ》を行う会計検査院は、内閣に対して独立《どくりつ》した地位をもつ行政機関《きかん》である。

参考

文民《ぶんみん》…内閣総理大臣《ないかくそうりだいじん》と国務《こくむ》大臣は文民でなければならないが，文民とは「職業軍人《しょくぎょうぐんじん》としての経歴《けいれき》をもたない者，現職《げんしょく》の自衛官《じえいかん》でない者」とする説《せつ》が一般的《いっぱんてき》である。

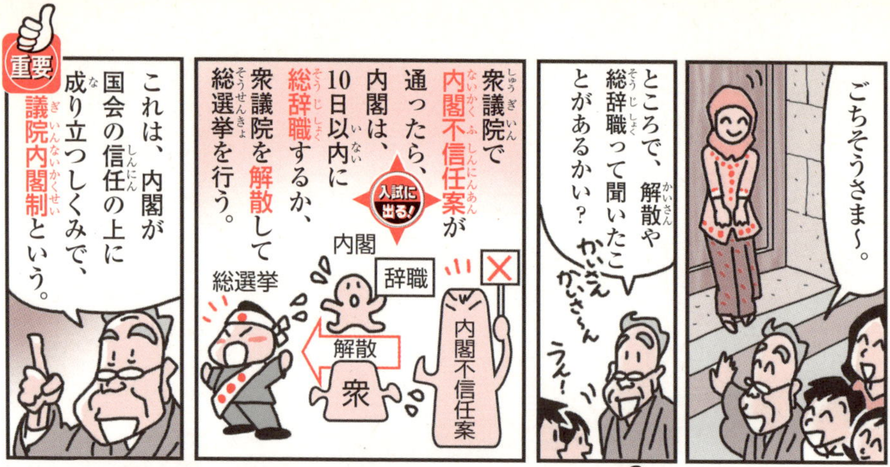

ごちそうさま～。
ところで、解散《かいさん》や総辞職《そうじしょく》って聞いたことがあるかい？
かいさん
かいさ～ん
うん！
衆議院《しゅうぎいん》で内閣不信任案《ないかくふしんにんあん》が通ったら、内閣は、10日以内《いない》に総辞職《そうじしょく》するか、衆議院を解散して総選挙《そうせんきょ》を行う。
入試に出る！
内閣不信任案
辞職
内閣
解散
衆
総選挙
重要
これは、内閣が国会の信任《しんにん》の上に成《な》り立つしくみで、議院内閣制《ぎいんないかくせい》という。

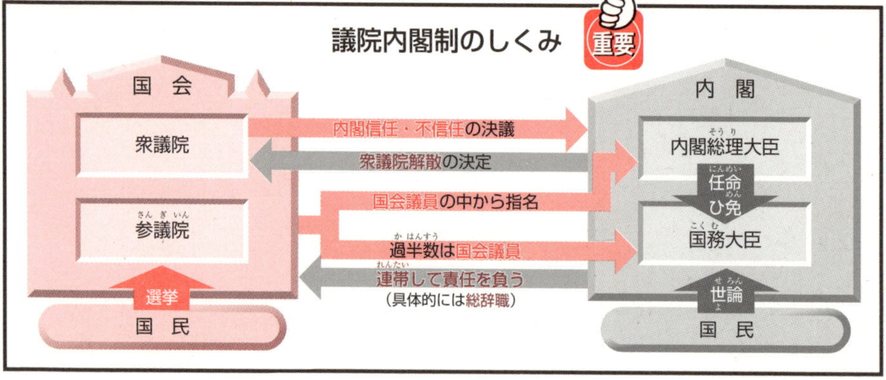

議院内閣制のしくみ
重要
国会
衆議院
参議院《さんぎいん》
選挙
国民
内閣
内閣総理《そうり》大臣
任命《にんめい》
ひ免《めん》
国務《こくむ》大臣
世論《せろん》
国民
内閣信任・不信任の決議
衆議院解散の決定
国会議員の中から指名
過半数《かはんすう》は国会議員
連帯《れんたい》して責任を負う
（具体的には総辞職）

内閣はどんな仕事をするの？
さっき見てきたいろんな省庁《しょうちょう》を監督《かんとく》・指揮《しき》すること。
それから、法律《ほうりつ》を正しく適用《てきよう》するために政令《せいれい》というきまりを定めるんじゃ。
法律案《あん》や予算を作成《さくせい》して、国会に提出《ていしゅつ》することは、前に話したな。
政令
法律案
予算
内閣
国会
うん。34・35ページね。でも、予算はどうやってつくるの？
各《かく》省庁の見積書《みつもりしょ》をもとに財務省《ざいむしょう》が原案《げんあん》をまとめ、閣議《かくぎ》で決めるんじゃよ。

マメ知識

これまで内閣不信任案《ないかくふしんにんあん》が可決《かけつ》された例《れい》は、１９４８年と１９５３年の吉田茂《よしだしげる》内閣、１９８０年の大平正芳《おおひらまさよし》内閣、１９９３年の宮沢喜一《みやざわきいち》内閣の4回しかない。いずれの場合も、衆議院《しゅうぎいん》は解散《かいさん》された。１９５３年のときは、首相《しゅしょう》の「バカヤロー」発言がきっかけとなった。

重要用語

政令《せいれい》…法律《ほうりつ》で決められたことを実行するために，内閣《ないかく》が憲法《けんぽう》や法律のはん囲《い》内で制定《せいてい》するきまり。法には憲法・法律・命令《めいれい》があり，政令は命令にふくまれる。

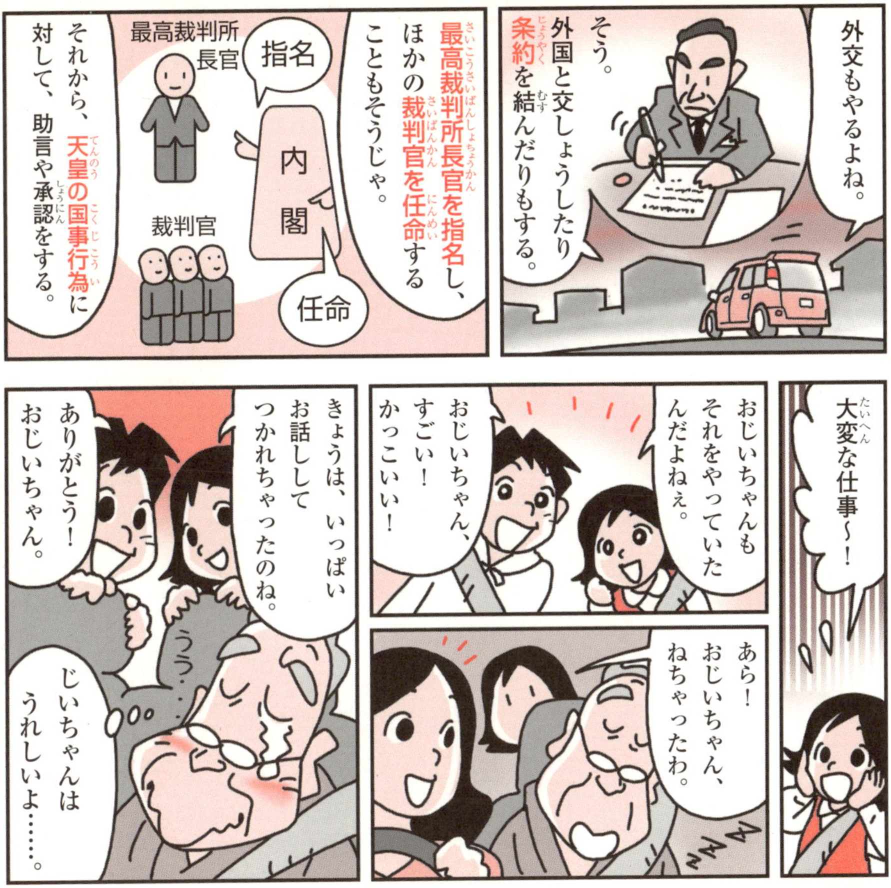
外交もやるよね。
そう。外国と交しょうしたり条約《じょうやく》を結《むす》んだりもする。
最高裁判所長官《さいこうさいばんしょちょうかん》を指名し、ほかの裁判官《さいばんかん》を任命《にんめい》することもそうじゃ。
最高裁判所長官
指名
内閣
任命
裁判官
それから、天皇《てんのう》の国事行為《こくじこうい》に対して、助言や承認《しょうにん》をする。
大変《たいへん》な仕事～！
おじいちゃんもそれをやっていたんだよねぇ。
おじいちゃん、すごい！かっこいい！
あら！おじいちゃん、ねちゃったわ。
きょうは、いっぱいお話ししてつかれちゃったのね。
ありがとう！おじいちゃん。
うう・・・
じいちゃんはうれしいよ……。

マメ知識

批准書《ひじゅんしょ》の交換《こうかん》で効力《こうりょく》が生まれた条約は、天皇が内閣の助言と承認《しょうにん》にもとづいて公布する。内閣《ないかく》のその他の仕事として、国会の召集《しょうしゅう》、衆議院《しゅうぎいん》の解散《かいさん》の決定などがある。

ポイント解説

●小さな政府をめざす

行政改革《ぎょうせいかいかく》の動き

行政の仕事がふえて、内容《ないよう》も複雑《ふくざつ》になる行政の肥大化《ひだいか》が問題になっている。そのため、近年、公務員《こうむいん》をへらすなど、政府《せいふ》の役割《やくわり》を最小限《さいしょうげん》にとどめる「小さな政府」をめざす動きが強まっている。

2001年、1府22省庁《しょうちょう》が1府12省庁に再編《さいへん》・統合《とうごう》された。地方分権《ぶんけん》（→59ページ参照《さんしょう》）や、役所のもつ許認可権《きょにんかけん》を見直す規制緩和《きせいかんわ》が進められ、郵政事業《ゆうせいじぎょう》の民営化《みんえいか》、国立大学や国立博物館《はくぶつかん》の独立行政法人化《どくりつぎょうせいほうじんか》も行われた。

公務員《こうむいん》の人数

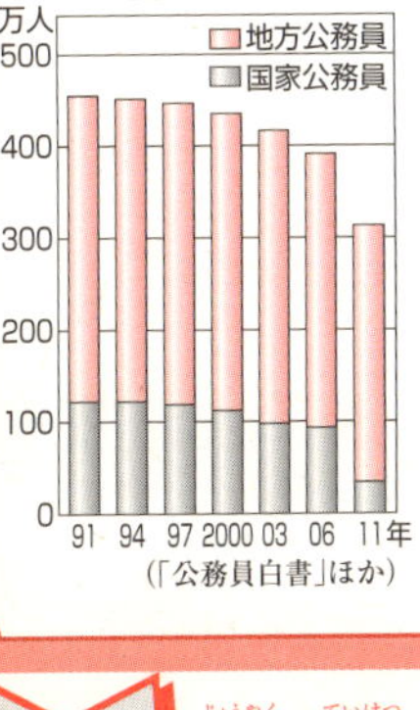
万人
500
400
300
200
100
0
地方公務員
国家公務員
91 94 97 2000 03 06 11年
（「公務員白書」ほか）

参考 **条約《じょうやく》の締結《ていけつ》と承認《しょうにん》**…内閣《ないかく》が結《むす》ぶ条約は，調印《ちょういん》→承認→批准《ひじゅん》（国として条約を結ぶことを最終的《さいしゅうてき》に確認《かくにん》する）という手続《てつづ》きで効力《こうりょく》が生まれる。承認は，国会が行う。

③ 裁判所《さいばんしょ》のしくみとはたらき

司法権《しほうけん》をもつ裁判所は，最高《さいこう》裁判所と下級裁判所に分けられる。最高裁判所の地位《ちい》や，刑事《けいじ》裁判と民事《みんじ》裁判のちがいを理解《りかい》しよう。三審制《さんしんせい》，司法権《しほうけん》の独立《どくりつ》，違憲立法審査権《いけんりっぽうしんさけん》などむずかしい用語ばかりだが，がんばろう。

マメ知識

裁判所《さいばんしょ》には、最高《さいこう》裁判所と下級裁判所（高等・地方・家庭・簡易《かんい》裁判所）がある。最高裁判所長官《ちょうかん》と14名の裁判官《さいばんかん》で構成《こうせい》される最高裁判所は、司法権《しほうけん》の最高機関《きかん》で、ただ一つの終審《しゅうしん》裁判所（最終的《さいしゅうてき》な判断《はんだん》を下し、その判決は刑《けい》などの確定《かくてい》を意味する）である。

きょうは、おじいちゃんと映画《えいが》を見にいきました。
終わります。
これにて、一時休廷《きゅうてい》します。
裁判《さいばん》の場面おもしろかったね。
うん。でも、むずかしいことばばっかり。
そうじゃ！ついでに裁判所《さいばんしょ》を見て回ろう。
わ〜い。
おお、ここで降《お》りよう。
キキ〜

重要用語

司法権《しほうけん》…法《ほう》にもとづいて争《あらそ》いごとを解決《かいけつ》することを，裁判《さいばん》または司法という。その権《けん》限《げん》である司法権は，日本国憲法《けんぽう》第76条《じょう》で「裁判所《さいばんしょ》に属《ぞく》する」と定めている。

くわしく

刑事裁判《けいじさいばん》の被告人《ひこくにん》は法律的《ほうりつてき》な専門知識《せんもんちしき》をもっていないことが多いため、弁護人《べんごにん》が被告人の弁護をするのがふつうである。弁護人には、原則《げんそく》として、法律の専門家である弁護士がなる。自分の費用《ひよう》で弁護人をたのめない場合は、国の費用で国選《こくせん》弁護人をつけることができる。

高等裁判所《こうとうさいばんしょ》と地方裁判所だ。簡易《かんい》裁判所もある。
東京高等裁判所
東京地方裁判所
合同庁舎
ここは家庭裁判所。家族や少年の問題をあつかうところじゃ
家庭裁判所
簡易裁判所は、軽い事件《じけん》を裁《さば》く。
もちろん、いちばん上は、最高裁判所。
お昼にしようか。
ググ〜
異議《いぎ》な〜し！
きょうのは刑事《けいじ》裁判っていうんでしょ？
重要
そう。ぬすみや殺人《さつじん》などの犯罪行為《はんざいこうい》を裁くんじゃ。
映画の話はぬすみじゃったな。
うったえられた人は被告人《ひこくにん》で、弁護人《べんごにん》がつく。うったえるのは検察官《けんさつかん》じゃ。
入試に出る！
警察官
被疑者
検
検察官
警察官《けいさつかん》は、犯罪《はんざい》の疑《うたが》いのある人（被疑者《ひぎしゃ》）を逮捕《たいほ》するまでじゃ。
検察官が被疑者を取り調べて、まちがいなく犯人《はんにん》だと思ったら裁判を求《もと》める。
これを起訴《きそ》っていうんじゃ。
検
犯人じゃなさそうだと思ったら？
うん。証拠《しょうこ》がそろってなかったりしたら、不起訴《ふきそ》といって裁判にはもっていかない。
証拠
裁判
検
不起訴
そのときは、逮捕された人は？
釈放《しゃくほう》じゃよ。自由の身になる。

重要用語

被告人《ひこくにん》…刑事裁判《けいじさいばん》で起訴《きそ》された被疑者《ひぎしゃ》のこと。民事《みんじ》裁判でうったえられた人は被告。

検察官《けんさつかん》…国家機関《きかん》の検察庁《けんさつちょう》に属《ぞく》し，刑事事件《じけん》で捜査《そうさ》や起訴《きそ》・不《ふ》起訴の処分《しょぶん》を行う。

裁判《さいばん》にはもう一つ、民事裁判《みんじさいばん》というのがあるんじゃ。
重要
異議《いぎ》あ～り。
おじいちゃん、さとうの入れすぎ～っ！
ありゃ～
それで……。
民事裁判は、お金の貸し借《かか》りなど個人《こじん》や企業《きぎょう》間のもめごとを裁《さば》くんじゃ。
検察官《けんさつかん》と弁護人《べんごにん》も出るの？
民事の場合は、うったえられた人を被告《ひこく》、うったえた人を原告《げんこく》という。ふつう、どちらも弁護士《べんごし》を訴訟《そしょう》代理人として立てる。
弁
原
被
弁
おなかいっぱ～い！
タクシー。
裁判で判決《はんけつ》が出ても、納得《なっとく》できなければ、またうったえられるんでしょ？
うん。三審制《さんしんせい》といって、3回までできる。
ほら、ここが最高裁判所《さいこうさいばんしょ》。司法権《しほうけん》の最高機関《きかん》だね。
へぇ～。

マメ知識

民事裁判《みんじさいばん》では、裁判のとちゅうで原告《げんこく》と被告《ひこく》が話し合って解決《かいけつ》することがある。話し合いがついて和解《わかい》が成立《せいりつ》すると、裁判は終了《しゅうりょう》する。また、裁判官《さいばんかん》と民間《みんかん》の調停《ちょうてい》委員をまじえて当事者が話し合い、争《あらそ》いを解決する調停の制度《せいど》もある。

参考

行政裁判《ぎょうせいさいばん》…国民《こくみん》が行政の責任《せきにん》を追及《ついきゅう》して，行政機関《きかん》を相手にして行う裁判。広い意味で民事《みんじ》裁判の一種《いっしゅ》とされており，裁判は民事裁判と同じ手続《てつづ》きで行われる。

裁判所は、最高裁判所のほかに
下級裁判所といわれる
高等裁判所、地方裁判所、
家庭裁判所、簡易《かんい》裁判所がある。
裁判は左の図のように
原則《げんそく》として3回まで
受けられるように
なっている。

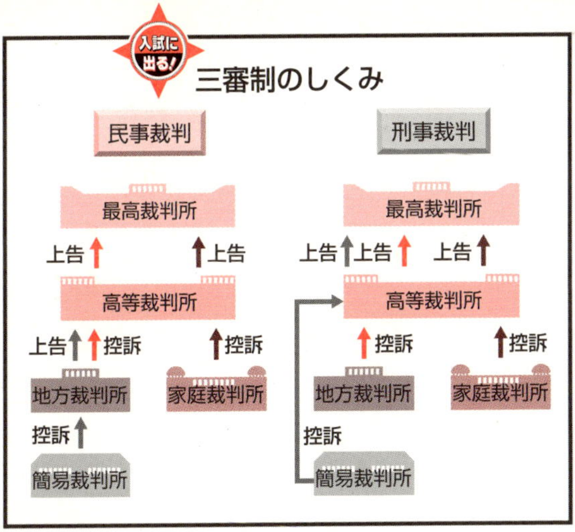
入試に出る!
三審制のしくみ
民事裁判
最高裁判所
上告
上告
高等裁判所
上告
控訴
控訴
地方裁判所
家庭裁判所
控訴
簡易裁判所
刑事裁判
最高裁判所
上告
上告
上告
高等裁判所
控訴
控訴
地方裁判所
家庭裁判所
控訴
簡易裁判所

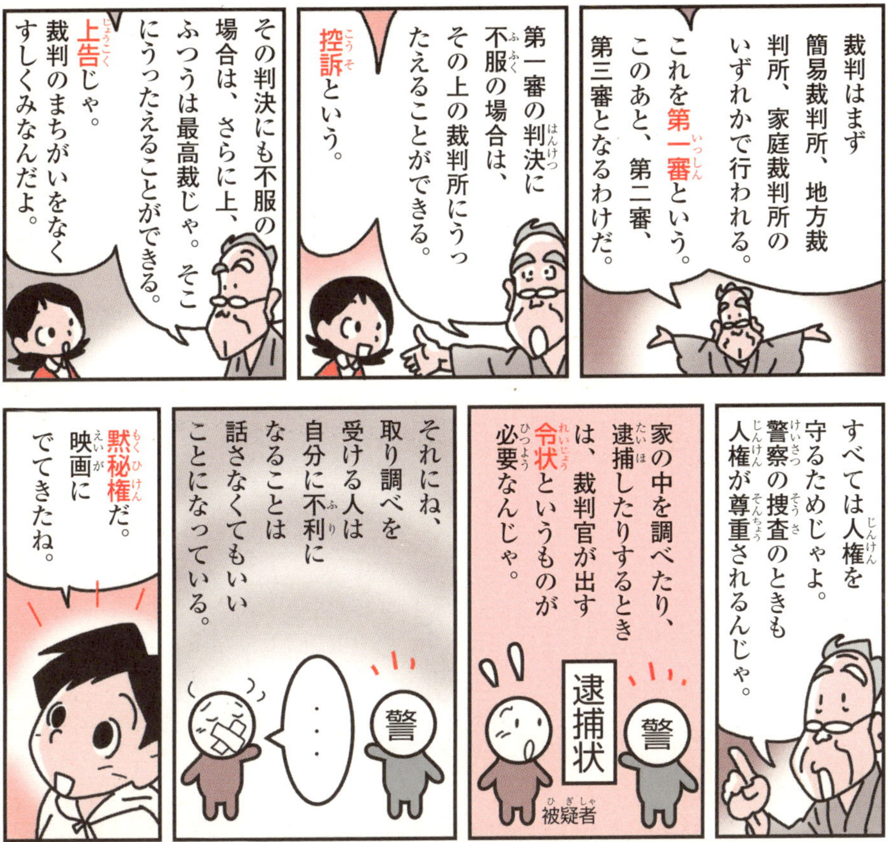
裁判はまず
簡易裁判所、地方裁
判所、家庭裁判所の
いずれかで行われる。
これを第一審《いっしん》という。
このあと、第二審、
第三審となるわけだ。
第一審の判決《はんけつ》に
不服《ふふく》の場合は、
その上の裁判所にうっ
たえることができる。
控訴《こうそ》という。
その判決にも不服の
場合は、さらに上、
ふつうは最高裁じゃ。そこ
にうったえることができる。
上告《じょうこく》じゃ。
裁判のまちがいをなく
すしくみなんだよ。
すべては人権《じんけん》を
守るためじゃよ。
警察《けいさつ》の捜査《そうさ》のときも
人権《じんけん》が尊重《そんちょう》されるんじゃ。
家の中を調べたり、
逮捕《たいほ》したりするとき
は、裁判官が出す
令状《れいじょう》というものが
必要《ひつよう》なんじゃ。
逮捕状
警
被疑者《ひぎしゃ》
それにね、
取り調べを
受ける人は
自分に不利《ふり》に
なることは
話さなくてもいい
ことになっている。
…
警
黙秘権《もくひけん》だ。
映画《えいが》に
でてきたね。

くわしく

日本国憲法《けんぽう》や法律《ほうりつ》は、被疑者《ひぎしゃ》や被告人《ひこくにん》の人権《じんけん》を保障《ほしょう》している。たとえば、現行犯《げんこうはん》以外《いがい》は逮捕《たいほ》に令状《れいじょう》が必要《ひつよう》、黙秘権《もくひけん》、拷問《ごうもん》の禁止《きんし》、裁判《さいばん》を受ける権利《けんり》、裁判の公開、証人《しょうにん》を求《もと》める権利、弁護人《べんごにん》を依頼《いらい》する権利、自白だけでは有罪《ゆうざい》とされない、刑事補償《けいじほしょう》を請求《せいきゅう》する権利、など。

参考

再審《さいしん》…判決《はんけつ》の確定《かくてい》後，明らかに事実誤認《ごにん》を証明《しょうめい》する証拠《しょうこ》が見つかった場合などに認《みと》められる，やり直しの裁判《さいばん》。有罪《ゆうざい》で刑《けい》に服していた人が，無罪《むざい》になった例《れい》もある。

裁判官《さいばんかん》って、いつも公平でなきゃいけないでしょう。
うん。裁判所と裁判官は、ほかのだれからも圧力《あつりょく》や干渉《かんしょう》を受けてはならないんじゃ。
裁判官
裁判所
これを司法権《しほうけん》の独立《どくりつ》という。裁判官は自分の良心と憲法《けんぽう》と法律《ほうりつ》だけに従《したが》って裁判をする。
重要
そのために、裁判官は身分も保障《ほしょう》されているんじゃ。
裁判官
どういうこと?
だれも、かってに裁判官をやめさせることはできない。
裁判所は、国会や内閣《ないかく》からも独立《どくりつ》していて、
国会でつくられた法律や内閣が行った命令などが憲法に違反《いはん》していないか判断《はんだん》する権限《けんげん》をもっているんじゃ。
裁判所
(司法権)
独立
内閣
(行政権)
国会
(立法権)
あ、それ…。
ええと…。違憲《いけん》…。違憲なんとかっていうんだよね。

マメ知識

明治《めいじ》時代の1891年、ロシア皇太子《こうたいし》が滋賀《しが》県大津《おおつ》市で、巡査《じゅんさ》に切りつけられた。ロシアとの関係《かんけい》悪化をおそれた日本政府は死刑《しけい》にするように圧力《あつりょく》をかけたが、児島《こじま》惟謙《いけん》大審院《だいしんいん》院長(今の最高裁判所長官《さいこうさいばんしょちょうかん》)は、法に従《したが》って判断《はんだん》するように判事《はんじ》をはげまし、司法権《しほうけん》の独立《どくりつ》を守った。

参考 **裁判官《さいばんかん》の身分保障《ほしょう》**…裁判官は，心身の故障《こしょう》，弾劾《だんがい》裁判所でやめさせるという宣告《せんこく》を受けたとき，国民審査《こくみんしんさ》で不信任《ふしんにん》が過半数《かはんすう》の場合以外《いがい》はやめさせられることはない。

重要
違憲立法審査権《いけんりっぽうしんさけん》。法令《ほうれい》審査権ともいう。
とくに最高裁《さいこうさい》は、法律などが憲法に合っているかを最終的《さいしゅうてき》に決定する権限をもっているため、憲法の番人ともいわれている。
憲法
裁判所
法律
行政
家に着いたぁ～。
おじいちゃんありがとう。おつかれさま。
タクシー
裁判の話を続《つづ》けよう！
異議《いぎ》あ～り！
おじいちゃん、おやつの時間でーす。

くわしく

最高裁判所《さいこうさいばんしょ》には、5人ずつの裁判官《さいばんかん》による3つの小法廷《しょうほうてい》(定足数《ていそくすう》3人)と、15人全員による大法廷《だいほうてい》(定足数9人)がある。法律《ほうりつ》や命令《めいれい》などが憲法《けんぽう》に違反《いはん》していないかどうかを判断《はんだん》する違憲《いけん》問題など、重大な裁判では大法廷が開かれる。

ポイント解説

●国民が参加する

裁判員制度《さいばんいんせいど》

2009年5月から、重大な刑《けい》事事件《じけん》の刑事裁判に国民《こくみん》が裁判員として参加《さんか》する、裁判員制度が始まった。裁判員は20歳以上《さいいじょう》の有権《ゆうけん》者《しゃ》からくじびきで選《えら》ばれ、よほどの理由がないかぎり辞退《じたい》することはできない。

裁判では、6人の裁判員が、3人の裁判官《かん》といっしょに審理《しんり》し、被告人《ひこくにん》が有罪《ゆうざい》か無罪《むざい》か、有罪の場合はどのような刑罰《けいばつ》にするかを評《ひょう》議《ぎ》する。裁判員には守秘義務《しゅひぎむ》があり、裁判の過程《かてい》で知ったことを外部にもらしてはいけない。

裁判員制度の手続《てつづ》き

①呼出状《よびだしじょう》がとどく

②裁判員の選任《せんにん》

③審《しん》　理《り》

④評《ひょう》　議《ぎ》※

⑤判決《はんけつ》(裁判員が参加《さんか》)

※評議がどうしても全員一致《いっち》にいたらない場合は，多数決による評決を行う。

重要用語

違憲立法審査権《いけんりっぽうしんさけん》…法令《ほうれい》審査権や違憲審査権ともいう。下級裁判所にもあるが，最高《さいこう》裁判所が最終的《さいしゅうてき》な決定権《けっていけん》をもつ。(→くわしくは51・52ページを参照《さんしょう》)

④ 三権分立《さんけんぶんりつ》

国家権力《けんりょく》がみだりに使われることを防《ふせ》ぐために，立法権《りっぽうけん》・行政《ぎょうせい》権・司法《しほう》権の3つに分散《ぶんさん》し，それぞれを国会・内《ない》閣《かく》・裁判所《さいばんしょ》という独立《どくりつ》した機関《きかん》が担当《たんとう》するようにしている。さっそく，日本の三権分立のしくみをみていこう。

立法
行政
司法

くわしく

もし国の支配者《しはいしゃ》に立法権《りっぽうけん》と行政《ぎょうせい》権が集中していたら、かってに法律《ほうりつ》をつくり、それをかってに執行《しっこう》することになるかもしれない。さらに司法《しほう》権をもてば、その法律で人を裁《さば》くことになる。三権《さんけん》分立は、そうした事態《じたい》を防《ふせ》ぎ、国民《こくみん》の権利《けんり》と自由を守るためのしくみなのである。

これは、三権分立《さんけんぶんりつ》の原則《げんそく》が…。
お兄ちゃん、三権分立ってな～に？
！
ええと…。おじいちゃん、なんだったっけ。
う～む。
モグモグ
国を治《おさ》めるにはな、3つの力がいる。
一つは、法律《ほうりつ》をつくったり、予算を決めたりする権力《けんりょく》。一つは、法律や予算に従《したが》って実際《じっさい》に政治《せいじ》をする権力。もう一つは、法律が守られているかどうかを裁《さば》く権力。これが三権じゃ。
国会（立法権《りっぽうけん》）
内閣《ないかく》（行政権《ぎょうせい》）
裁判所《さいばんしょ》（司法権《しほう》）

参考 **三権《さんけん》の長《ちょう》**…立法権《りっぽうけん》を代表する衆議院議長《しゅうぎいんぎちょう》と参議院《さんぎいん》議長，行政《ぎょうせい》権を代表する内閣総理《ないかくそうり》大臣《だいじん》，司法《しほう》権を代表する最高裁判所長官《さいこうさいばんしょちょうかん》をいう。

くわしく

フランスの思想家モンテスキューは、1748年に出した『法《ほう》の精神《せいしん》』の中で次のようにのべている。「権力《けんりょく》がみだりに使われないようにするには、立法権《りっぽうけん》・行政権《ぎょうせいけん》・司法権《しほうけん》の三権相互《さんけんそうご》の抑制《よくせい》と均衡《きんこう》（チェック＝アンド＝バランス）が必要《ひつよう》である。」

その三権が一か所に集まっていると、よくないね。

自分たちに都合のいい法律をつくって……。
自分かってな政治を行い、従わない人を罰《ばっ》したりすることになるかも…。

それを防《ふせ》ぐために考えられたのが、三権を分けるというしくみなんじゃ。

18世紀《せいき》に、フランスのモンテスキューという人が、『法《ほう》の精神《せいしん》』という本で主張《しゅちょう》したんじゃよ。
法の精神

日本は民主主義《みんしゅしゅぎ》の国で、主権《しゅけん》は国民《こくみん》にある。
間接民主制《かんせつみんしゅせい》や代議制《だいぎせい》といって、国民が代表を選《えら》び、代表が法律をつくり、それにもとづいて政治が行われる。
民主主義

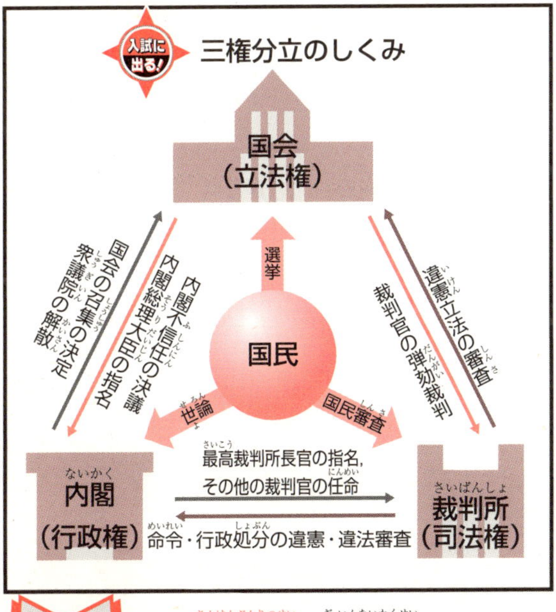
入試に出る!
三権分立のしくみ
国会
（立法権）
選挙
国民
世論《せろん》
国民審査《しんさ》
内閣《ないかく》
（行政権）
裁判所《さいばんしょ》
（司法権）
国会の召集《しょうしゅう》
衆議院《しゅうぎいん》の解散《かいさん》の決定
内閣不信任《ふしんにん》の決議
内閣総理大臣《そうりだいじん》の指名
違憲《いけん》立法の審査《しんさ》
裁判官の弾劾《だんがい》裁判
最高《さいこう》裁判所長官の指名，
その他の裁判官の任命《にんめい》
命令《めいれい》・行政処分《しょぶん》の違憲・違法審査

参考 **日本の三権分立制《さんけんぶんりつせい》**…議院内閣制《ぎいんないかくせい》という点でイギリス型《がた》であるが，裁判所《さいばんしょ》に違憲立法《いけんりっぽう》審査権《しんさけん》があることからアメリカ型ともいわれる。

マメ知識

違憲立法審査権《いけんりっぽうしんさけん》は、裁判所《さいばんしょ》へのうったえがあってはじめて発動される。つまり、具体的《ぐたいてき》な事件《じけん》で法律《ほうりつ》などを憲法違反《けんぽういはん》（違憲）とするうったえがない場合、裁判所は違憲審査を行うことはできないということである。

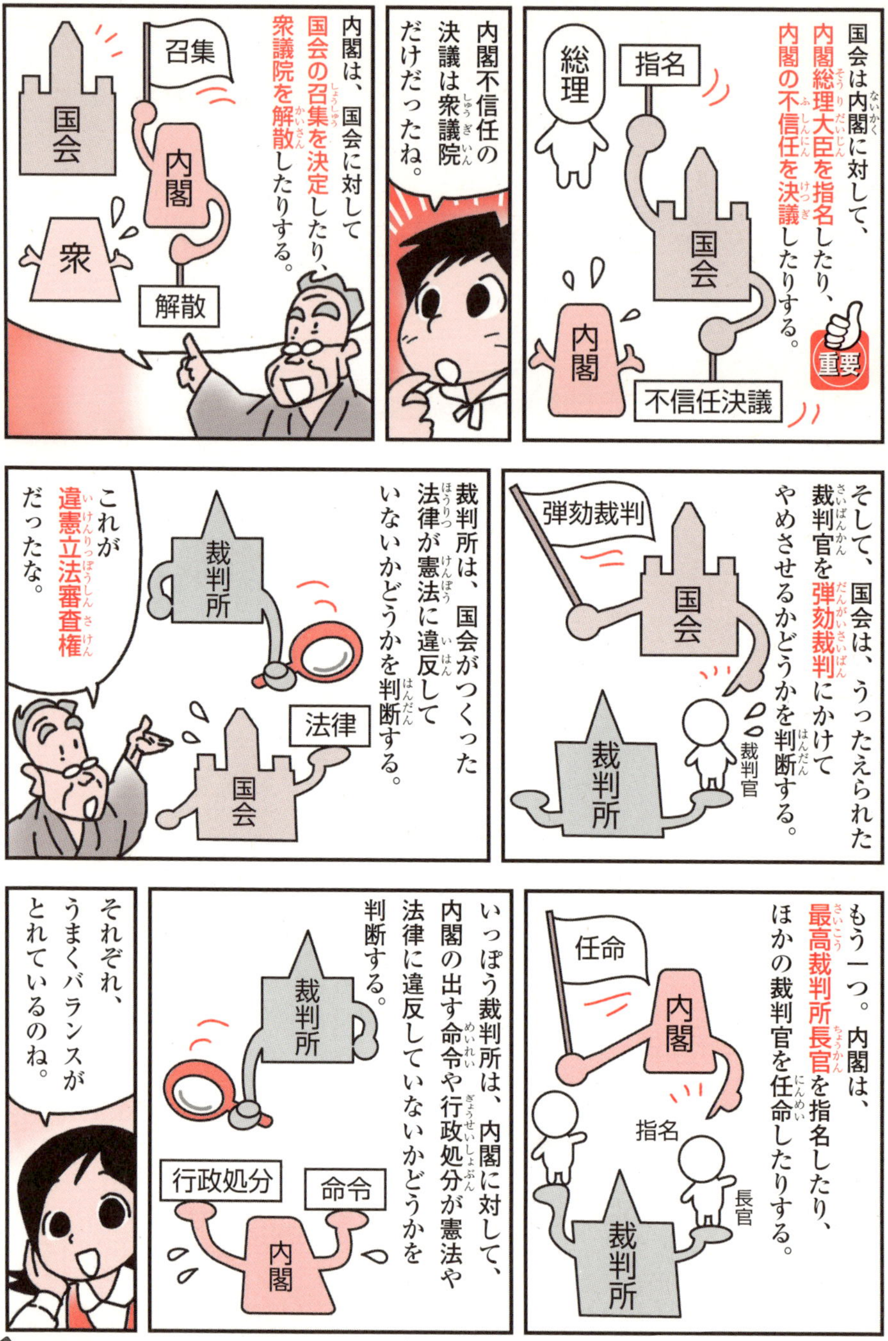
国会は内閣《ないかく》に対して、内閣総理大臣《そうりだいじん》を指名したり、内閣の不信任《ふしんにん》を決議《けつぎ》したりする。
重要
指名
総理
国会
内閣
不信任決議
内閣不信任の決議は衆議院《しゅうぎいん》だけだったね。
内閣は、国会に対して国会の召集《しょうしゅう》を決定したり、衆議院を解散《かいさん》したりする。
召集
国会
内閣
衆
解散
そして、国会は、うったえられた裁判官《さいばんかん》を弾劾裁判《だんがいさいばん》にかけてやめさせるかどうかを判断《はんだん》する。
弾劾裁判
国会
裁判所
裁判官
裁判所は、国会がつくった法律《ほうりつ》が憲法《けんぽう》に違反《いはん》していないかどうかを判断《はんだん》する。
裁判所
法律
国会
これが違憲立法審査権《いけんりっぽうしんさけん》だったな。
もう一つ。内閣は、最高《さいこう》裁判所長官《ちょうかん》を指名したり、ほかの裁判官を任命《にんめい》したりする。
任命
内閣
指名
長官
裁判所
いっぽう裁判所は、内閣に対して、内閣の出す命令《めいれい》や行政処分《ぎょうせいしょぶん》が憲法や法律に違反していないかどうかを判断する。
裁判所
行政処分
命令
内閣
それぞれ、うまくバランスがとれているのね。

重要用語

弾劾裁判《だんがいさいばん》…裁判官《さいばんかん》をやめさせるかどうかを決定するために，国会に弾劾裁判所が設置《せっち》される。衆議院《しゅうぎいん》・参議院《さんぎいん》からそれぞれ選《えら》んだ７名，計14名の議員《ぎいん》で構成《こうせい》される。

くわしく

三権《さんけん》はそれぞれ強い権限《けんげん》をもっているが、最高《さいこう》の権限は主権者《しゅけんしゃ》である国民《こくみん》がもっている。立法権《りっぽうけん》（国会）に対しては国会議員《ぎいん》の選挙《せんきょ》、行政権《ぎょうせい》（内閣《ないかく》）に対しては世論《せろん》《よ》、司法権《しほう》（裁判所《さいばんしょ》）に対しては国民審査《しんさ》のかたちで権限を行使している。

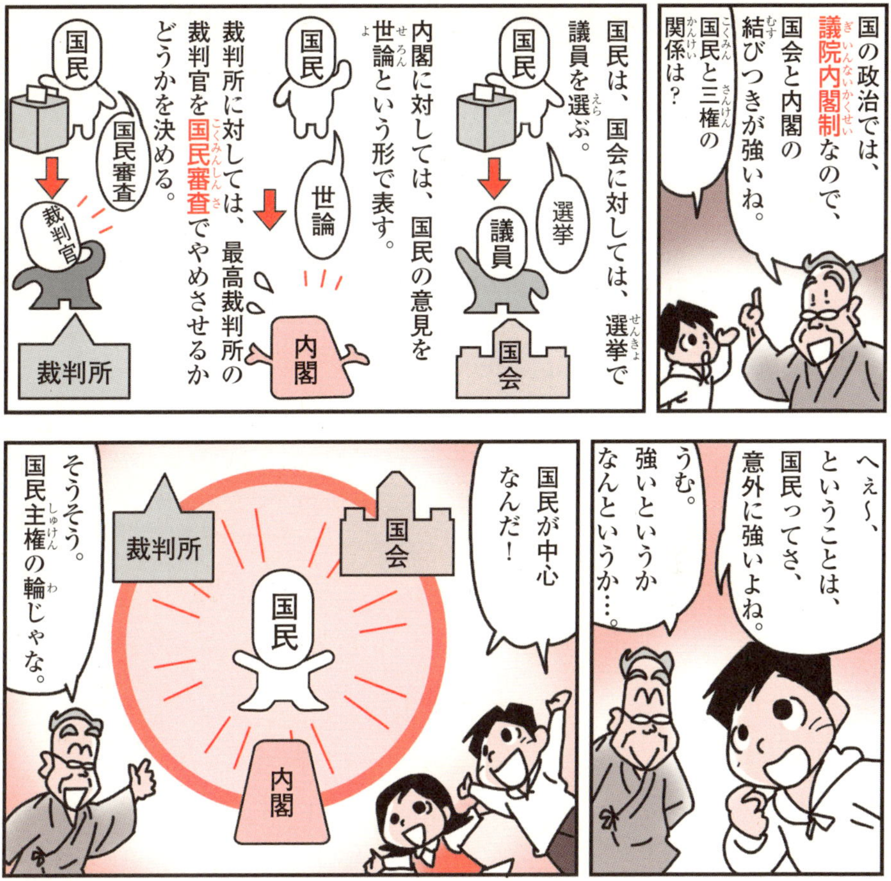
国の政治では、議院内閣制《ぎいんないかくせい》なので、国会と内閣の結《むす》びつきが強いね。国民《こくみん》と三権《さんけん》の関係《かんけい》は？
国民は、国会に対しては、選挙《せんきょ》で議員を選《えら》ぶ。
国民
選挙
議員
国会
内閣に対しては、国民の意見を世論《せろん》《よ》という形で表す。
国民
世論
内閣
裁判所に対しては、最高裁判所の裁判官を国民審査《こくみんしんさ》でやめさせるかどうかを決める。
国民
国民審査
裁判官
裁判所
へぇ〜、ということは、国民ってさ、意外に強いよね。
うむ。強いというかなんというか…。
国民が中心なんだ！
国会
裁判所
国民
内閣
そうそう。国民主権《しゅけん》の輪《わ》じゃな。

ポイント解説

●三権分立が厳格

アメリカの大統領制《だいとうりょうせい》

三権分立《さんけんぶんりつ》制には、イギリスや日本などの議院内閣制《ぎいんないかくせい》と、アメリカ合衆国《がっしゅうこく》などに代表される大統領制《だいとうりょうせい》の2つの形態《けいたい》がある。

議院内閣制は、内閣が国会の信《しん》任の上に成立《せいりつ》し国会に責任《せきにん》を負うことから、議会優位型《ゆういがた》といわれる。アメリカ合衆国の大統領制は、三権は独立《どくりつ》・対等で、事実上国《こく》民《みん》に選挙《せんきょ》される大統領は議会の信《しん》任《にん》を必要《ひつよう》としない。そのため、より厳格《げんかく》な三権分立制といわれる。

アメリカ合衆国の大統領制

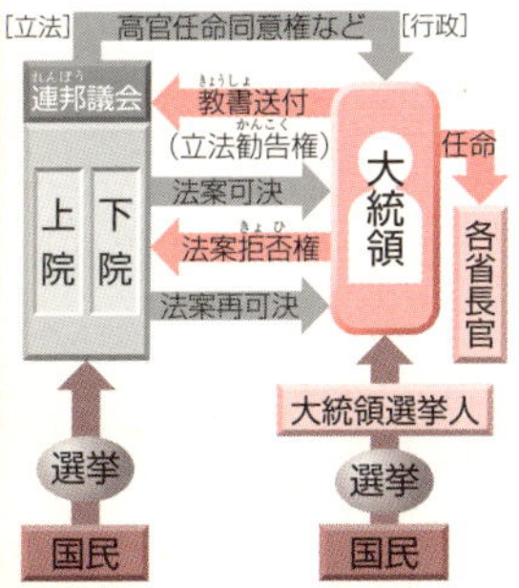
[立法]
高官任命同意権など
[行政]
連邦《れんぽう》議会
教書《きょうしょ》送付
（立法勧告《かんこく》権）
上院
下院
法案可決
法案拒否《きょひ》権
法案再可決
大統領
任命
各省長官
大統領選挙人
選挙
国民
選挙
国民

重要用語

国民審査《こくみんしんさ》…最高裁判所《さいこうさいばんしょ》の裁判官《さいばんかん》が適格《てきかく》かどうかの信任投票《しんにんとうひょう》をする国民《こくみん》の権利《けんり》で，参政《さんせい》権《けん》にふくまれる。衆議院議員《しゅうぎいんぎいん》の総選挙《そうせんきょ》のときに行われる。（→25ページも参照《さんしょう》）

要点整理と重要事項のまとめ②

①国会のしくみとはたらき

●**国会**…国権《こっけん》の最高機関《さいこうきかん》，国の唯一《ゆいいつ》の立法《りっぽう》機関。

●**種類《しゅるい》**…常会《じょうかい》，特別会《とくべつかい》，臨時会《りんじかい》，参議院《さんぎいん》の緊急《きんきゅう》集会。

●**二院制《にいんせい》（両院制《りょういんせい》）**…衆議院《しゅうぎいん》は任期《にんき》4年，解散《かいさん》あり。参議院は任期6年，解散なし。

●**仕事**…法律《ほうりつ》の制定《せいてい》，予算の議決《ぎけつ》，内閣総理大臣《ないかくそうりだいじん》の指名，国政調査権《こくせいちょうさけん》，憲法改正《けんぽうかいせい》の発議《はつぎ》，弾劾裁判《だんがいさいばん》など。

●**審議《しんぎ》**…委員会→（公聴会《こうちょうかい》）→本会議《ほんかいぎ》の順《じゅん》。

●**衆議院の優越《ゆうえつ》**…法律案《あん》の議決などで，衆議院の権限《けんげん》が重い。予算先議権《せんぎ》と内閣不信任《ふしんにん》決議権は衆議院の権限。

②内閣《ないかく》のしくみとはたらき

●**内閣**…国の最高の行政《ぎょうせい》機関。内閣総理大臣は国会議員の中から選《えら》ばれ，国務《こくむ》大臣の過半数《かはんすう》は国会議員。

●**閣議《かくぎ》**…内閣総理大臣と国務大臣が出席《しゅっせき》し，方針《ほうしん》を決定。

●**内閣不信任案**…衆議院で可決《かけつ》の場合，内閣は10日以《い》内《ない》に衆議院を解散するか，総辞職《そうじしょく》をする。

●**議院内閣制**…内閣は国会の信任《しんにん》にもとづいて成立《せいりつ》し，国会に対して責任《せきにん》を負う。

●**仕事**…法律案や予算を作成《さくせい》，条約を結《むす》ぶ，天皇の国事《こくじ》行為《こうい》に助言と承認《しょうにん》，最高裁判所長官《さいこうさいばんしょちょうかん》を指名など。

③裁判所のしくみとはたらき

●**裁判所**…最高裁判所と下級裁判所。

●**最高裁判所**…司法権《しほうけん》の最高機関。違憲立法審査権《いけんりっぽうしんさけん》をもつ終審《しゅうしん》裁判所であり，憲法の番人。

●**刑事《けいじ》裁判**…犯罪《はんざい》行為を裁《さば》く。被告人《ひこくにん》と検察官《けんさつかん》。

●**民事《みんじ》裁判**…個人《こじん》間の利害《りがい》対立を裁く。原告《げんこく》と被告。

●**人権保障《じんけんほしょう》**…公開裁判，令状《れいじょう》，黙秘権《もくひけん》，弁護人《べんごにん》など。

●**三審制《さんしんせい》**…控訴《こうそ》・上告《じょうこく》で3回まで裁判を受けられる制度。

●**司法権の独立《どくりつ》**…裁判官は良心《りょうしん》と憲法・法律だけに従《したが》う。

④三権分立《さんけんぶんりつ》

●**三権分立**…国家権力の集中を防《ふせ》ぐため，立法権（国会），行政権（内閣），司法権（裁判所）に分ける。

●**国会**…内閣総理大臣の指名，内閣不信任決議，弾劾裁判。

●**内閣**…衆議院の解散，最高裁判所長官の指名。

●**裁判所**…違憲《いけん》立法審査《しんさ》，行政処分《しょぶん》の違憲・違法審査。

ここもマーク！

●**常会（通常国会）**…毎年1月中に召集《しょうしゅう》。予算の議決。

●**特別会（特別国会）**…衆議院の解散総選挙《そうせんきょ》後30日以内《いない》に召集《しょうしゅう》。内閣総理大臣を指名。

●**両院協議会《りょういんきょうぎかい》**…両院の意見が一致《いっち》しない場合に開く。

●**公聴会《こうちょうかい》**…委員会の審議《しんぎ》で開く。予算審議では必《かなら》ず開く。

●**衆議院の議決が重い**…法律案《あん》の議決，予算の議決，条約《じょうやく》の承認《しょうにん》，内閣総理大臣の指名。

●**国務大臣**…内閣総理大臣が任《にん》命《めい》し，多くは省庁《しょうちょう》の長となる。

●**文民《ぶんみん》**…内閣総理大臣と国務大臣に求《もと》められる資格《しかく》。

●**政令《せいれい》**…内閣が憲法《けんぽう》や法律のはん囲《い》内で制定《せいてい》するきまり。

●**中央省庁**…内閣府《ないかくふ》のほか，文部科学省や財務《ざいむ》省など。

●**公務員《こうむいん》**…国民《こくみん》全体への奉仕《ほうし》者。国家公務員と地方公務員。

●**行政改革《ぎょうせいかいかく》**…2001年に1府12省庁に再編《さいへん》された。

●**下級裁判所**…高等・地方・家庭・簡易《かんい》裁判所。

●**最高裁判所の裁判官**…最高裁判所長官と14名の裁判官。

●**控訴**…第一審の判決《はんけつ》に不服《ふふく》の場合，上位《じょうい》の裁判所にうったえること。

●**上告**…第二審の判決に不服の場合，上位の裁判所にうったえること。

●**モンテスキュー**…『法の精神』で三権分立を主張《しゅちょう》した。

●**弾劾裁判**…裁判官をやめさせるかどうかを決める。

●**国民と三権**…選挙→国会，世《せ（よ）》論《ろん》→内閣，国民審査→裁判所。

重要事項の一問一答②

1 国会のしくみとはたらき

（▼答え記入らん）

①国会は，国権《こっけん》の最高機関《さいこうきかん》で，国の唯一《ゆいいつ》の何機関ですか。 ………… [　　　]

②毎年1月中に召集《しょうしゅう》され，次年度の予算の審議《しんぎ》が中心議題《ぎだい》となる国会を何といいますか。 ………… [　　　]

③国会が，衆議院《しゅうぎいん》と参議院《さんぎいん》で構成《こうせい》されているしくみを何といいますか。 ………… [　　　]

④法律案《ほうりつあん》の議決などで，衆議院の議決が参議院よりも重くみられることを何といいますか。 ………… [　　　]

2 内閣のしくみとはたらき

①内閣総理大臣《ないかくそうりだいじん》の資格《しかく》は，文民《ぶんみん》であることのほかに，あと1つは何であることですか。 ………… [　　　]

②内閣不信任案《ふしんにんあん》が可決《かけつ》されて，衆議院を解散《かいさん》しない場合，内閣はどうしますか。 ………… [　　　]

③内閣が国会の信任にもとづいて成立《せいりつ》し，国会に対して責任《せきにん》を負うしくみを何といいますか。 ………… [　　　]

3 裁判所のしくみとはたらき

①検察官《けんさつかん》が被疑者《ひぎしゃ》を裁判所《さいばんしょ》にうったえて始まる，犯罪行為《はんざいこうい》を裁《さば》く裁判を何といいますか。 ………… [　　　]

②控訴《こうそ》・上告《じょうこく》で3回まで裁判を受けられる制度《せいど》を何といいますか。 ………… [　　　]

③裁判は裁判所だけが行い，裁判官は良心《りょうしん》と憲《けん》法《ぽう》・法律だけに従《したが》うことを何といいますか。 ………… [　　　]

4 三権分立

①国会が，裁判官をやめさせるかどうかを決めるために開く裁判を何といいますか。 ………… [　　　]

②裁判所がもつ，法律が憲法に違反《いはん》していないかどうかを判断《はんだん》する権限《けんげん》を何といいますか。 ………… [　　　]

答え　1 ①立法《りっぽう》機関　②常会《じょうかい》(通常《つうじょう》国会)　③二院制《にいんせい》(両院《りょういん》制)　④衆議院の優越《ゆうえつ》　2 ①国会議員　②総辞職《そうじしょく》(をする)　③議院内閣制　3 ①刑事《けいじ》裁判　②三審《さんしん》制　③司法権《しほうけん》(裁判官)の独立《どくりつ》　4 ①弾劾《だんがい》裁判　②違憲立法審査《いけんりっぽうしんさ》権(違憲審査権，法令《ほうれい》審査権)

人々の生活に直結《ちょっけつ》する地方自治や選挙がどんなしくみで行われているか理解《りかい》しよう。

① 地方自治《じち》のしくみ

地域《ちいき》の住民《じゅうみん》が，地域の実情《じつじょう》に合わせて政治《せいじ》を行うことを地方自治という。この地方自治について，首長《しゅちょう》と地方議会《ぎかい》，住民との関係《かんけい》をみていこう。また，地方公共団体《こうきょうだんたい》の仕事も具《ぐ》体的《たいてき》にみていこう。

○○市だよりの時間です。市役所には、今週もいろいろな市民《しみん》の声がとどいています。
△△テレビ 山口真希《まき》レポーター
定例 市民の声を聞く会
保育園《ほいくえん》をふやして。
お年寄《としよ》りが歩きやすい散歩《さんぽ》道《みち》をつくって!
車いすでもわたれる橋に……。
大切な木を切らないで。
こちらは、ごみ処理場《しょりじょう》建設《けんせつ》問題でもめている市議会《しぎかい》です。審議《しんぎ》のもようをお伝《つた》えします。
建設場所は、東地区が最適《さいてき》と考えます。
市議会議員《しぎかいぎいん》
市長
ダイオキシンのことが心配だ。
そこには森があるんです。環境破壊《かんきょうはかい》になります。
反対!
賛成《さんせい》!

参考 地方自治法《じちほう》…地方公共団体《こうきょうだんたい》の組織《そしき》や運営《うんえい》などについて定めた法律《ほうりつ》。地方自治は日本国憲法《けんぽう》で保障《ほしょう》されており，これにもとづき1947年に制定《せいてい》された。

あ!
真希おばさんだ。
おばさん！ごみ処理場の場所は決まったの？
おばさんじゃないッ！まだよ。今、みんなの意見を聞いたり、市議会で話し合ったりしているところよ。
わかったヨおねえさんっ！
大介《だいすけ》
地域《ちいき》のことは、住民《じゅうみん》が参加《さんか》して決めるの。これが地方の政治《せいじ》だからね。

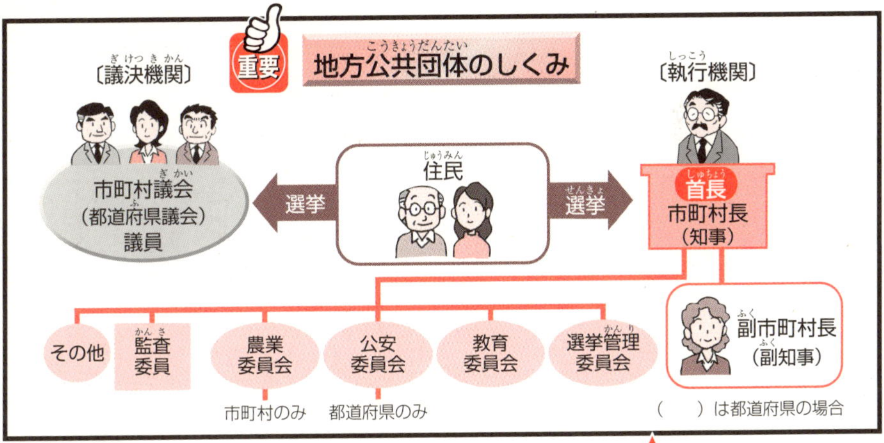
重要
地方公共団体《こうきょうだんたい》のしくみ
〔議決機関《ぎけつきかん》〕
〔執行《しっこう》機関〕
市町村議会《ぎかい》
（都道府《ふ》県議会）
議員
選挙
住民《じゅうみん》
選挙《せんきょ》
首長《しゅちょう》
市町村長
（知事）
その他
監査《かんさ》委員
農業委員会
市町村のみ
公安委員会
都道府県のみ
教育委員会
選挙管理《かんり》委員会
副《ふく》市町村長
（副《ふく》知事）
（　）は都道府県の場合

議会《ぎかい》は何をするの？
入試に出る！
わたしたちはね、条例《じょうれい》の制定《せいてい》や予算の議決《ぎけつ》をしたりする。
ウムッ
そんなことよりもテレビは映《うつ》ってます？
ごみ処理場を東地区に建設することは、絶対《ぜったい》に反対！
カメラ、回ってないんですけど……。

マメ知識
東京都の23区（特別区《とくべつく》）も地方公共団体《こうきょうだんたい》で、区長と区議会《ぎかい》があり、市と同じようなはたらきをしている。また、札幌《さっぽろ》・仙台《せんだい》・横浜《よこはま》・大阪《おおさか》・神戸《こうべ》・広島・福岡《ふくおか》市などの政令《せいれい》指定都市には県に近い権限があり、行政《ぎょうせい》区分として区を設《もう》けることができる。

重要用語
条例《じょうれい》…地方議会《ぎかい》が，法律《ほうりつ》のはん囲《い》内で定めるきまり。その地方公共団体《こうきょうだんたい》（地方自治体《じちたい》）のみに適用《てきよう》され，罰則《ばっそく》を設《もう》けることもできる。条令ではないので，注意！

くわしく

首長《しゅちょう》と議員《ぎいん》は、ともに住民《じゅうみん》の直接選挙《ちょくせつせんきょ》で選《えら》ばれているため、首長と地方議会《ぎかい》は対等の関係《かんけい》にある。具体的《てき》には、議会に首長の不信任決議権《ふしんにんけつぎけん》があり、首長は議会に再議要求《さいぎようきゅう》ができるなど、首長と議会は抑制《よくせい》(おさえる)と均衡《きんこう》(つり合う)をはかることが求《もと》められている。

じゃあ、市長は何をするの？
わしかね。
今度は市長！
市長
市長は市の最高《さいこう》責任者《せきにんしゃ》だよ。
副《ふく》市長と協力《きょうりょく》して、議会《ぎかい》で決まったことを実際《じっさい》に行う。
カメラは？
また、何か言いそう。
ごみ処理場《しょりじょう》は東地区につくる！
そんなことをしたら、議会は市長の不信任決議《ふしんにんけつぎ》をするッ！
不信任決議がされたら、10日以内《いない》に議会を解散《かいさん》してやる。
まあ、まあ。ここはおさえて。
市長と議員《ぎいん》って、いつもああなの？
そんなことないわよ。市長も議員も選挙《せんきょ》で選《えら》ばれた市民《しみん》の代表でしょ。だから、対等だし、たがいにかってなことをしないようにしているのよ。
市議会《ぎかい》議員
市長
不信任決議《ふしんにんけつぎ》，条例《じょうれい》・予算の議決
解散《かいさん》，条例や議決の再議《さいぎ》
選挙《せんきょ》
選挙
市民《しみん》
重要

参考

執行機関《しっこうきかん》…都道府《ふ》県は知事と副《ふく》知事，市町村は市町村長と副市町村長。かつては，都道府県に副知事と出納長《すいとうちょう》，市町村に助役《じょやく》と収入役《しゅうにゅうやく》の補助《ほじょ》機関が置《お》かれていた。

くわしく

地方公共団体《こうきょうだんたい》の仕事は、土木・建設《けんせつ》（公園・道路・橋などの整備《せいび》と管理《かんり》）、教育・文化（学校や図書館などの整備と管理）、保健《ほけん》・衛生《えいせい》（保健所の設置《せっち》、ごみの処理《しょり》など）、産業《さんぎょう》の振興《しんこう》、地方公営企業《こうえいきぎょう》の経営《けいえい》（水道やバスなど）、警察《けいさつ》や消防《しょうぼう》など、さまざまな分野におよんでいる。

地方公共団体《こうきょうだんたい》の仕事
国から受けた仕事（戸籍《こせき》の管理《かんり》など）
ごみ収集《しゅうしゅう》
図書館《としょかん》
消防《しょうぼう》
市は、市議会《しぎかい》の決定にもとづいて、こういう仕事をしているわよ。こういう仕事の最高責任者が市長なの。
反対、反対ッ、ハンタイッ！
断固《だんこ》やるッ！
あの2人まだやってる。
市長、がんばれ！
市長、やめろ！もう〜ッ！
議場《ぎじょう》で議論《ぎろん》すればいいのに。
たいへんお見苦しいところをお見せしました。
それ、マイクじゃないんだけど…。

ポイント解説

地方分権《ぶんけん》

●国の権限を地方に移す

政治権力《せいじけんりょく》が国に集中する中央集権《しゅう》の現状《げんじょう》を見直し、地域住民《ちいきじゅうみん》の要望《ようぼう》や地域の実情《じつじょう》により合った政治《せいじ》を行えるように、地方分権が進められている。

1999年に地方分権一括法《いっかつほう》が制定《せいてい》され、国と地方の関係《かんけい》は対等《たいとう》なものとされた。以前《いぜん》は国から委託《たく》される仕事が多く、地方は国の下うけ機関《きかん》のようだったが、国の多くの仕事が地方独自の仕事となった。

地方分権への取り組み

市町村合併《がっぺい》…財政《ざいせい》を改善《かいぜん》し，仕事を効率化《こうりつか》するために，周辺《しゅうへん》市町村が合併する。
三位一体《さんみいったい》の改革《かいかく》…国からの補《ほ》助金《じょきん》の廃止《はいし》やさく減《げん》，税源《ぜいげん》の一部を国から地方に移《うつ》す，地方交付税《ぜい》制度の縮小《しゅくしょう》，の3つを一体的《いったいてき》に行う。
構造改革特区《こうぞうかいかくとっく》…ある地域《ちいき》に限《かぎ》り，法律《ほうりつ》や規制《きせい》をゆるめて経済《けいざい》を活発化する。

参考 **法定受託事務《ほうていじゅたくじむ》**…地方公共団体《こうきょうだんたい》は，本来は国が行うべき国政選挙《こくせいせんきょ》の事務，戸籍《こせき》・住民登《とう》録《ろく》などの事務，パスポートの交付《こうふ》，国道の管理《かんり》などの仕事も行っている。

② 住民《じゅうみん》の権利《けんり》

　地方自治《じち》では，選挙権《せんきょけん》だけでなく，住民が直接政治《ちょくせつせいじ》に参加《さんか》して意思を表せるように，直接請求権《せいきゅうけん》が認《みと》められている。直接請求の種類《しゅるい》を確認《かくにん》し，請求に必要《ひつよう》な署名《しょめい》数と請求先のちがいについてしっかりおさえよう。

署名

マメ知識

名寄《なよろ》の冬を楽しく暮《く》らす条例《じょうれい》（北海道名寄市）、発明考案奨励条例《こうあんしょうれい》（山形県米沢《よねざわ》市）、美しい星空を守る井原《いばら》市光害防止《ひかりがいぼうし》条例（岡山《おかやま》県井原市）、イタチ保護《ほご》条例（沖縄《おきなわ》県多良間村《たらまそん》）など、各地《かくち》で地域《ちいき》の実情《じつじょう》に合わせたユニークな条例が数多く制定《せいてい》されている。

ごみ処理場《しょりじょう》が東地区に決まったな。
しかたないわね。でも…。みんなには、ごみの分別《ぶんべつ》をちゃんとやってもらわなくちゃ。
燃《も》やしたときにダイオキシンが出る心配がないようにね。
あたしゃ、市長にやめてもらいたいよ。
年寄《としよ》りの言うことを聞かないんだから…。
こんばんは。激論《げきろん》中ね。
ごみの分別をきびしくしてほしいって。
そういう要望《ようぼう》を、条例《じょうれい》にして実現《じつげん》することもできるわよ。
どうするの？
○○条例を!
直接請求権《ちょくせつせいきゅうけん》といってね、条例の制定《せいてい》を請求できるのよ。
重要
住民《じゅうみん》の権利《けんり》の一つよ。
やってみようか。
そうね。
市長、やめろ！

重要用語

直接請求権《ちょくせつせいきゅうけん》…住民《じゅうみん》が，有権者《ゆうけんしゃ》の一定数以上《いじょう》の署名《しょめい》数をもって首長《しゅちょう》などに請求する権利《けんり》。住民が直接政治《せいじ》に参加《さんか》して意思表示《ひょうじ》する，直接民主制《みんしゅせい》を取り入れている。

くわしく

直接請求《ちょくせつせいきゅう》の請求先は、請求の種類《しゅるい》でちがいがある。条例《じょうれい》の制定《せいてい》・改廃《かいはい》の請求とその他の役職員《やくしょくいん》の解職《かいしょく》請求は首長《しゅちょう》に請求し、監査《かんさ》請求は監査委員に請求する。議会の解散《かいさん》請求と首長・議員《ぎいん》の解職請求では住民投票《じゅうみんとうひょう》が行われるので、選挙管理《せんきょかんり》委員会に請求することになる。

入試に出る!

直接請求《ちょくせつせいきゅう》の種類《しゅるい》と内容《ないよう》

請求の種類	必要な署名数	請求先	請求後に行われること
条例の制定《せいてい》・改廃《かいはい》	有権者《ゆうけんしゃ》の50分の1以上《いじょう》	首長《しゅちょう》	20日以内に議会を招集《しょうしゅう》して採決《さいけつ》➡結果《けっか》を公表
監《かん》査《さ》		監査委員	監査を実施《じっし》➡結果を公表・報告《ほうこく》
議会の解散《かいさん》	有権者の3分の1以上	選挙《せんきょ》管理委員会	住民投票《じゅうみんとうひょう》➡過半数《かはんすう》の賛成《さんせい》があれば解散
首長・議員の解職《かいしょく》（リコール）			住民投票➡過半数の賛成があれば解職

それじゃ、この要望書《ようぼうしょ》を市役所にもっていこう。
ちょっと待ってね。
重要
条例制定の請求には、市の有権者《ゆうけんしゃ》の50分の1以上《いじょう》の署名《しょめい》がいるの。

署名お願いしまーす。
市長、はい！条例制定の請求です。
署名もそろってますよ。
どさっ!!
うむ、わかりました！
わかったって……？どうするんです？

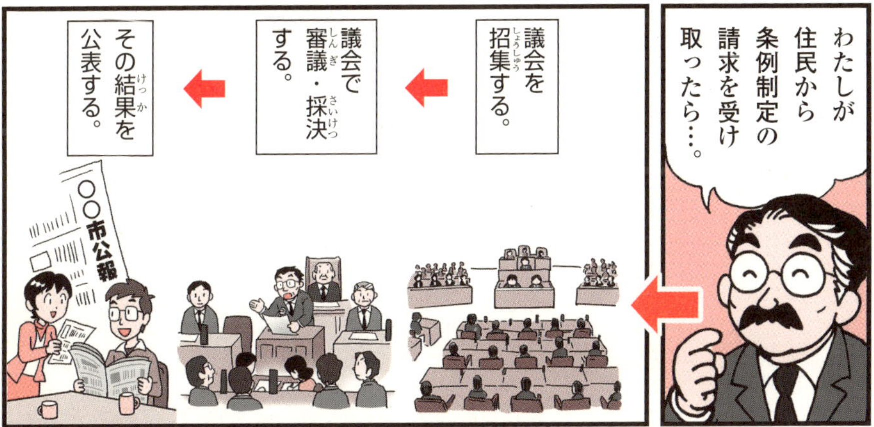
わたしが住民から条例制定の請求を受け取ったら…。
議会を招集《しょうしゅう》する。
議会で審議《しんぎ》・採決《さいけつ》する。
その結果《けっか》を公表する。
○○市公報

参考

住民発案《じゅうみんはつあん》…住民が，有権者《ゆうけんしゃ》の一定数以上《いじょう》の署名《しょめい》などにより立法《りっぽう》に関《かん》する提案《ていあん》を行うことで，イニシアチブともいう。条例《じょうれい》の制定《せいてい》・改廃《かいはい》の請求《せいきゅう》が代表的《だいひょうてき》である。

条例制定《じょうれいせいてい》の請求《せいきゅう》はうまくいったし、市長をやめさせる請求ってないのかな。
おばさん、どうすればいいの？
解職請求《かいしょくせいきゅう》のことね。市長や議員《ぎいん》の解職請求には、有権者《ゆうけんしゃ》の3分の1以上《いじょう》の署名《しょめい》が必要《ひつよう》で～す！
重要
おばさんですって！？
何？ 3分の1も…？
地位《ちい》や職《しょく》をうばう請求だから、多くの署名が必要よ。
そして、こうなるの。
市長、議員などの解職請求は、署名を選挙管理委員会《せんきょかんりいいんかい》に提出《ていしゅつ》。
選挙管理委員会
選挙管理委員会は、住民投票《じゅうみんとうひょう》を行う。
過半数《かはんすう》の賛成《さんせい》があれば解職が決定。
解職（リコール）運動事務所
ムリかあ…。
わたしたち住民には、ほかにどんな権利《けんり》があるのかね？
解散請求《かいさんせいきゅう》ね。
何、それ？
議会《ぎかい》の解散を請求できるっていうこと。
そんな手があるのか。よし、それでいこう！

くわしく

条例《じょうれい》の制定《せいてい》・改廃請求《かいはいせいきゅう》や監査《かんさ》請求に対して、首長《しゅちょう》・議員《ぎいん》などの解職《かいしょく》請求と議会《ぎかい》の解散《かいさん》請求は、人の地位《ちい》や職《しょく》をうばう請求である。そのため、請求に必要《ひつよう》な署名《しょめい》は有権者《ゆうけんしゃ》の3分の1以上《いじょう》ときびしくなっている。

参考 **解職請求《かいしょくせいきゅう》の対象《たいしょう》**…住民《じゅうみん》は，地方議会議員《ぎかいぎいん》，首長《しゅちょう》（知事《ちじ》・市町村長）のほか，副知事，副市町村長，選挙管理委員《せんきょかんりいいん》・公安《こうあん》委員・監査《かんさ》委員などの解職を請求できる。

だけどね、これも有権者の3分の1以上の署名が必要なの。
提出先は選挙管理委員会。
選挙管理委員会は、住民投票を行う。
過半数の賛成があれば議会は解散。
リコールと同じじゃないか……。
解散もむずかしそうだ。
わかったよ。じゃあ、税金《ぜいきん》を下げるように署名を集めるよ。これなら、みんな賛成《さんせい》だろう。
わたし賛成よ。
それはダメよ。
地方税《ぜい》や公共《こうきょう》施設《しせつ》の使用料《りょう》などを下げることについての請求はできないの。
えー

マメ知識

国が地方自治《じち》の特別法《とくべつほう》（特定《とくてい》の地方公共団体《こうきょうだんたい》のみに適用《てきよう》される法律《ほうりつ》）を制定《せいてい》する場合、住民投票《じゅうみんとうひょう》でその地域《ちいき》住民の賛否《さんぴ》を問う必要《ひつよう》があると、日本国憲法《けんぽう》に定められている。また、最近《さいきん》は、地域の重要《じゅうよう》問題について、条例《じょうれい》にもとづいて住民投票を行う例《れい》が多くなっている。

ポイント解説

●行政をチェックする
オンブズマン制度《せいど》

市民《しみん》の立場で、行政《ぎょうせい》への苦情《くじょう》を処理《しょり》したり、税金《ぜいきん》の使い方や行政の不正《ふせい》などを調査《ちょうさ》・監視《かんし》したりする人をオンブズマン（オンブズ、オンブズパーソン）という。19世紀初《せいきはじ》めにスウェーデンが世界で最初《さいしょ》に採用《さいよう》し、20世紀中ごろから各国に広まった。日本では、1990年に川崎市《かわさきし》（神奈川県《かながわけん》）が初めて導入《どうにゅう》した。その後、宮城《みやぎ》県、中野《なかの》区（東京都）、沖縄《おきなわ》県などでも導入された。

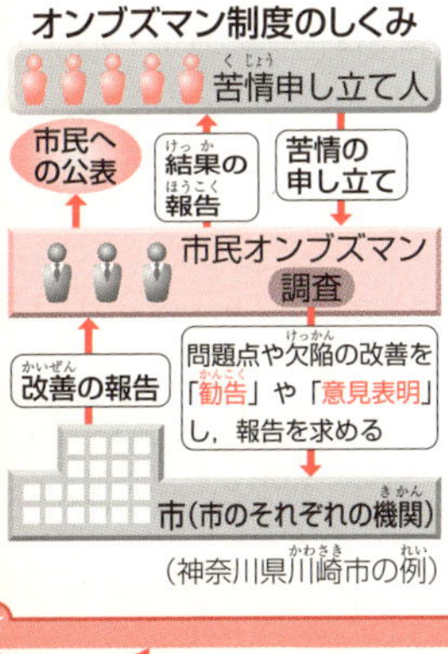
オンブズマン制度のしくみ
苦情《くじょう》申し立て人
市民への公表
結果《けっか》の報告《ほうこく》
苦情の申し立て
市民オンブズマン
調査
改善《かいぜん》の報告
問題点や欠陥《けっかん》の改善を「勧告《かんこく》」や「意見表明」し，報告を求める
市（市のそれぞれの機関《きかん》）
（神奈川県川崎《かわさき》市の例《れい》）

参考 解散《かいさん》が行われる場合…住民《じゅうみん》が直接請求《ちょくせつせいきゅう》し，住民投票《とうひょう》で過半数《かはんすう》の賛成《さんせい》があった場合。また，地方議会《ぎかい》が首長《しゅちょう》の不信任《ふしんにん》を議決《ぎけつ》した場合は，首長が10日以内《いない》に行う。

③ 民主政治《みんしゅせいじ》と世論《せ(よ)ろん》

日本の政治は，間接《かんせつ》民主制《せい》と政党《せいとう》政治を中心に動いている。マスメディアを通じて形成《けいせい》される世論が政治を動かし，政党は政策《せいさく》に世論を取り入れようとする。ここでは，政党・世論・マスメディアの関係《かんけい》をみていこう。

○○市では、住民《じゅうみん》の直接請求《ちょくせつせいきゅう》が実り、ごみ分別《ぶんべつ》の新しい条例《じょうれい》ができました。
よかった、よかった！
これが民主政治《みんしゅせいじ》ね。
住民が参加《さんか》して、地域《ちいき》の政治を動かしたんです。住民の意思が尊重《そんちょう》されたわけです。
議会《ぎかい》もわたしたちの意見をくみ取ってくれたしね。
みんなで問題を解決《かいけつ》したんだね。
それが地方自治《じち》の原則《げんそく》、つまり民主政治なんだよ。
わたしもいい勉強をしたわ。
多数決で、東地区にごみ処理場《しょりじょう》ができることになったけど、少数意見だったごみ分別の徹底《てってい》も決まったもの。
あたしゃ、くやしい。市長をやめさせることも、議会を解散《かいさん》させることもできなかった。
それに、税金《ぜいきん》を下げることも……。

マメ知識

地方自治《じち》は、国民《こくみん》の最《もっと》も身近な政治参加《せいじさんか》の機会《きかい》であり、住民《じゅうみん》は地方自治を通じて政治を知り、政治への関心《かんしん》を高めている。つまり、人々は地方自治を通じて民主主義《みんしゅしゅぎ》を経験《けいけん》し、学習しているのである。この意味で、地方自治は「民主主義の学校」といわれる。

重要用語

民主政治《みんしゅせいじ》…ものごとを話し合いによって決定する政治で，民主主義《しゅぎ》を実現《じつげん》するための，人間尊重《そんちょう》の政治である。直接《ちょくせつ》民主制《せい》と間接《かんせつ》民主制がある。

くわしく

間接民主制《かんせつみんしゅせい》は、国民《こくみん》の代表者（議員《ぎいん》）を選挙《せんきょ》で選《えら》び、代表者による議会《ぎかい》を通じて行われる政治《せいじ》で、代議《だいぎ》制や議会制民主主義《しゅぎ》とも呼《よ》ばれる。民主政治のためには直接《ちょくせつ》民主制が理想だが、面積《めんせき》や人口などの点から現実《げんじつ》には不可能《ふかのう》なため、間接民主制が採用《さいよう》されている（→51ページ参照《さんしょう》）。

その日の晩《ばん》。
今回は請求が実ってよかった。でも、国相手では、こうはいかなかっただろうね。
おじゃましまーす！
国政《こくせい》では、直接請求のようなことはできないからね。
まったくできないのか。
そうよ、兄さん。直接請求は、直接民主制《せい》というしくみの一つで、地方自治の特色《とくしょく》よ。
えらそうに！
選挙《せんきょ》で議員《ぎいん》を選《えら》ぶのは、直接民主制じゃないの？
法律《ほうりつ》や条例《じょうれい》などを議決《ぎけつ》
代表者（議員）
選挙
国民
重要
それは自分たちの代表を選ぶもので、間接《かんせつ》民主制とか代議制《だいぎせい》というの。
議員になる人は、政党《せいとう》に属《ぞく》している人が多いよね。
今の議会政治は、政党中心だからよ。政党政治っていうの。
政党って、同じ考えをもった人たちの集まりでしょ。
そう！その政党が内閣《ないかく》などをつくって自分たちの考えを実現《じつげん》しようとするのよ。
政党はいくつもあるよね。
国民《こくみん》は、いちばんいいと思う政党を選べるわけね。つまり、政党は、国民と議会を結《むす》ぶパイプのようなものよ。
議会
政党
△□党
□□党
○△党
□○党
国民

重要用語

直接民主制《ちょくせつみんしゅせい》…全国民《こくみん》が直接政治《せいじ》に参加《さんか》するしくみで，スイスでは今でも一部の州で採用《さいよう》されている。国政《こくせい》では，国民投票《とうひょう》と国民審査《しんさ》で採用（→9・25・53ページ参照《さんしょう》）。

マメ知識

政党《せいとう》の活動や選挙《せんきょ》には、多額《たがく》の資金《しきん》が必要《ひつよう》である。その政治資金《せいじしきん》を特定《とくてい》の個人《こじん》・企業《きぎょう》・団体《だんたい》などから無理《むり》に集めたりすると、政治の腐敗《ふはい》を生みやすくなってしまう。そこで政治献金《けんきん》に上限《じょうげん》をつけた政治資金規正法《きせいほう》や、政党への助成金《じょせいきん》が国から交付《こうふ》される政党助成法《じょせい》が制定《せいてい》された。

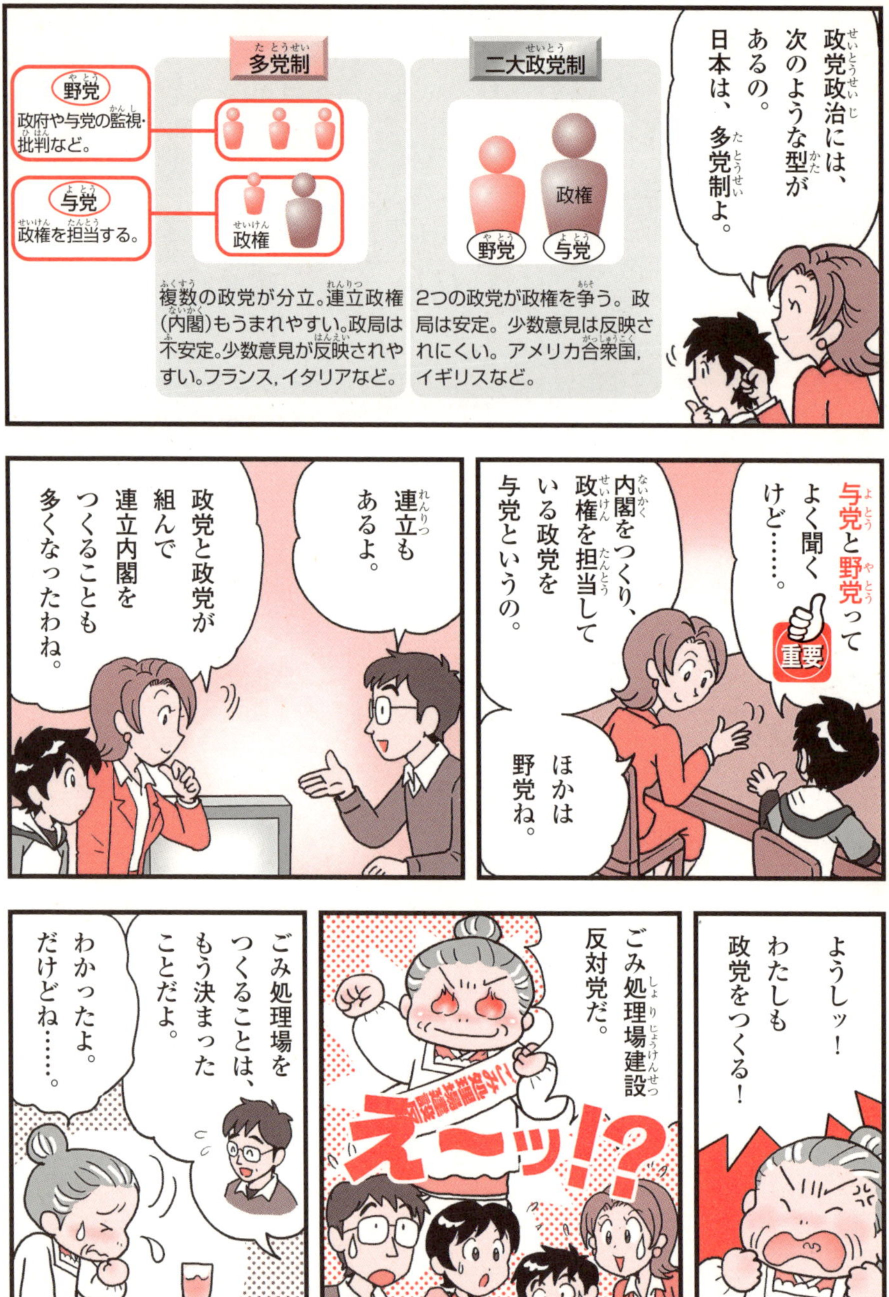

政党政治《せいとうせいじ》には、次のような型《かた》があるの。日本は、多党制《たとうせい》よ。
二大政党制《せいとう》
政権
野党《やとう》
与党《よとう》
2つの政党が政権を争《あらそ》う。政局は安定。少数意見は反映されにくい。アメリカ合衆国《がっしゅうこく》，イギリスなど。
多党制《たとうせい》
政権《せいけん》
複数《ふくすう》の政党が分立。連立《れんりつ》政権(内閣《ないかく》)もうまれやすい。政局は不《ふ》安定。少数意見が反映《はんえい》されやすい。フランス，イタリアなど。
野党《やとう》
政府や与党の監視《かんし》・批判《ひはん》など。
与党《よとう》
政権《せいけん》を担当《たんとう》する。
与党《よとう》と野党《やとう》ってよく聞くけど……。
重要
内閣《ないかく》をつくり、政権《せいけん》を担当《たんとう》している政党を与党というの。
ほかは野党ね。
連立《れんりつ》もあるよ。
政党と政党が組んで連立内閣をつくることも多くなったわね。
ようしッ! わたしも政党をつくる!
ごみ処理場建設《しょりじょうけんせつ》反対党だ。
えーッ!?
ごみ処理場をつくることは、もう決まったことだよ。
わかったよ。だけどね……。

参考 マニフェスト…政権《せいけん》をとったら実現《じつげん》することを約束《やくそく》した，政党《せいとう》の政権公約《こうやく》。数値目《すうちもく》標《ひょう》や期限《きげん》，財源《ざいげん》などを明らかに示《しめ》している点で，従来《じゅうらい》の公約とはちがう。

また、このニュースだよ…。
どのチャンネルも同じような内容《ないよう》だね。
それにちょっと大げさじゃない?
マッタク!
大げさな報道《ほうどう》とか、情報《じょうほう》がかたよっていたりとか、報道する側《がわ》にも問題がありそうだな。
そりゃ、ないとはいえないけど…。
政治を動かすのは人々の意見、つまり世論《せろん》《(よ)》だけど、その世論にテレビや新聞が大きなえいきょうをあたえているからね。
わたしたち、報道する側《がわ》の責任《せきにん》は重大です。わかっています。
わたしの意見も報道してくれないかね。テレビで……。
ばあちゃん党
ダメです!!

ポイント解説

●政治の主人公《しゅじんこう》は国民

民主政治《みんしゅせいじ》の基本原理《きほんげんり》

民主政治では、国民主権《こくみんしゅけん》と基本的人権《てきじんけん》の尊重《そんちょう》という2つの基本原理が大切である。この基本的な考え方は、19世紀《せいき》のアメリカ合衆国《がっしゅうこく》大統領《だいとうりょう》リンカーンが、南北戦争《せんそう》のときに演説《えんぜつ》した「人民《じんみん》の、人民による、人民のための政治」という表現《ひょうげん》によく表れている。

そして、日本国憲法《けんぽう》の前文にも、同じような表現がある。

> **日本国憲法前文(一部)**
>
> そもそも国政《こくせい》は，国民《こくみん》の厳粛《げんしゅく》*な信託《しんたく》*によるものであって，その権《けん》威《い》は国民に由来し，その権力は国民の代表者がこれを行使し，その福利《ふくり》*は国民がこれを享受《きょうじゅ》*する。
>
> ＊厳粛…きびしく，おごそか。
> ＊信託…信用《しんよう》してまかせる。
> ＊福利…幸福と利益《りえき》。
> ＊享受…受け取ってじゅうぶんに自分のものとすること。

くわしく

多数の人々に大量《たいりょう》の情報《じょうほう》を伝達《でんたつ》する新聞・テレビ・雑誌《ざっし》などをマスメディアといい、マスメディアによる情報の大量伝達をマス・コミュニケーション(マスコミ)という。マスメディアと世論《せろん》《(よ)》の関係《かんけい》では、マスメディアによる世論操作《そうさ》や世論の画一化《かくいつか》などの問題がある。

重要用語

世論《せろん》《(よ)》…政治《せいじ》や社会の問題についての国民《こくみん》の多くの意見のまとまり。世論は政治を動かす大きな力となるため，「民主《みんしゅ》政治は世論による政治」ともいわれる。

④選挙《せんきょ》のしくみ

選挙は，国民《こくみん》が政治《せいじ》に参加《さんか》する基本《きほん》であり，重要《じゅうよう》な機会《きかい》である。この選挙のしくみについて，選挙権《けん》と被《ひ》選挙権の年齢《ねんれい》，小選挙区制《せい》と比例《ひれい》代表制，衆《しゅう》議院議員《ぎいんぎいん》と参議院《さんぎいん》議員の選挙のちがいを中心にみていこう。

衆議院議員《しゅうぎいんぎいん》の選挙《せんきょ》はね、議員全員を
新しく選ぶ選挙だから総《そう》選挙というの。
知ってた？

マメ知識

1889年、一定額《いってい》以上の国税《こくぜい》をおさめる満《まん》25歳《さい》以上の男子に衆議院議員《しゅうぎいんぎいん》の選挙権《せんきょけん》が認《みと》められた。1925年、納税額《のうぜいがく》の制限《せいげん》がなくなり、満25歳以上の男子のみによる普通《ふつう》選挙が実現《じつげん》した。そして1945年、満20歳以上の男女による普通選挙がようやく実現した。

衆議院議員《しゅうぎいんぎいん》の総選挙《そうせんきょ》。選挙戦《せん》たけなわです。○○市からお伝《つた》えします。
わたしが、国を立て直します！
25歳《さい》のわかい行動力に期待《きたい》してください。
政治《せいじ》は、わかさではなく経験《けいけん》です！
政治にこそ体力が必要《ひつよう》です！
入試に出る！
25歳で立候補《りっこうほ》できるの？
そう。衆議院議員と地方議会《ぎかい》議員、それに市町村長は満《まん》25歳以上《いじょう》だ。参議院議員と都道府《ふ》県知事《ちじ》は満30歳以上だね。
大介《だいすけ》も、大人になったら立候補する？
経験や体力が勝負というんじゃ、自信《じしん》ないよ。

重要用語 選挙権《せんきょけん》と被《ひ》選挙権…選挙権は代表者を選《えら》ぶ権利《けんり》で，被選挙権は選挙で立候補《りっこうほ》できる権利。（→衆議院議員《しゅうぎいんぎいん》と参議院議員《さんぎいん》の選挙については，32ページを参照《さんしょう》）

街《まち》の声です。総選挙ですが、投票《とうひょう》に行かれますか？
はい、かならず。
当然《とうぜん》！
大切な権利《けんり》なんだから。
何、それ？ぼくには関係《かんけい》ない。
ムッ！
真希《まき》おばさんに選挙は関係ないって言った人にも、選挙権はあるの？
満18歳以上の日本国民《こくみん》であれば、選挙権があるの。普通《ふつう》選挙っていうのよ。
それにね、
平等《びょうどう》選挙だから、1票の価値《かち》はみな同じなの。
わかった。真希お・ねえさん。
おばさんって…？
ダレのこと!?
ところでね、選挙には、あと2つの原則《げんそく》があるの。
秘密《ひみつ》選挙
自由意思で投票できるように、投票した人の名前を書かず、無《む》記《き》名《めい》で投票する。
直接《ちょくせつ》選挙
候補者に直接投票する。
重要
選挙についてのきまりは、公職選挙法《こうしょくせんきょほう》に定められている。
候補者名一覧
候補者氏名

くわしく

選挙《せんきょ》運動は自由に行えるわけではなく、選挙運動の費用《ひよう》やポスター、新聞広告《こうこく》などが公職選挙法《こうしょくせんきょほう》で細かく規定《きてい》されている。2013年にインターネットを使う選挙運動が解禁《かいきん》されたが、戸別訪問《こべつほうもん》を認《みと》めてほしいなど、もう少し自由な選挙運動を求《もと》める声もある。

重要用語

公職選挙法《こうしょくせんきょほう》…選挙権《けん》・被《ひ》選挙権，選挙の手続《てつづ》き，投票《とうひょう》の方法《ほうほう》などをくわしく定めた法《ほう》律《りつ》。1950年に制定《せいてい》され，これまでに何度も改正《かいせい》されてきた。

本日は、衆議院議員《しゅうぎいんぎいん》総選挙《そうせんきょ》の投票日《とうひょうび》です。
ここの投票所では、有権者《ゆうけんしゃ》の出足はにぶいようです。
VS
あの2人、どうなるかな。
小選挙区制《せい》ではね、1人しか当選《とうせん》できないんだよ。
きびしいたたかいだね。

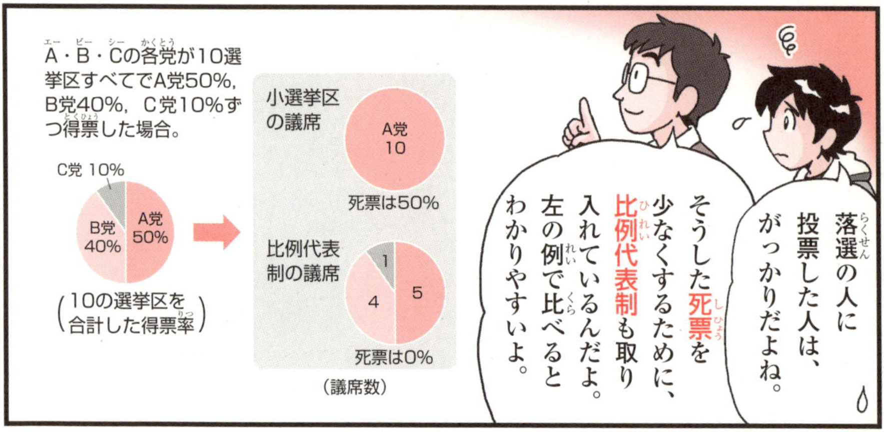
A《エー》・B《ビー》・C《シー》の各党《かくとう》が10選挙区すべてでA党50%，B党40%，C党10%ずつ得票《とくひょう》した場合。
C党 10%
A党 50%
B党 40%
（10の選挙区を合計した得票率《りつ》）
小選挙区の議席
A党 10
死票は50%
比例代表制の議席
1
4
5
死票は0%
（議席数）
落選《らくせん》の人に投票した人は、がっかりだよね。
そうした死票《しひょう》を少なくするために、比例代表制《ひれいだいひょうせい》も取り入れているんだよ。左の例《れい》で比《くら》べるとわかりやすいよ。

入試に出る!

衆議院の選挙

小選挙区制と比例代表制を組み合わせた小選挙区比例代表並立制《へいりつ》

参議院の選挙

43都道府《ふ》県2合区の選挙区制と比例代表制を組み合わせた制度

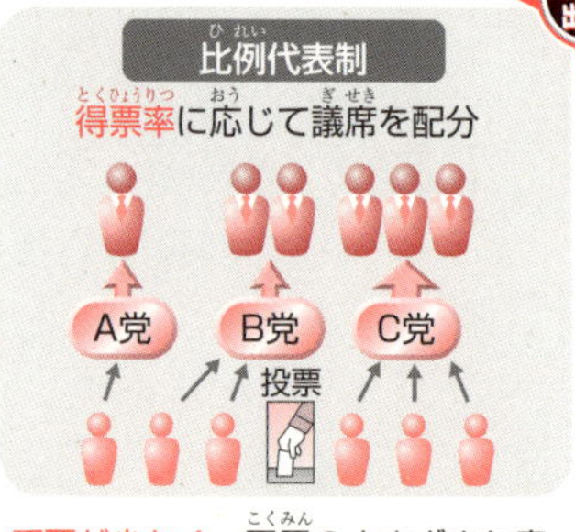
比例《ひれい》代表制
得票率《とくひょうりつ》に応《おう》じて議席《ぎせき》を配分
A党
B党
C党
投票

死票が少なく，国民《こくみん》のさまざまな意見が反映されるが，小政党が分立し，政権が不《ふ》安定になりやすい。

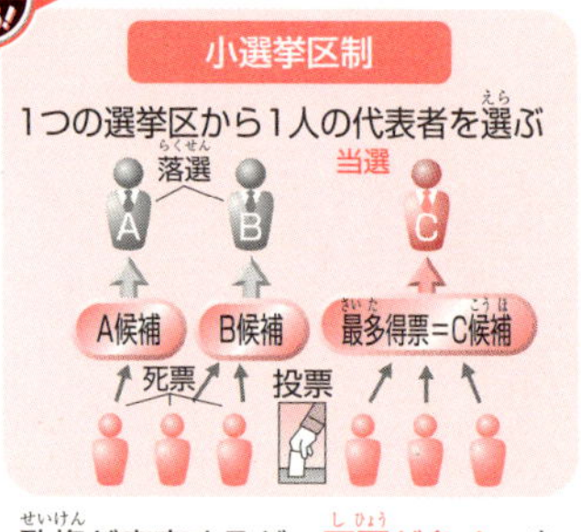
小選挙区制
1つの選挙区から1人の代表者を選《えら》ぶ
落選《らくせん》
当選
A
B
C
A候補
B候補
最多《さいた》得票=C候補《こうほ》
死票
投票

政権《せいけん》が安定するが，死票《しひょう》が多く，少数意見が反映《はんえい》されにくいといわれる。

マメ知識

衆議院《しゅうぎいん》の小選挙区比例代表並立制《しょうせんきょくひれいだいひょうへいりつせい》では、候補者《こうほしゃ》は、小選挙区と比例代表の両方への重複立候補《ちょうふくりっこうほ》ができ、有権者《ゆうけんしゃ》は小選挙区で候補者名、比例代表で政党名《せいとうめい》を別々に書く。参議院《さんぎいん》の比例代表制の投票《とうひょう》は、政党名か候補者名のどちらを書いてもよい。

参考

死票《しひょう》…有権者《ゆうけんしゃ》が投じた票《ひょう》のうち，落選《らくせん》の候補者《こうほしゃ》への票。小選挙区《しょうせんきょく》でAが4万票，Bが2万票，Cが1万票の得票《とくひょう》で，Aが当選《とうせん》の場合，B・Cの合計3万票をいう。

まもなく開票《かいひょう》が始まります。選挙管理《かんり》委員会によると、3区の投票率《りつ》は56パーセント。前回をやや下回りました。
投票率がかなり低《ひく》いな。政治《せいじ》に無関心《むかんしん》な人がふえると、民主主義《みんしゅしゅぎ》をゆるがすことになる。
1票《ぴょう》の格差《かくさ》も問題でしょう。
そう。選挙区によって、1票の価値《かち》に2倍も3倍も差《さ》があっては、平等権に反するものね。
当確
キャスター
あっ、3区で当選確実《かくじつ》者が出ました。大井川渡《おおいがわわたる》さんです！
VS
あの2人、だめだったかあ…。
次の選挙は、わたしが出るよ。人生経験《けいけん》は申し分なし。体力だって、まだまだ！
わしらも協力するヨ！
ばあちゃん党

くわしく

1票《ぴょう》の格差《かくさ》を解消《かいしょう》するため定数是正《ぜせい》が何度も行われたが、根本的《こんぽんてき》には解消しておらず、裁判所《さいばんしょ》が違憲状態《いけんじょうたい》の判断《はんだん》を出したこともある。また、投票《とうひょう》時間の延長《えんちょう》や前もって投票する期日前投票など、投票率《りつ》を上げる努力《どりょく》はされているものの、じゅうぶんな成果《せいか》は上がっていない。

ポイント解説

●得票数で配分する

ドント方式

現在《げんざい》、日本の比例《ひれい》代表選挙《せんきょ》ではドント方式という比例配分の方法《ほうほう》がとられている。これは、各政党《かくせいとう》の得票《とくひょう》数に応《おう》じて議席《ぎせき》を配分する方法である。

A《エー》～D《ディー》の各政党の得票数が表のようになり、議席《ぎせき》数が6とすると、当選者《とうせんしゃ》はA党《とう》が3人、B《ビー》党が2人、C《シー》党が1人となる。

ドント方式の当選者の決め方

政党	A党	B党	C党	D党
得票数	900票	660票	390票	210票
÷1	①900	②660	④390	210
÷2	③450	⑤330	195	105
÷3	⑥300	220	130	70
当選者	3人	2人	1人	0人

(1) 各政党の得票数を1・2・3……の整数で割《わ》っていく。
(2) 商(割り算の答え)の大きい順《じゅん》(①～⑥の番号)に議席を配分する。
(3) この結果《けっか》，当選者はA党3人，B党2人，C党1人，D党0人となる。

参考 **選挙《せんきょ》の管理《かんり》**…公正な選挙を行うために，国に中央選挙管理《かんり》会，都道府《ふ》県と市町村に選挙管理委員会が置《お》かれている。市町村の選挙管理委員会は選挙人名簿《めいぼ》を作成《さくせい》する。

要点整理と重要事項のまとめ ③

①地方自治《じち》のしくみ

●**地方自治**…地域《ちいき》の住民《じゅうみん》が，地域の実情《じつじょう》に合わせて自主的《てき》に政治《せいじ》を行うこと。
●**条例**《じょうれい》…地方議会《ぎかい》が，法律《ほうりつ》のはん囲《い》内で制定《せいてい》するきまり。
●**首長**《しゅちょう》…執行《しっこう》機関《きかん》の長で，**都道府県知事**《ふちじ》，**市町村長**。
●**地方議会**《ぎかい》…都道府県議会，市町村議会。**条例の制定**や**予算の議決**《ぎけつ》などを行う。
●**首長と地方議会**…対等の関係《かんけい》で，議会に首長の**不信任**《ふしんにん》**決議権**《けつぎけん》があり，首長は**再議要求**《さいぎようきゅう》ができる。

②住民《じゅうみん》の権利《けんり》

●**直接請求権**《ちょくせつせいきゅうけん》…住民が，有権者《ゆうけんしゃ》の一定数以上《いじょう》の署名《しょめい》で首長や選挙管理《せんきょかんり》委員会などに請求する権利。
●**種類**《しゅるい》…**条例の制定・改廃**《かいはい》**の請求**，**監査**《かんさ》**請求**，議会の**解**《かい》**散**《さん》**請求**，首長・議員の**解職**《かいしょく》**請求**（リコール）。
●**必要な署名数**《ひつよう》…条例の制定・改廃の請求，監査《かんさ》請求は，有権者の**50分の1**以上。人の地位《ちい》や職《しょく》をうばう解散請求と解職請求は，有権者の**3分の1**以上。

③民主政治《みんしゅせいじ》と世論《せろん》

●**民主政治**…ものごと（よ）を話し合いで決定する政治。**直接**《ちょくせつ》**民主制**と**間接**《かんせつ》**民主制（代議制**《だいぎ》**）**がある。
●**間接民主制**…代表者（議員）が議会で話し合って決める。
●**政党政治**《せいとう》…**多党制**《たとう》と**二大政党制**。内閣《ないかく》をつくり政権《せいけん》を担当《たんとう》する**与党**《よとう》と，与党以外の**野党**《やとう》。
●**世論**…政治や社会の問題についての国民の**多くの意見のまとまり**。→「民主政治は世論による政治」。
●**マスメディア**…多数の人々に，**大量**《たいりょう》**の情報**《じょうほう》**を伝達**《でんたつ》する新聞・テレビ・雑誌《ざっし》など。**世論の形成**《けいせい》に大きな役割《やくわり》。

④選挙《せんきょ》のしくみ

●**選挙権**…代表者を選《えら》ぶ権利。**満**《まん》**18歳**《さい》以上の男女。
●**被**《ひ》**選挙権**…立候補《りっこうほ》する権利。**満25歳**以上と**満30歳**以上。
●**選挙の四原則**《げんそく》…普通《ふつう》・平等・秘密《ひみつ》・直接選挙。
●**選挙区制**…1選挙区から1人を選出《せんしゅつ》する**小選挙区制**と，政党の得票《とくひょう》数に応《おう》じて議席《ぎせき》を配分する**比例代表制**《ひれい》。
●**公職選挙法**《こうしょく》…選挙に関《かん》するきまりを定める。選挙の管理は，中央選挙管理会や**選挙管理委員会**が行う。

ここもマーク！

●**地方自治法**…地方公共団体《こうきょうだんたい》の組織《そしき》や運営《うんえい》などを定める。
●**仕事**…土木・建設《けんせつ》，教育・文化，保健《ほけん》・衛生《えいせい》，警察《けいさつ》・消防《しょうぼう》などのほか，国の仕事も行う。
●**不信任決議**…議決されると，首長は10日以内《いない》に地方議会を解散《かいさん》しなければ，失職《しっしょく》する。
●**地方分権**《ぶんけん》…国の権限《けんげん》を地方に移《うつ》す。**地方分権一括法**《いっかつほう》。
●**請求先**…条例の制定・改廃の請求は**首長**，解散請求と解職請求は**選挙管理委員会**。
●**住民投票**《とうひょう》…国が地方自治の特別《とくべつ》法を制定する場合，住民の賛否《さんぴ》を問うために行う。
●**オンブズマン（オンブズ）制**《せい》**度**《ど》…行政《ぎょうせい》への苦情処理《くじょうしょり》や，行政の不正《ふせい》をチェック。
●**民主主義の学校**…地域住民は地方自治を通じて民主主義を経験《けいけん》し，学習している。
●**リンカーン**…「人民の，人民による，人民のための政治」
●**政党**…政治について，同じ意見をもつ人々の集まり。
●**政党の資金**《しきん》…政治資金規正《きせい》法で規制《きせい》し，国が政党へ助《じょ》成《せい》金を交付《こうふ》している。
●**マニフェスト**…政権をとったら実行することを約束《やくそく》した，政党の政権公約《こうやく》。
●**被**《ひ》**選挙権の年齢**《ねんれい》…衆議院《しゅうぎいん》議員，地方議会議員，市町村長は満25歳以上，参議院《さんぎいん》議員と都道府県知事は満30歳以上。
●**死票**《しひょう》…落選《らくせん》の候補者への票。
●**選挙の問題点**…1票《ぴょう》の価値《かち》に格差《かくさ》，投票率《りつ》の低下《ていか》。

重要事項の一問一答 ③

1 地方自治のしくみ

（▼答え記入らん）

①地域《ちいき》の住民《じゅうみん》が，地域の実情《じつじょう》に合わせて自主的《てき》に政治《せいじ》を行うことを何といいますか。 ………… ［　　　］

②地方議会《ぎかい》が，法律《ほうりつ》のはん囲《い》内で制定《せいてい》するきまりを何といいますか。 ………… ［　　　］

③執行機関《しっこうきかん》の長で，都道府《ふ》県知事《ちじ》と市町村長をまとめて何といいますか。 ………… ［　　　］

2 住民の権利

①住民《じゅうみん》が，一定数以上《いじょう》の署名《しょめい》で選挙管理《せんきょかんり》委員会などに請求《せいきゅう》する権利を何といいますか。 ………… ［　　　］

②都道府県知事や地方議会の議員《ぎいん》などをやめさせることを求《もと》めて行う請求を何といいますか。 ………… ［　　　］

③条例《じょうれい》の制定《せいてい》の請求や監査《かんさ》請求で必要《ひつよう》な署名《しょめい》数は，有権者《ゆうけんしゃ》の何分の１以上《いじょう》ですか。 ………… ［　　　以上］

3 民主政治と世論

①民主《みんしゅ》政治のうち，代表者（議員）が議会で話し合って決めるしくみを何といいますか。 ………… ［　　　］

②内閣《ないかく》をつくり，政権《せいけん》を担当《たんとう》する政党《せいとう》を何といいますか。 ………… ［　　　］

③多数の人々に，大量《たいりょう》の情報《じょうほう》を伝達《でんたつ》する新聞・テレビ・雑誌《ざっし》などを何といいますか。 ………… ［　　　］

4 選挙のしくみ

①選挙で立候補《りっこうほ》する権利を何といいますか。 ………… ［　　　］

②１選挙区から１人を選出《せんしゅつ》する選挙区制《せい》を何といいますか。 ………… ［　　　］

③選挙の手続《てつづ》きや投票《とうひょう》の方法《ほうほう》などをくわしく定めた法律《ほうりつ》を何といいますか。 ………… ［　　　］

答え
1 ①地方自治《じち》　②条例《じょうれい》　③首長《しゅちょう》
2 ①直接請求権《ちょくせつせいきゅうけん》　②解職《かいしょく》請求（リコール）　③50分の1（以上）
3 ①間接《かんせつ》民主制（代議《だいぎ》制）　②与党《よとう》　③マスメディア
4 ①被《ひ》選挙権　②小選挙区制　③公職《こうしょく》選挙法

くらしを支《ささ》える経済《けいざい》のしくみとはたらきや、国や地方公共団体《こうきょうだんたい》の役割《やくわり》を理解《りかい》しよう。

① 消費《しょうひ》生活と価格《かかく》

家計《かけい》は，わたしたちが家族や個人《こじん》として消費生活を営《いとな》む単位《たんい》である。この家計の支出《ししゅつ》の中心は消費支出で，商品の価格は需要《じゅよう》と供給《きょうきゅう》の関係《かんけい》で決まる。むずかしい用語が出てくるが，ていねいに理解《りかい》していこう。

¥298
¥398
¥138

ちょっと出かけてくる。
ゆみ、何か食べたいものがあれば買ってきてやるぞ。
おじいさん
お母さん…ひろ子
お父さん…太郎《たろう》
ゆみ
そうね。いちごが食べたくなったな。
おやつなら、みかんにしなさい！
今、みかんが安いからだよ。
家計《かけい》のやりくりは大変《たいへん》なようじゃな。
なぜ、みかんはたくさん出回ると安くなるの？
重要
くだもののような商品は、需要《じゅよう》と供給《きょうきゅう》によって価格《かかく》が変《か》わってくる。

需要(量)は消費者《しょうひしゃ》が買おうとする量《りょう》，供給(量)は生産者《せいさんしゃ》が売ろうとする量。

参考 市場《しじょう》…商品の売り手と買い手が出会い，価格《かかく》を決める場《ば》のこと。また，市場で商品の売り買いが行われる経済《けいざい》のしくみを，市場経済という。

マメ知識

商品の価格《かかく》は、さまざまな段階《だんかい》の費用《ひよう》やもうけ（利潤《りじゅん》）を合計した価格である。具体的《ぐたいてき》には、生産費《せいさんひ》（生産にかかった費用《ひよう》）や、卸売経費《おろしうりけいひ》・小売経費（卸売・小売にかかった費用）に、生産者《せいさんしゃ》・卸売業者・小売業者がそれぞれ見こんだもうけを加《くわ》えて市場に売り出される。

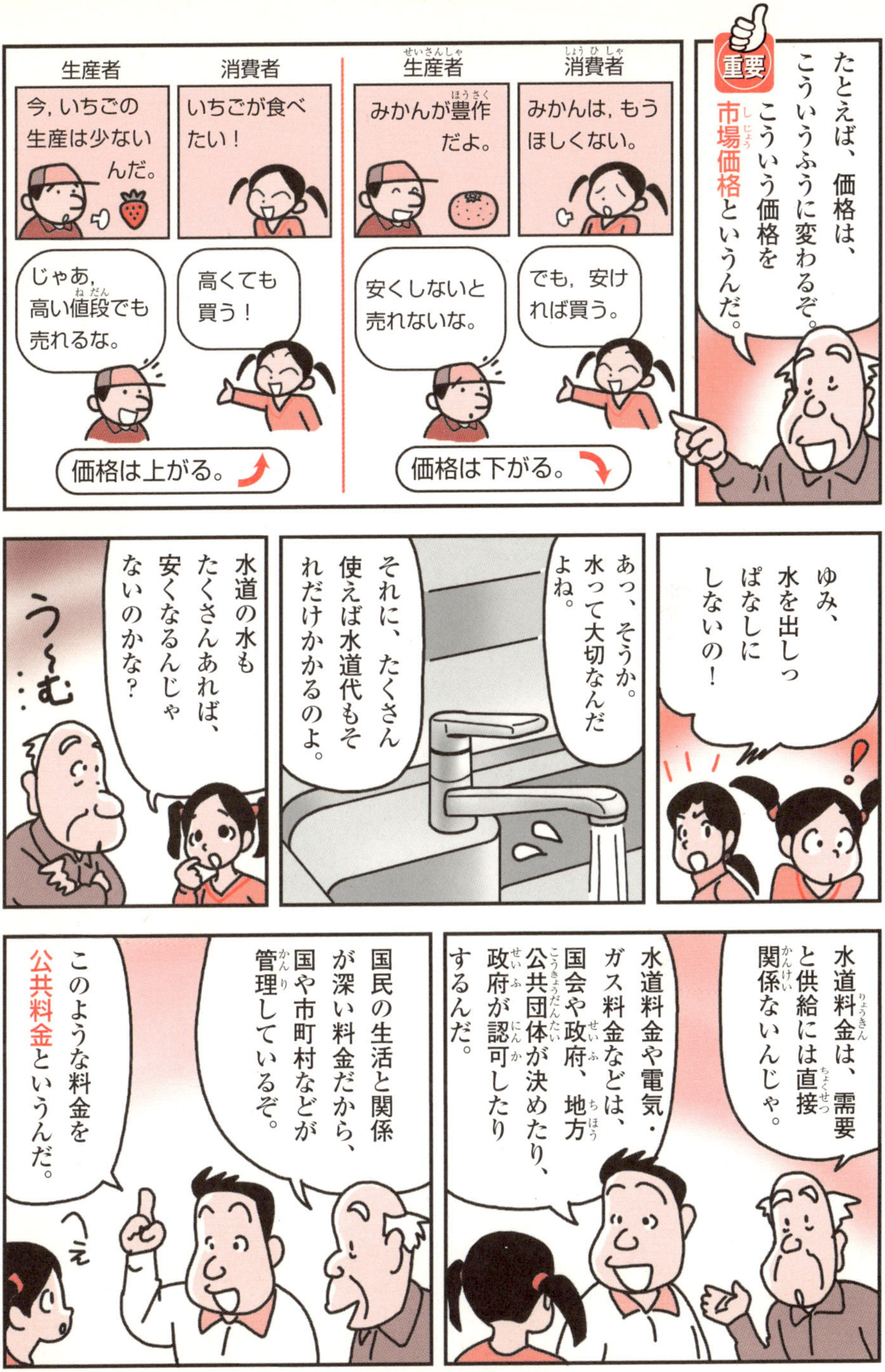
重要
たとえば、価格は、こういうふうに変わるぞ。こういう価格を市場《しじょう》価格というんだ。
生産者
消費者
今，いちごの生産は少ないんだ。
いちごが食べたい！
じゃあ，高い値段《ねだん》でも売れるな。
高くても買う！
価格は上がる。
生産者《せいさんしゃ》
消費者《しょうひしゃ》
みかんが豊作《ほうさく》だよ。
みかんは，もうほしくない。
安くしないと売れないな。
でも，安ければ買う。
価格は下がる。
ゆみ、水を出しっぱなしにしないの！
あっ、そうか。水って大切なんだよね。
それに、たくさん使えば水道代もそれだけかかるのよ。
水道の水もたくさんあれば、安くなるんじゃないのかな？
う～む…
水道料金《りょうきん》は、需要と供給には直接《ちょくせつ》関係《かんけい》ないんじゃ。
水道料金や電気・ガス料金などは、国会や政府《せいふ》、地方《ちほう》公共団体《こうきょうだんたい》が決めたり、政府《せいふ》が認可《にんか》したりするんだ。
国民の生活と関係が深い料金だから、国や市町村などが管理《かんり》しているぞ。
このような料金を公共料金というんだ。
へえ

重要用語

市場価格《しじょうかかく》…市場経済《けいざい》のもとで，需要《じゅよう》（量《りょう》）と供給《きょうきゅう》（量）の関係《かんけい》で決まる商品の価格。最終《さいしゅう》的《てき》には，需要と供給はつり合い，このときの価格を均衡《きんこう》価格という。

うーん。どうしても今月は貯蓄《ちょちく》に回せないな。
お父さんの収入《しゅうにゅう》はふえないし、支出《ししゅつ》はかさむし…。
収入 給料〇×
・支出 食料費〇
住居費〇×
交通費〇×〇×〇
衣料費〇×〇×〇
税金 〇×〇×
お母さん、今月のおこづ…。
何?
あ……。
お母さんごきげんが悪いみたい。
おこづかいはだめだったのか? 今月は、家計《かけい》がきびしそうだな。
家計って?
うちの収入と支出じゃ。つまり、家庭の経済《けいざい》活動ということだな。
うちの収入はお父さんのお給料《きゅうりょう》ね。
太郎《たろう》の収入もいまいちのようだな。
家計の支出は、食料費《しょくりょうひ》などの消費支出《しょうひししゅつ》のほか、税金《ぜいきん》や社会保険料《ほけんりょう》などがある。
衣料《いりょう》費
食料《しょくりょう》費
光熱《こうねつ》費
税金《ぜいきん》
残《のこ》りが貯蓄《ちょちく》になる。
入試に出る!
わたしのおこづかいも支出ね。
それを切りつめることになりそうだな。
だいじょうぶだ。わしがこっそりあげるから。

くわしく

貯蓄《ちょちく》は、将来《しょうらい》の支出《ししゅつ》に備《そな》えてとっておくもので、収入《しゅうにゅう》(所得《しょとく》)から消費《しょうひ》支出(日常《にちじょう》生活で消費されるための支出)と非《ひ》消費支出(税金《ぜいきん》や社会保険《ほけん》料《りょう》などの支出)を引いた残《のこ》りである。銀行預金《よきん》のほか、生命保険や火災《かさい》保険、株式《かぶしき》や国債《こくさい》の購入《こうにゅう》などもふくまれる。

重要用語

家計…わたしたちの家庭では，働《はたら》いて得《え》たお金で必要《ひつよう》な商品を買う。そのような消費《しょうひ》活動を営《いとな》む単位《たんい》のことで，消費を中心とする家庭の経済《けいざい》活動をいう。

うちはいりません。
セールスの電話かい？
不必要《ふひつよう》なものははっきりとことわらないとな。
強引《ごういん》だと、つい買ってしまいそうになりますね。
もし不必要なものを買ってしまったら、クーリングオフという制度《せいど》があるよ。
クーリングオフとは、買ったあとでも、決まった期間内なら契約《けいやく》を取り消せるという制度だ。
消費者《しょうひしゃ》を守るための制度じゃな。
最近《さいきん》はいろいろな悪質商法《あくしつしょうほう》もあるから、注意しないとね。
ゆみもものを買うときには、しっかりみきわめて買わないといかんぞ。
じゃ、いちご、買ってくるよ。
えっ！

くわしく

悪質《あくしつ》(悪徳《あくとく》)商法《しょうほう》には、マルチ(まがい)商法、アポイントメント商法、キャッチセールス、霊感《れいかん》商法、かたり商法などさまざまな手口がある。このうちマルチ(まがい)商法は、消費者《しょうひしゃ》を販売《はんばい》組織《そしき》に加入《かにゅう》させ、報奨《ほうしょう》金がもらえるといって新たな販売員を集めさせる商法である。

ポイント解説

●規格の適正化をはかる

商品についたマーク

商品には、安全性《せい》や規格《きかく》の適正《てきせい》化《か》をはかるために、さまざまなマークがついている。それぞれのマークはその商品の品質《ひんしつ》や安全性を保証《ほしょう》したもので、わたしたちは、それを目安に安心して買い物ができる。

消費者《しょうひしゃ》が自分の判断《はんだん》で商品を買うという消費者主権《しゅけん》の考えからも、重要《じゅうよう》なマークである。

JIS《ジス》マーク
鉱《こう》工業製品《せいひん》

JAS《ジャス》マーク
加工《かこう》食品や建材《けんざい》など

PSE《ピーエスイー》マーク
冷蔵庫《れいぞうこ》・洗《せん》たく機《き》・テレビなど

SG《エスジー》マーク
家具・家庭用品など

参考 **製造物責任法《せいぞうぶつせきにんほう》(PL法《ピーエルほう》)**…製品《せいひん》の欠《けっ》かんで消費《しょうひ》者が被害《ひがい》を受けた場合に，消費者が企《き》業《ぎょう》の過《か》失《しつ》を証明《しょうめい》しなくても，製造者である企業に被害の救済《きゅうさい》を義務《ぎむ》づけた法律《ほうりつ》。

②会社と銀行のはたらき

さまざまなものやサービスは，企業《きぎょう》が生産《せいさん》・販売《はんばい》している。この企業はふつう会社と呼《よ》ばれ，株式《かぶしき》会社が代表的である。企業と深い関係《かんけい》のある金融機《きんゆうき》関《かん》については，中央銀行である日本銀行（日銀）の役割《やくわり》を中心にみていこう。

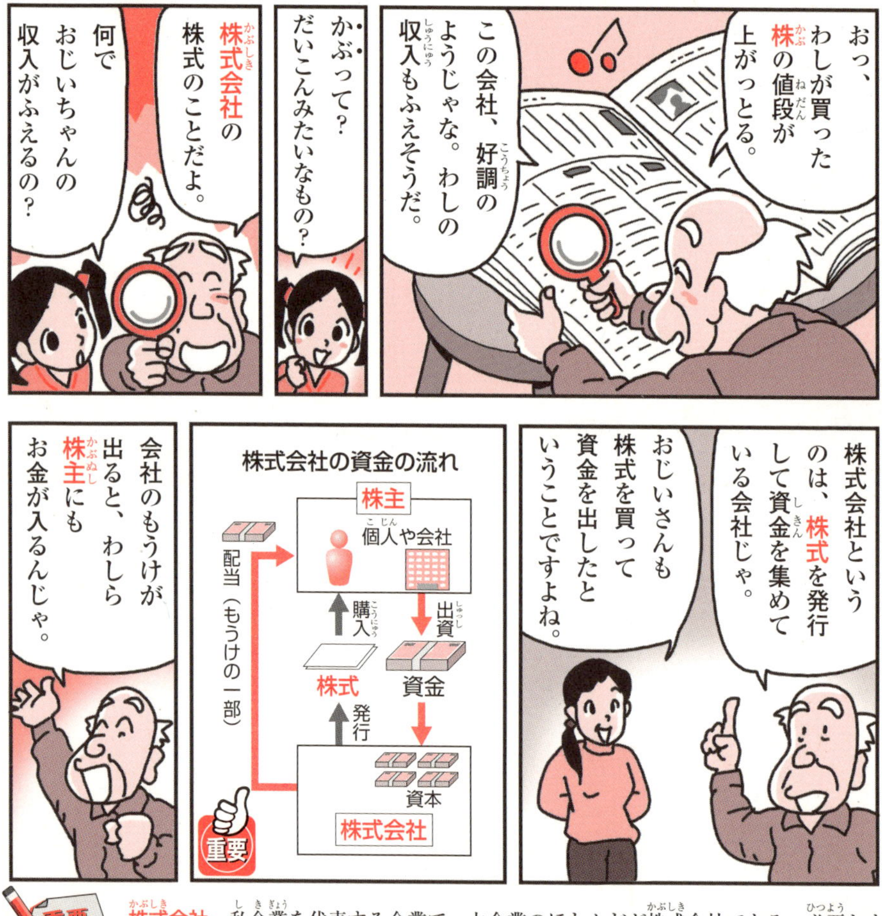
おっ、わしが買った株《かぶ》の値段《ねだん》が上がっとる。
この会社、好調《こうちょう》のようじゃな。わしの収入《しゅうにゅう》もふえそうだ。
かぶって？だいこんみたいなもの？
株式会社《かぶしき》の株式のことだよ。
何でおじいちゃんの収入がふえるの？
株式会社というのは、株式を発行して資金《しきん》を集めている会社じゃ。
おじいさんも株式を買って資金を出したということですよね。
株式会社の資金の流れ
株主
個人《こじん》や会社
購入《こうにゅう》
出資《しゅっし》
株式
資金
発行
資本
株式会社
配当（もうけの一部）
重要
会社のもうけが出ると、わしら株主《かぶぬし》にもお金が入るんじゃ。

マメ知識
企業《きぎょう》は、公企業《こうきぎょう》と私《し》企業の2つに大別《たいべつ》される。公企業は、国営《こくえい》企業・地方公営《こうえい》企業・公庫などである。私企業は、個人《こじん》企業（農家や個人商店など）と共同《きょうどう》（法人《ほうじん》）企業に分けられる。共同企業には、会社企業（株式《かぶしき》会社・合同会社・合名会社など）と組合企業（農協《のうきょう》など）がある。

重要用語
株式会社《かぶしき》…私企業《しきぎょう》を代表する企業で，大企業のほとんどが株式《かぶしき》会社である。必要《ひつよう》とする資金《しきん》を多数の株式《かぶしき》に分けて発行しているので，多くの出資者《しゅっししゃ》（株主《かぶぬし》）を集めやすい。

お父さんの会社も株式会社？
そうよ。会社の多くは株式会社というしくみになっているわ。
たくさんの資金を集めやすいしくみじゃからな。
ところで、太郎《たろう》の会社は近ごろどんなようすなんじゃ？
世の中の景気《けいき》がよくなっているようで、会社も好調なようです。
(株)○○○会社
景気がいいときって、お父さんもきげんがいいよね。
好景気のときは、会社の生産《せいさん》がふえ、給料《きゅうりょう》も上がりやすいからね。
反対に不《ふ》景気のときは、倒産《とうさん》する会社がふえるぞ。
好景気
給料上がった〜
不景気
明日からどうしよう
父さんが倒産！
こまるよ〜
さて！
臨時収入《りんじしゅうにゅう》がありそうだから、ゆみに何かごちそうしてやろうかな。
おじいちゃん大好《だいす》き。
あんまりむだづかいしないでくださいね。

くわしく

不景気《ふけいき》になると商品が売れないので、企業《きぎょう》は生産《せいさん》をへらす。もうけが少なくなるので、社員の給料《きゅうりょう》やボーナスを少なくしてのりきろうとする。倒産《とうさん》することもある。こうなると商品の売れゆきはますます悪くなり、企業はさらに生産を縮小《しゅくしょう》するという悪循環《あくじゅんかん》におちいってしまう。

参考

景気変動《けいきへんどう》…資本主義経済《しほんしゅぎけいざい》のもとでは，経済活動がさかんな好景気《こうけいき》(好況《こうきょう》)と，経済活動がにぶる不《ふ》景気(不況《ふきょう》)が交互《こうご》にくり返される。景気循環《じゅんかん》ともいう。

近ごろは、現金《げんきん》を使わずにすむカードがふえたな。
電子マネー
カードにお金の情報《じょうほう》を記憶《きおく》させておく。
クレジットカード
代金は，あとで銀行の口座《こうざ》から支《し》はらわれる。
わしはカードは苦手《にがて》じゃ。
日本銀行券《けん》じゃ！
券って、お金のことじゃない。
日本銀行が発行している紙幣《しへい》だから日本銀行券なんじゃ。
日本銀行でもお金をおろせるの？
日銀は一般《いっぱん》の人や会社とは取り引きせん。
銀行や政府《せいふ》と取り引きをしているんだ。
入試に出る！
日本銀行の役割《やくわり》
発券銀行
日本の紙幣（通貨）である日本銀行券を発行している。
政府の銀行
国の資金《しきん》の出し入れを管理《かんり》。政府への貸《か》し出しも行う。
銀行の銀行
一般《いっぱん》の銀行に資金を貸し出す。また，一般の銀行の資金を預《あず》かる。
日銀は、景気《けいき》を調節《ちょうせつ》したり、物価《ぶっか》を安定させたりする金融政《きんゆうせい》策《さく》もやっているぞ。
世の中にお金の出回る量が多すぎると、インフレが起こるんだ。
インフレ
そうならないように日銀は、お金の量を調節するのね。
インフレーション（インフレ）…
物価《ぶっか》が上がり続《つづ》けること。下がり続けることはデフレーション（デフレ）という。

マメ知識

いろいろな商品の価格《かかく》やサービスの料金《りょうきん》を総合《そうごう》して、平均化《へいきんか》したものを物価《ぶっか》という。基準《きじゅん》となるある年（月）を100として、物価の変動《へんどう》をわかるようにしたものが物価指数で、消費者《しょうひしゃ》物価指数（日常《にちじょう》生活に関係《かんけい》の深い商品）と企業《きぎょう》物価指数（企業間で取り引きされる商品）がある。

重要用語

金融政策《きんゆうせいさく》…日本銀行が，国債《こくさい》の売買などにより，景気《けいき》や物価《ぶっか》の安定をはかる政策。なお，政府《せいふ》が行う景気の調整《ちょうせい》をする政策《せいさく》を財政《ざいせい》政策という。

くわしく

企業《きぎょう》の多くは、株式《かぶしき》の発行で得《え》られる資金《しきん》よりも、ずっと多くの資金を銀行から借《か》りている。そのため、企業の倒産《とうさん》は、銀行が資金を貸《か》すかどうかにかかっていることが多い。実際《じっさい》、バブル経済《けいざい》の崩壊《ほうかい》後、銀行の貸しぶりや貸しはがしにより多くの企業が倒産した。

○○銀行
こういう一般の銀行は、わしら個人《こじん》や会社と取り引きをする金融機関《きんゆうきかん》だぞ。
金融って？
お金の余《あま》っているところと不足《ふそく》しているところとの間でお金を融通《ゆうずう》することが金融じゃ。その仲立《なかだ》ちをするのが金融機関。
家計《かけい》
企業《きぎょう》
預金
利子《りし》
金融機関《きんゆう》
貸しつけ
利子
家計
企業
▲金融のしくみ
わしも、たまに、お母さんに融通してもらっておる。年金だけでは足りなくなるからな。
ひろ子さんすまん。少し融通してくれんか。
でも、今はゆとりがあるから、ゆみにも融通してやるぞ。
わぁありがとう
はは…
でも、無理《むり》はしないでね。おじいちゃん。
うひゃ

ポイント解説

●さまざまなカードで
支《し》はらい方も多様化

現金で支はらいをするのが一般的だが、クレジットカードなど、さまざまなカードで支はらうことも多くなっている。なかでも、クレジットカードは、利用《りよう》するとポイントなどの特典《とくてん》があることもあり、利用が多くなっている。
ほかにも、電子情報《じょうほう》の処理《しょり》で支はらいができる電子マネー（ネットワーク型《がた》とスイカなどのカード型）の利用も多くなっている。

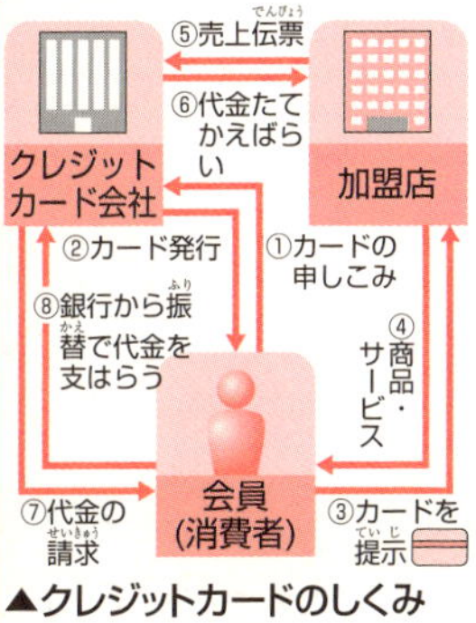
クレジットカード会社
加盟店
⑤売上伝票《でんぴょう》
⑥代金たてかえばらい
②カード発行
①カードの申しこみ
⑧銀行から振《ふり》替《かえ》で代金を支はらう
④商品・サービス
⑦代金の請求《せいきゅう》
③カードを提示《ていじ》
会員（消費者）
▲クレジットカードのしくみ

参考

金融機関《きんゆうきかん》…日本銀行，都市銀行，地方銀行，信用金庫《しんようきんこ》，農業協同《きょうどう》組合，各種金融《かくしゅきんゆう》公庫，生命保険《ほけん》会社，損害《そんがい》保険会社，証券《しょうけん》会社，消費者《しょうひしゃ》金融などがある。

③日本経済《けいざい》のあゆみ

第二次世界大戦《たいせん》後の日本経済は，世界に例《れい》のない急速な成長《せいちょう》を続《つづ》け，高度《こうど》経済成長《けいざいせいちょう》と呼《よ》ばれた。その後，石油危機《きき》やバブル経済を経験《けいけん》した。ここでは，戦後《せんご》日本の，人々の生活・社会・産業《さんぎょう》の変化《へんか》についても理解《りかい》しよう。

マメ知識

高度《こうど》経済成長《けいざいせいちょう》の時期に日本人は豊《ゆた》かになり、電化製品《でんかせいひん》が急速《きゅうそく》に広まった。電化製品により人々の生活が便利《べんり》になり、レジャーなどに使える時間がふえた。食生活では、インスタント食品が出回り、ファミリーレストランやファストフードなどの外食産業《さんぎょう》が発達《はったつ》した。

おお、これはなつかしい。
ばあさんが使っていた洗《せん》たく機《き》じゃ。
へえー、こういうの使っていたの？

物置《ものおき》にあったんですよ。
洗たくしたものは、こうしてしぼるんだ。

1960年代は、ほかにもいろいろな電化製《でんかせい》品《ひん》が普及《ふきゅう》したぞ。

ぼくが生まれたころだ。

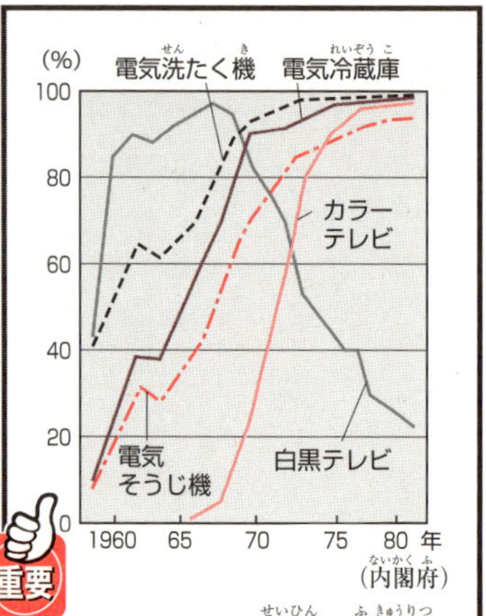
(%)
100
80
60
40
20
0
電気洗《せん》たく機《き》
電気冷蔵庫《れいぞうこ》
カラーテレビ
白黒テレビ
電気そうじ機
1960
65
70
75
80年
(内閣府《ないかくふ》)
重要

▲おもな電化製品《せいひん》の普及率《ふきゅうりつ》

洗たく機や冷蔵庫《れいぞうこ》、白黒テレビは、とくに人気の製品じゃった。

参考

三種《さんしゅ》の神器《じんぎ》…昭和《しょうわ》30年代(1955〜64年)に人気の，洗《せん》たく機《き》・白黒テレビ・冷蔵庫《れいぞうこ》。

３Ｃ《シー》…1960年代後半から注目の的《まと》になった，カラーテレビ・自動車・クーラー。

マメ知識

1964年は、日本にとって高度経済成長《こうどけいざいせいちょう》のシンボルともいえる年である。この年にアジアで最初《さいしょ》のオリンピックが東京で開かれ、それに合わせて東海道新幹線《とうかいどうしんかんせん》が開通し、高速道路も整備《せいび》された。また、それまで許可制《きょかせい》だった海外旅行がこの年に自由化された。

1960年代というと、日本の経済《けいざい》が急成長《きゅうせいちょう》したころですね。
そう。高度経済成長《こうどけいざいせいちょう》といってな。企業《きぎょう》は生産《せいさん》をのばし、人々の所得《しょとく》がどんどんふえていった時期じゃ。
入試に出る!
そのころ、家庭ではいろいろな電化製品を使うようになったのね。
生活がぐんと便利《べんり》になったぞ。
初《はじ》めての新幹線《しんかんせん》が開通したのが1964年で、そのころのことだな。
日本がアメリカ合衆国《がっしゅうこく》についで経済が発達《はったつ》した国になったのが1960年代後半だったね。
そのころは、わしもバリバリ働《はたら》いておったぞ。
ところが……。
1973年に石油危機《きき》が起こって、わしの会社も大打撃《だいだげき》じゃった。
重要
石油の値段《ねだん》が急に上がって経済が大混乱《こんらん》したんですよね。
これで日本の高度経済成長も終わったんだ。
エネルギーの節約《せつやく》のため、町のネオンも暗くなったしな。

重要用語

高度経済成長《こうどけいざいせいちょう》…1950年代後半から1970年代初《はじ》めにかけて，日本経済《けいざい》は平均《へいきん》10％をこえる経済成長を続《つづ》けた。この間の国民総生産《こくみんそうせいさん》(GNP《ジーエヌピー》)は，約《やく》6倍《ばい》になった。

くわしく

高度経済成長期《こうどけいざいせいちょうき》、農山村から都市への人口移動《いどう》が急速に進んで都市は過密《かみつ》になり、大気のよごれなどの公害《こうがい》(→くわしくは99ページ参照《さんしょう》)、ごみ問題、交通じゅうたいなどの都市問題が起こった。逆《ぎゃく》に農山村は過疎《かそ》となり、社会生活が成《な》り立ちにくくなった。

重要
高度経済成長《こうどけいざいせいちょう》のころは、公害《こうがい》が各地《かくち》で問題になりましたね。
わしも、あのころは会社で生産《せいさん》をふやすことばかり考えておった。反省《はんせい》しとる。
それが公害《こうがい》の原因《げんいん》なの？
あのころ企業《きぎょう》は、生産をふやすことを第一に考えて、環境《かんきょう》を守ることに力を注がなかったんじゃ。
1980年代にも大きな経済の変化《へんか》が起こりましたね。
バブル経済じゃろ？株《かぶ》や土地の値段《ねだん》が急に上がったな。
株価
地価
バブル経済って？
あわ（バブル）のように実体がない経済のことだ。このバブル経済がはじけてからは、深刻《しんこく》な不景気《ふけいき》になったよ。

しかし、世の中も変《か》わったな。
このごろは、とくに情報産業《じょうほうさんぎょう》のような第三次産業がとても発達《はったつ》していますね。

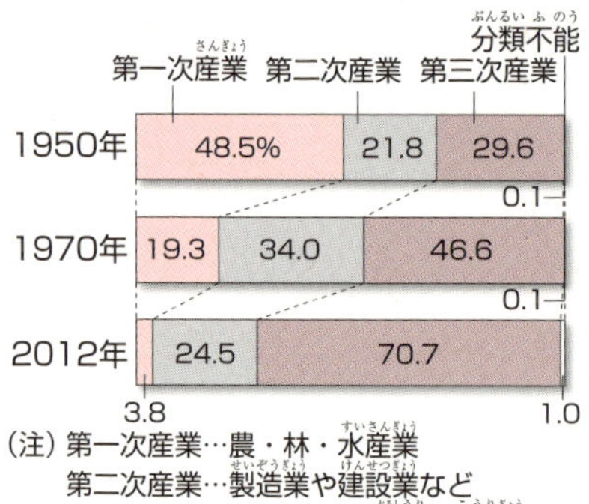
第一次産業《さんぎょう》
第二次産業
第三次産業
分類不能《ぶんるいふのう》
1950年
48.5%
21.8
29.6
0.1
1970年
19.3
34.0
46.6
0.1
2012年
24.5
70.7
3.8
1.0

（注）第一次産業…農・林・水産業《すいさんぎょう》
第二次産業…製造業《せいぞうぎょう》や建設業《けんせつぎょう》など
第三次産業…サービス業や卸売《おろしうり》・小売業《こうりぎょう》など
（「国勢調査」「日本国勢図会」2013/14年による）

▲産業別就業人口《しゅうぎょうじんこう》の割合《わりあい》

重要用語

バブル経済《けいざい》…1980年代後半，株《かぶ》や土地の価格《かかく》が急激《きゅうげき》に上がったことによる好景気《こうけいき》。あわ（バブル）のように実体がともなわないもので，1990年代前半にはじけた。

くわしく

高度経済成長期《こうどけいざいせいちょうき》に製造業《せいぞうぎょう》を中心とする第二次産業《さんぎょう》、1980年代には第三次産業が発達《はったつ》した。一般《いっぱん》に、産業の比重《ひじゅう》が第一次→第二次、第二次→第三次へと移行《いこう》することを「産業構造《こうぞう》の高度化」という。また、第三次産業の比重が高まることを「経済のサービス化《か》」という。

民営化《みんえいか》も進んでいますね。
郵便局
JP
そうだな。郵便《ゆうびん》のように以前《いぜん》は国がやっていた事業も、民間《みんかん》の企業《きぎょう》がやるようにしたんだな。
企業が健全《けんぜん》にのびて、われわれのくらしがよくなればいいがな。
それで、わたしのおこづかいもふえればいいいな。
工業の特色《とくしょく》も変わったぞ。
ものをつくるより、サービスやソフトをつくることがさかんになっているんですね。
ソフトづくりがさかんだって？おいしいから当然《とうぜん》ね。
いろいろなソフトがあるんだよ。
そのソフトじゃなくて。

ポイント解説

●世界経済が大混乱した

石油危機《きき》(オイルショック)

石油危機は、石油価格《かかく》が急上昇《きゅうじょうしょう》したため、日本をふくむ世界経済《けいざい》が大混乱《だいこんらん》したことで、二度起こった。第一次石油危機は、第四次中東戦争《せんそう》(→109ページ参照)をきっかけに、石油輸出国《ゆしゅつこく》が原油の大はばな値《ね》上げと生産《せいさん》・輸出《ゆしゅつ》を制限《せいげん》したために起こった。このえいきょうで、日本の高度経済成長《こうどけいざいせいちょう》は終わった。

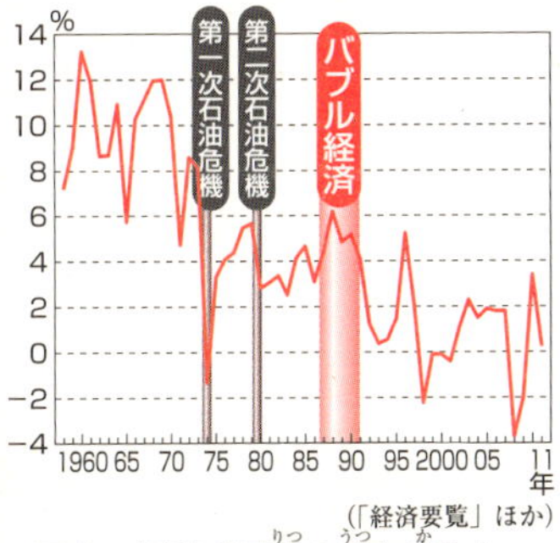
%
14
12
10
8
6
4
2
0
-2
-4
第一次石油危機
第二次石油危機
バブル経済
1960 65 70 75 80 85 90 95 2000 05 11年
(「経済要覧」ほか)

▲日本の経済成長率《りつ》の移《うつ》り変《か》わり

参考 国の事業の民営化《みんえいか》…郵政《ゆうせい》事業のほかにも，これまで国鉄(→JR各社《ジェイアールかくしゃ》)，電電公社(→NTT《エヌティーティー》各社)，日本専売《せんばい》公社(→JT《ジェイティー》)，道路公団《こうだん》も民営化された。

④ 国と地方の財政《ざいせい》

国や地方の経済《けいざい》活動を財政といい，国は，税金《ぜいきん》の集め方やその使いみちをくふうして，景気《けいき》を調整している。公債金《こうさいきん》と国債費《こくさいひ》，地方交付税交付金《ちほうこうふぜいこうふきん》と国庫支出金《こっこししゅつきん》などのまぎらわしい語句《ごく》は，意味のちがいを確実《かくじつ》に理解《りかい》しよう。

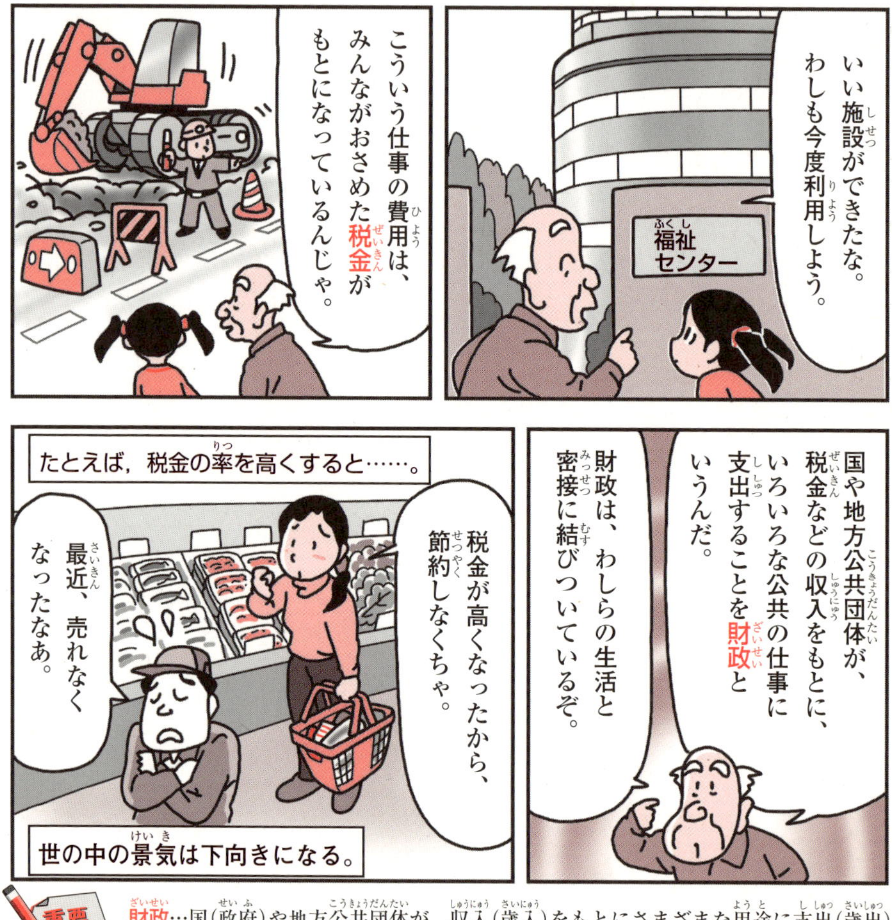
福祉《ふくし》センター
いい施設《しせつ》ができたな。わしも今度利用《りよう》しよう。
こういう仕事の費用《ひよう》は、みんながおさめた税金《ぜいきん》がもとになっているんじゃ。
国や地方公共団体《こうきょうだんたい》が、税金《ぜいきん》などの収入《しゅうにゅう》をもとに、いろいろな公共の仕事に支出《ししゅつ》することを財政《ざいせい》というんだ。
財政は、わしらの生活と密接《みっせつ》に結《むす》びついているぞ。
たとえば，税金の率《りつ》を高くすると……。
税金が高くなったから、節約《せつやく》しなくちゃ。
最近《さいきん》、売れなくなったなあ。
世の中の景気《けいき》は下向きになる。

マメ知識

財政《ざいせい》には、①資源《しげん》の配分の調整（道路などの社会資本《しほん》や教育などの公共《こうきょう》サービスを提供《ていきょう》する）、②所得《しょとく》の再分配《さいぶんぱい》（税率《ぜいりつ》に差《さ》をつけたり、社会保《ほ》障制度《しょうせいど》を整えたりして所得の平均化《へいきんか》をはかる）、③景気《けいき》の調整（増税《ぞうぜい》・減税《げんぜい》や公共事業費《ひ》の増減《ぞうげん》をする）の３つのはたらきがある。

重要用語

財政《ざいせい》…国（政府《せいふ》）や地方公共団体《こうきょうだんたい》が，収入《しゅうにゅう》（歳入《さいにゅう》）をもとにさまざまな用途《ようと》に支出《ししゅつ》（歳出《さいしゅつ》）する活動。国の財政を国家財政，地方の財政を地方財政という。

マメ知識

財政《ざいせい》の1年間を会計年度といい、日本では4月1日から翌年《よくねん》の3月31日までである。予算（歳入《さいにゅう》と歳出《さいしゅつ》の見積《みつも》り）のうち、一般《いっぱん》会計予算は社会保障《ほしょう》・地方財政・公共《こうきょう》事業などにあてられる。特別《とくべつ》会計予算は、国が特別な事業などを行ったりするためのものである。

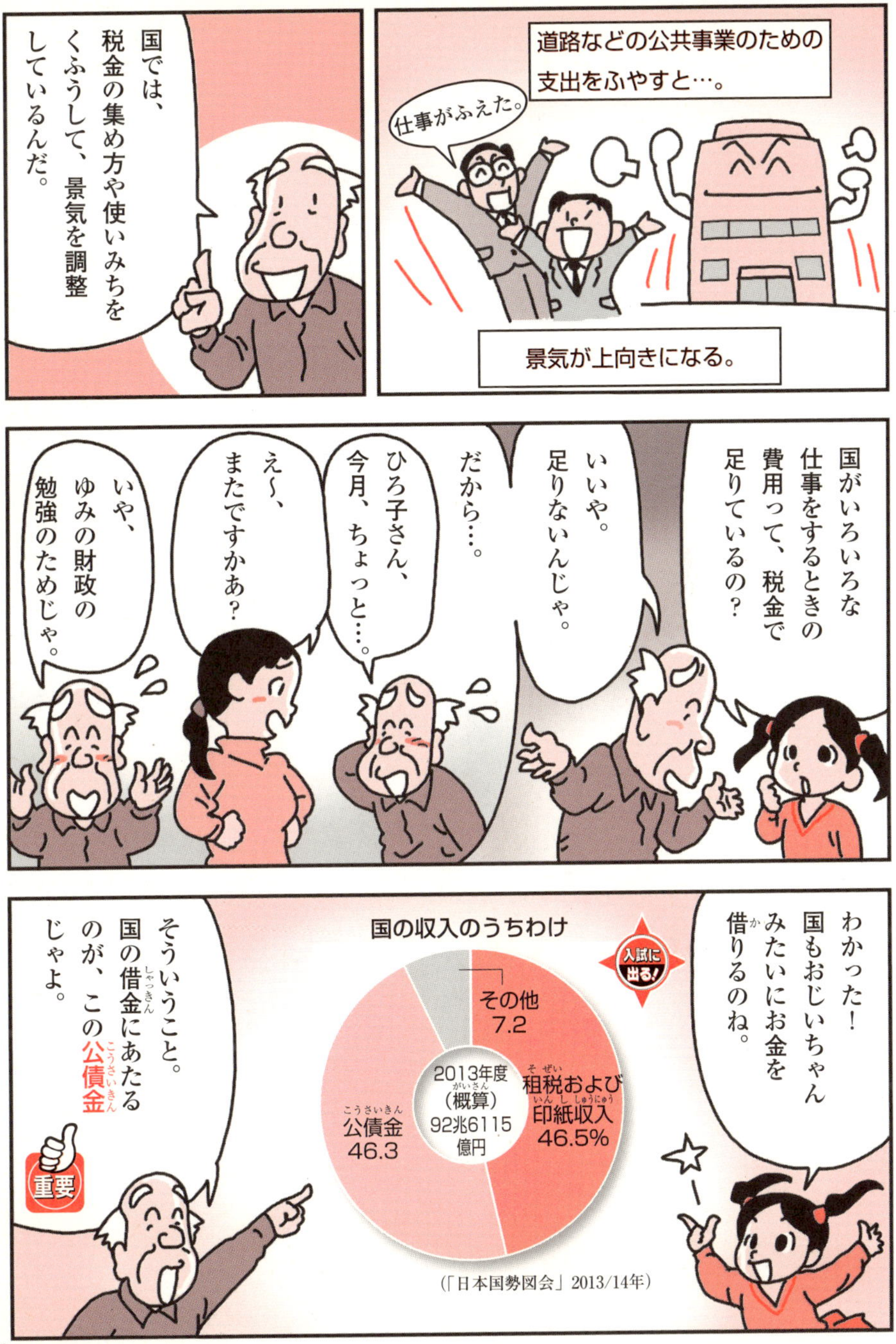
道路などの公共事業のための支出をふやすと…。
仕事がふえた。
景気が上向きになる。
国では、税金の集め方や使いみちをくふうして、景気を調整しているんだ。
国がいろいろな仕事をするときの費用って、税金で足りているの？
いいや。足りないんじゃ。
だから…。
ひろ子さん、今月、ちょっと…。
え〜、またですかあ？
いや、ゆみの財政の勉強のためじゃ。
わかった！国もおじいちゃんみたいにお金を借《か》りるのね。
入試に出る！
国の収入のうちわけ
その他 7.2
租税《そぜい》および印紙収入《いんししゅうにゅう》 46.5%
公債金《こうさいきん》 46.3
2013年度（概算《がいさん》）92兆6115億円
（「日本国勢図会」2013/14年）
そういうこと。国の借金《しゃっきん》にあたるのが、この公債金《こうさいきん》じゃよ。
重要

重要用語

公債金《こうさいきん》…歳入《さいにゅう》の不足《ふそく》を補《おぎな》うため，国は国債《こくさい》，地方公共団体《こうきょうだんたい》は地方債という公債を発行する。公債金は国債の発行による借入金《かりいれきん》で，国の歳入の半分近くをしめている。

国の借金《しゃっきん》は、あとで返さなくちゃならないぞ。
おじいちゃんもね！
この国債費《こくさいひ》というのが、国の借金《しゃっきん》の返済《へんさい》にあてるものじゃ。
重要
すごく多くなっているわ！
入試に出る！
国の支出《ししゅつ》のうちわけ
公共事業関係費《こうきょうじぎょう》
防衛《ぼうえい》関係費
その他
社会保障《ほしょう》関係費《かんけいひ》 31.4%
2013年度（概算《がいさん》）92兆6115億円
5.1
5.7
5.8
地方交付《こうふ》税《ぜい》交付金 17.6
国債費《こくさい》 24.0
文教および科学振興《しんこう》費
（「日本国勢図会」2013/14年）
最近、国債の発行が多くなりすぎて、その返済がたいへんになっている。
国の支出《ししゅつ》のなかに、地方交付税交付金《こうふぜいこうふきん》というのがあったけど、これ、何？
重要
それは、収入《しゅうにゅう》の少ない地方公共団体《こうきょうだんたい》に国が支出《ししゅつ》するお金じゃ。
○○県
うちは税収入《ぜいしゅうにゅう》が少ない。
国がたくさん補助《ほじょ》。
△△県
うちは税収入が多い。
国の補助が少ない。
税金《ぜいきん》の収入が少なくて、国の援助《えんじょ》にたよっている地方公共団体が多いんだ。
財政《ざいせい》になやむ市や町がふえている！
収入がへって、わたしの市は、もう破産《はさん》しそうだ。
何とか、財政を立て直さなくては！
くらしはどうなるんだ！

くわしく

国家財政《ざいせい》には、一般《いっぱん》会計と特別《とくべつ》会計がある。また、財政投融資《ざいせいとうゆうし》は、政府《せいふ》が特別な債券《さいけん》を発行して市場《しじょう》から調達《ちょうたつ》した資金《しきん》を政府関係機関《かんけいきかん》や地方公共団体《こうきょうだんたい》などに投資《とうし》したり融資《ゆうし》したりするもので、「第二の予算」と呼《よ》ばれたが、近年制度《せいど》の見直しが行われた。

重要用語

地方交付税交付金《ちほうこうふぜいこうふきん》…地方財政《ざいせい》の格差《かくさ》をなくすために，国が地方公共団体《こうきょうだんたい》に交付する。

国庫支出金《こっこししゅつきん》…国が使いみちを指定して地方公共団体に支出する。

このごろ、まわりの市町村と合併《がっぺい》するところが多いみたいだけど。
それは、財政の立て直しのためでもあるんだ。
まわりの市や町と一つになれば…。
市の職員《しょくいん》の数をへらせて、支出もへらせるな。
国も地方公共団体も、財政になやんでいるみたいね。
財政は、わしらのくらしを左右するものだから、しっかりやってほしいな。ゆみも、こづかいを使いすぎないようにな。
わたしの財政はだいじょうぶ。
おこづかい帳
お母さんからとおじいちゃんからの収入がこれだけあるから！
うひゃあ！
わしよりしっかりしておる！

マメ知識

国と地方公共団体《こうきょうだんたい》の仕事は多くの分野におよび、そのための費用《ひよう》はばく大になる。歳入《さいにゅう》の不足《ふそく》を補《おぎな》うために発行する国債《こくさい》と地方債の発行額《がく》は、近年大はばに増加《ぞうか》した。2013年末の国債発行残高《ざんだか》は約《やく》750兆《ちょう》円で、国民《こくみん》1人あたり約590万円の借金《しゃっきん》をしていることになる。

ポイント解説

●自主財源が少ない

地方公共団体《こうきょうだんたい》の収入《しゅうにゅう》

収入（歳入《さいにゅう》）では、自主財源《ざいげん》の地方税《ぜい》は約《やく》40％。国から支出《ししゅつ》される地方交付税《ちほうこうふぜい》交付金《こうふきん》と国庫支出金《こっこししゅつきん》の合計が40％近くをしめて、借金《しゃっきん》である地方債《ちほうさい》も多い。

目的別《もくてきべつ》の支出（歳出《さいしゅつ》）では、教育費《ひ》、民生費《みんせいひ》（住民《じゅうみん》の生活扶助《ふじょ》などに要《よう》する費用）、土木費、公債費などが多い。

自主財源が少ないことが大きな問題で、国税《こくぜい》の一部を地方税にするなどの改革《かいかく》が進められた。

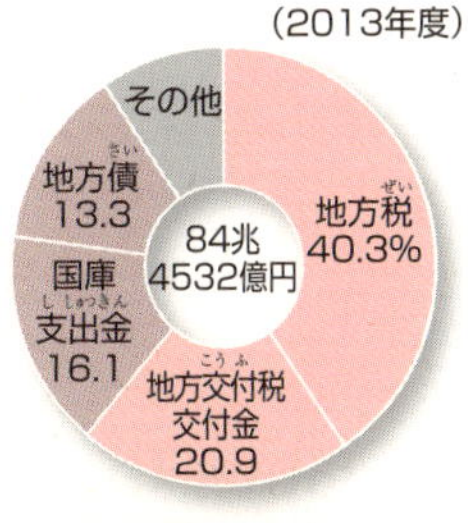
（2013年度）
地方税《ぜい》 40.3%
地方交付税《こうふ》交付金 20.9
国庫支出金《ししゅつきん》 16.1
地方債《さい》 13.3
その他
84兆 4532億円

（「日本国勢図会」2013/14年）

▲地方財政の収入

参考

三位一体《さんみいったい》の改革《かいかく》…国と地方公共団体《こうきょうだんたい》が関係《かんけい》する財政《ざいせい》と税金《ぜいきん》の改革。地方公共団体が自由に使えるお金をふやすことを目的《もくてき》としている。（→59ページのコラムを参照《さんしょう》）

⑤税《ぜい》　金《きん》

国民《こくみん》がおさめる税金は，国と地方公《こう》共団体《きょうだんたい》の主要《しゅよう》な財源《ざいげん》となっている。この税金には，国税《こくぜい》・地方税，直接《ちょくせつ》税・間接《かんせつ》税の別《べつ》があること，所得《しょとく》税でとられている累進課税《るいしんかぜい》の目的《もくてき》，消費《しょうひ》税の意味と問題点は確実《かくじつ》におさえよう。

地方税
所得税
消費税

マメ知識

税金《ぜいきん》を課《か》す場合の原則《げんそく》に、①公平の原則(租税《そぜい》の負担《ふたん》は収入《しゅうにゅう》に比例《ひれい》して公平)、②明確性《めいかくせい》の原則(納税《のうぜい》の期日・方法《ほうほう》・金額《きんがく》などが明確)、③便宜《べんぎ》の原則(納税の時期や方法が納税者に便利《べんり》)、④徴税費《ちょうぜいひ》最小《さいしょう》の原則(徴税費用《ひよう》ができるだけ少なくてすむ)などがある。

○○税務署
確定申告はお早めに
税金《ぜいきん》の申告《しんこく》の時期じゃな。
税金の申告って、どういうこと?
1年の収入《しゅうにゅう》をもとに、今年はどれぐらい税金《ぜいきん》をおさめればよいか計算して提出《ていしゅつ》することじゃ。
大人は税金をおさめなければいけないから、大変《たいへん》ね。
コンビニ
あっ、わたし、ちょっと買い物してくる!
452円です!
おっ、ゆみも税金はらってきたか。
何のこと?

重要用語

税金《ぜいきん》…国と地方公共団体《こうきょうだんたい》の収入《しゅうにゅう》(歳入《さいにゅう》)の中心となる財源《ざいげん》で，どこにおさめるかで国税《こくぜい》と地方税，どのようにおさめるかで直接《ちょくせつ》税と間接《かんせつ》税に分けられる。

マメ知識

国の税収《ぜいしゅう》にしめる直接税《ちょくせつぜい》と間接税《かんせつ》の割合《わりあい》(直間比率《ちょっかんひりつ》)は国によってことなり、日本は直接税の割合が高く約《やく》60%である。国税と地方税の合計が歳入《さいにゅう》にしめる割合では、日本は直接税が約70%とさらに高くなり、ドイツやフランスは約50%である(日本は2012年、他2009年度)。

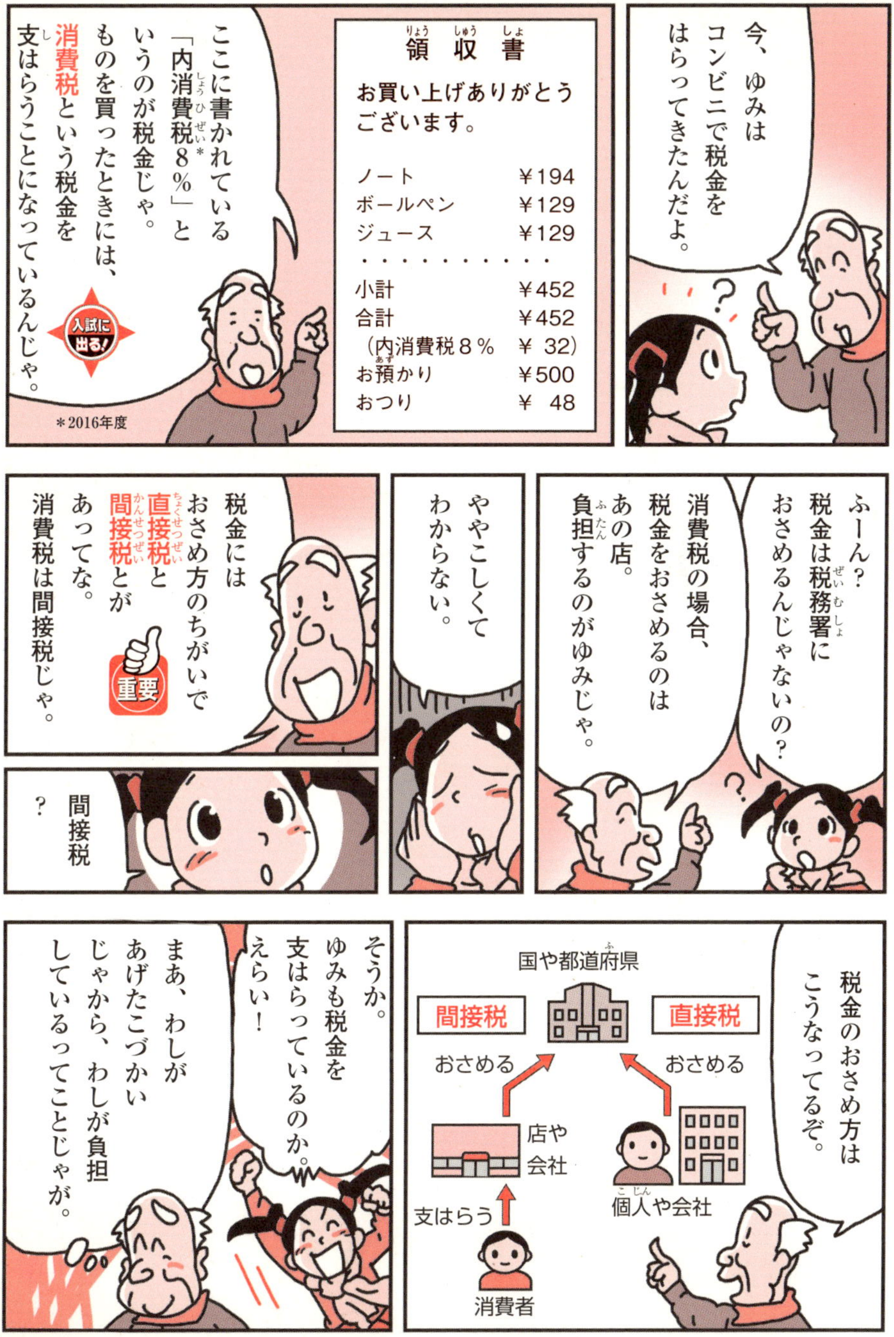
今、ゆみはコンビニで税金をはらってきたんだよ。
領《りょう》収《しゅう》書《しょ》
お買い上げありがとうございます。
ノート ￥194
ボールペン ￥129
ジュース ￥129
小計 ￥452
合計 ￥452
（内消費税８％ ￥ 32）
お預《あず》かり ￥500
おつり ￥ 48
ここに書かれている「内消費税《しょうひぜい》8％」*というのが税金じゃ。ものを買ったときには、消費税という税金を支《し》はらうことになっているんじゃ。
入試に出る!
＊2016年度
ふーん？税金は税務署《ぜいむしょ》におさめるんじゃないの？
消費税の場合、税金をおさめるのはあの店。負担《ふたん》するのがゆみじゃ。
ややこしくてわからない。
税金にはおさめ方のちがいで直接税《ちょくせつぜい》と間接税《かんせつぜい》とがあってな。消費税は間接税じゃ。
重要
間接税？
税金のおさめ方はこうなってるぞ。
国や都道府《ふ》県
間接税
直接税
おさめる
おさめる
店や会社
個人《こじん》や会社
支はらう
消費者
そうか。ゆみも税金を支はらっているのか。えらい！
まあ、わしがあげたこづかいじゃから、わしが負担しているってことじゃが。

重要用語

消費税《しょうひぜい》…商品の価格《かかく》に一定の割合《わりあい》でかかる間接税《かんせつ》。日本は，1989年に３％の税率《ぜいりつ》で導入《どうにゅう》した。所得《しょとく》に関係《かんけい》なく税率が同じであるため，所得の少ない人ほど負担《ふたん》が重い。

くわしく

国民《こくみん》は納税《のうぜい》の義務《ぎむ》を負っており、次のような方法《ほうほう》で税金《ぜいきん》をおさめている。会社などで働《はたら》いている人は、その給料《きゅうりょう》から所得税《しょとくぜい》が天引《てんび》きされる源《げん》泉徴収《せんちょうしゅう》である。いっぽう、自営業者《じえいぎょうしゃ》の事業所得にかかる税金や、法人《ほうじん》税・所得税は、納税者《のうぜいしゃ》が自分で申告《しんこく》する申告納税である。

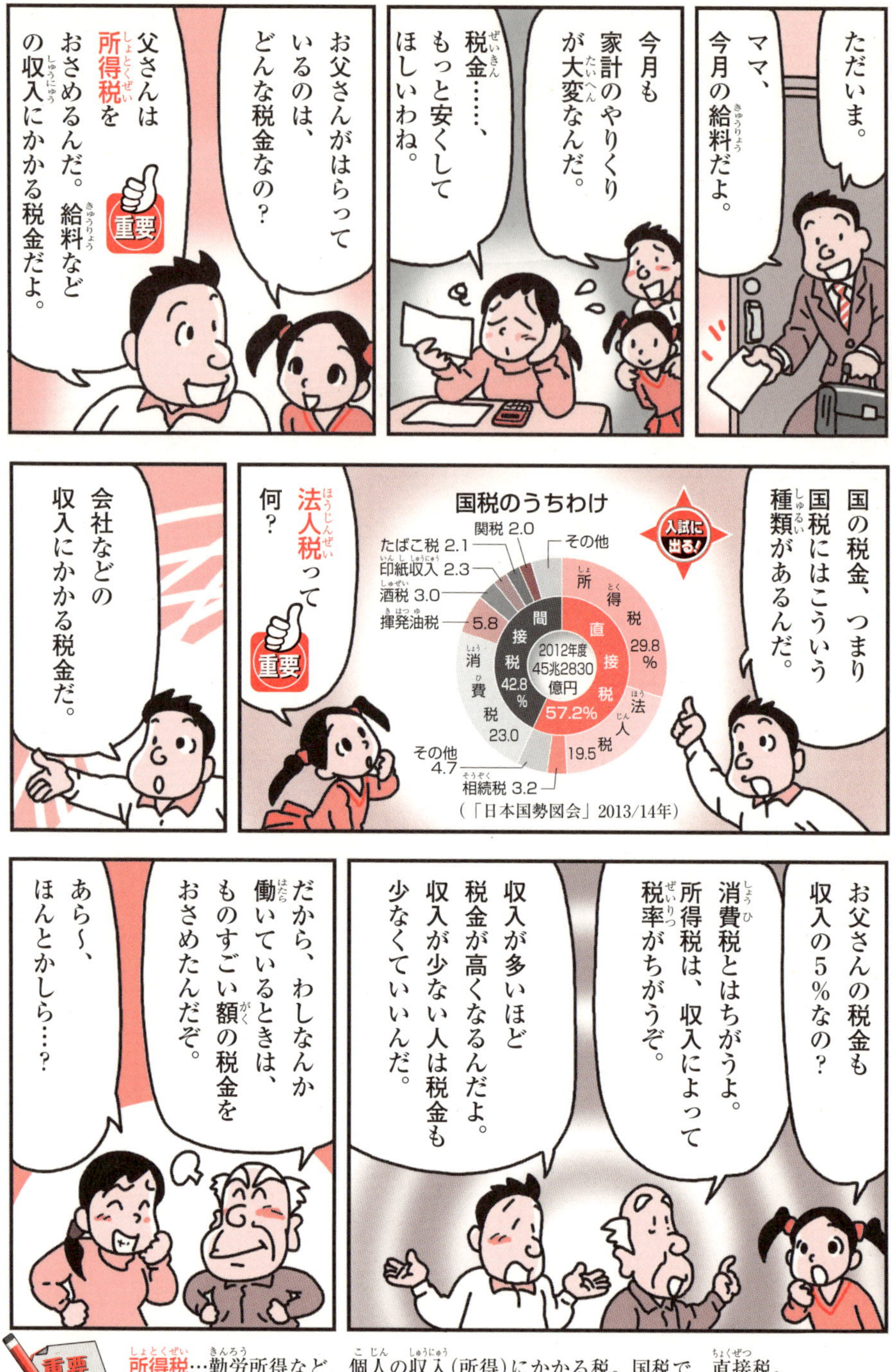
ただいま。
ママ、今月の給料《きゅうりょう》だよ。
今月も家計のやりくりが大変《たいへん》なんだ。
税金《ぜいきん》……、もっと安くしてほしいわね。
お父さんがはらっているのは、どんな税金なの？
父さんは所得税《しょとくぜい》をおさめるんだ。給料《きゅうりょう》などの収入《しゅうにゅう》にかかる税金だよ。
重要
国の税金、つまり国税にはこういう種類《しゅるい》があるんだ。
入試に出る！
国税のうちわけ
所《しょ》得《とく》税 29.8％
法《ほう》人《じん》税 19.5
相続《そうぞく》税 3.2
その他 4.7
消《しょう》費《ひ》税 23.0
揮発油《きはつゆ》税 5.8
酒税《しゅぜい》 3.0
印紙収入《いんししゅうにゅう》 2.3
たばこ税 2.1
関税 2.0
その他
直接税 57.2％
間接税 42.8％
2012年度 45兆2830億円
（「日本国勢図会」2013/14年）
法人税《ほうじんぜい》って何？
重要
会社などの収入にかかる税金だ。
お父さんの税金も収入の5％なの？
消費《しょうひ》税とはちがうよ。所得税は、収入によって税率《ぜいりつ》がちがうぞ。
収入が多いほど税金が高くなるんだよ。収入が少ない人は税金も少なくていいんだ。
だから、わしなんか働《はたら》いているときは、ものすごい額《がく》の税金をおさめたんだぞ。
あら～、ほんとかしら…？

重要用語

所得税《しょとくぜい》…勤労《きんろう》所得など，個人《こじん》の収入《しゅうにゅう》（所得）にかかる税。国税で，直接《ちょくせつ》税。

法人《ほうじん》税…会社などの法人の収入（所得）にかかる税。国税で，直接税。

人によっておさめる額がちがうの？どうしてそういうしくみになっているの？
収入の多い人は少ない人と比《くら》べるとそれだけゆとりがあるからね。
重要
こういう課税《かぜい》のしくみを累進課税《るいしん》というぞ。
税金の負担《ふたん》をなるべく公平にするためのしくみだよ。
でも、間接税《かんせつ》は、消費税のようなだれでも同じ割合《わりあい》でおさめることになっている。
つまり、わしのようにもう引退《いんたい》して働いていない人間も、たくさん収入のある人間も同じ割合ということじゃ。
きびしいのぉ〜
それに、間接税が上がると家計も大変よ。
なんか心配になってきた。
わたしも、こづかいの残《のこ》りを確《たし》かめておこう！
おこづかい帳

くわしく

消費税《しょうひぜい》などの間接税《かんせつ》は、同じ商品を買えばだれもが同額《どうがく》の税金《ぜいきん》を負担《ふたん》しなければならないため、所得《しょとく》の少ない人ほど負担が重くなる。この逆《ぎゃく》進課税《しんかぜい》の問題（逆進性《ぎゃくしんせい》）に対応《たいおう》するためには、低《てい》所得者の所得税や住民税《じゅうみん》を減税《げんぜい》するなどの配りょが必要《ひつよう》となる。

ポイント解説

●歳入の中心となる 税金《ぜいきん》の種類《しゅるい》

国におさめる国税《こくぜい》は、国の財政《ざいせい》収入《しゅうにゅう》（歳入《さいにゅう》）で大きな割合《わりあい》をしめている（→87ページ参照《さんしょう》）。地方公共《こうきょう》団体《だんたい》におさめる地方税も同じで、地方財政の歳入の約《やく》40％をしめている（→89ページ参照）。しかし、税収《ぜいしゅう》だけでは歳入不足《ぶそく》で、大量《たいりょう》の公債《こうさい》を発行して補《おぎな》ってきたため、財政が危機的《ききてき》な状況《じょうきょう》になっている。そこで、消費税や所得税《しょとく》、相続《そうぞく》税などの税率《ぜいりつ》を上げて税収をふやすことが検討《けんとう》されている。

おもな税金の種類

		直接税	間接税
国税		所得税 法人税 相続税	消費税 酒税 たばこ税 関税
地方税	道府県税	道府県民《みん》税 事業税 自動車税	地方消費税 道府県たばこ税 ゴルフ場利《り》用税
	市町村税	市町村民税 固定資産《こていしさん》税 軽自動車税	市町村たばこ税

重要用語

累進課税《るいしんかぜい》…所得《しょとく》（課税対象《たいしょう》の金額《きんがく》）が多くなるほど税率《ぜいりつ》を高くすること。所得の格差《かくさ》を調整するための方法《ほうほう》で，所得税《ぜい》や相続税《そうぞく》でこの方法がとられている。

⑥ 社会保障《ほしょう》と環境《かんきょう》

ここでは，前半で社会保障制度《せいど》，後半で環境問題を学習しよう。社会保障制度では生存権《せいぞんけん》，社会保険，公的扶《こうてきふ》助《じょ》，高齢《こうれい》社会と財源《ざいげん》の問題，環境問題では公害《こうがい》，環境基本法《きほんほう》，循環型《じゅんかんがた》社会などの重要事項《じゅうようじこう》をしっかりおさえよう。

マメ知識

イギリスでは第二次世界大戦《たいせん》中の1942年から，「ゆりかごから墓場《はかば》まで」をスローガンとする社会保障制度《ほしょうせいど》が整備《せいび》された。生まれてから死ぬまでの生活を国が保障するというもので，この手厚《てあつ》いイギリスの社会保障制度は各国《かっこく》の社会保障制度の手本となった。

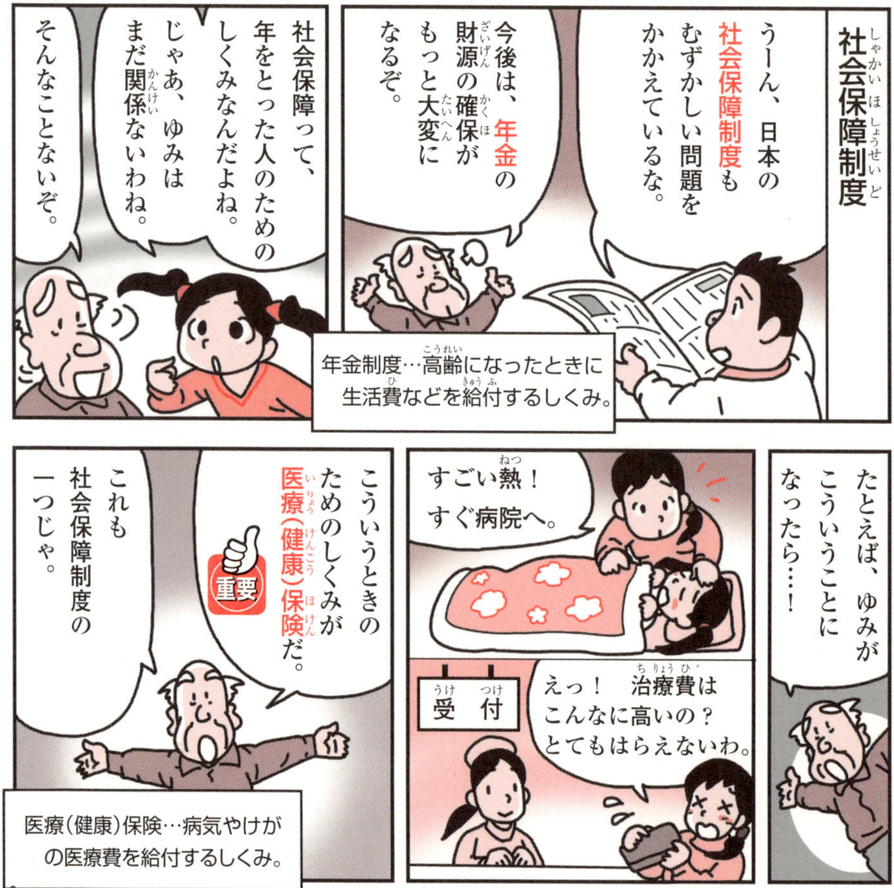
社会保障制度《しゃかいほしょうせいど》
うーん、日本の社会保障制度もむずかしい問題をかかえているな。
今後は、年金の財源《ざいげん》の確保《かくほ》がもっと大変《たいへん》になるぞ。
年金制度…高齢《こうれい》になったときに生活費《ひ》などを給付《きゅうふ》するしくみ。
社会保障って、年をとった人のためのしくみなんだよね。
じゃあ、ゆみはまだ関係《かんけい》ないわね。
そんなことないぞ。
たとえば、ゆみがこういうことになったら…！
すごい熱《ねつ》！すぐ病院へ。
受付《うけつけ》
えっ！治療費《ちりょうひ》はこんなに高いの？とてもはらえないわ。
こういうときのためのしくみが医療《いりょう》(健康《けんこう》)保険《ほけん》だ。
重要
これも社会保障制度の一つじゃ。
医療(健康)保険…病気やけがの医療費を給付するしくみ。

重要用語

医療《いりょう》(健康《けんこう》)保険《ほけん》…病気《びょうき》やけがの場合に医療費《ひ》などを給付《きゅうふ》する。民間企業《みんかんきぎょう》の労働者《ろうどうしゃ》が対象《たいしょう》の健康保険，自営業者《じえいぎょうしゃ》などが対象の国民《こくみん》健康保険などがある。

日本の社会保障制度は、この4つの柱で成《な》り立っておる。
入試に出る!
社会保障制度
社会保険…年金保険、医療(健《けん》康《こう》)保険、介《かい》護《ご》保険、雇《こ》用《よう》保険など
公的扶助…生活保《ほ》護《ご》
社会福《ふく》祉《し》…老《ろう》人《じん》福祉、障《しょう》がい者《しゃ》福祉など
公衆衛生《こうしゅうえいせい》…感染症対策《かんせんしょうたいさく》、公害対策など
生活が苦しい人のために生活保護の制度もあるよ。
わしは、からだがいうことをきかなくなったときは、介護《かいご》保険があるから、少し安心しとる。
重要
だれでも安心して生活できるようにするためのしくみが社会保障制度なんだ。
憲法《けんぽう》のこういうきまりにもとづいてつくられている制度だぞ。
憲法第25条
①すべて国民《こくみん》は、健康《けんこう》で文化的《てき》な最低限度《さいていげんど》の生活を営《いとな》む権利《けんり》をもつ。
②国は、すべての生活部面について、社会福祉《ふくし》や社会保障《ほしょう》、公《こう》衆衛生《しゅうえいせい》の向上・増進《ぞうしん》に努《つと》めなければならない。
これ、生存権《せいぞんけん》の保障《ほしょう》ね。憲法のところで勉強したわ。
重要

くわしく

社会保険《しゃかいほけん》は、加入者《かにゅうしゃ》などがかけ金を積《つ》み立てておき、病気やけが・失業《しつぎょう》・高齢《こうれい》などの場合に給付《きゅうふ》やサービスを受ける制度《せいど》。公的扶助《こうてきふじょ》は、収入《しゅうにゅう》が少ないため最低限度《さいていげんど》の生活を送れない人々に国が公費《こうひ》で援助《えんじょ》を行う制度。社会福祉《ふくし》は、働《はたら》くことが困難《こんなん》な人々を保護《ほご》・援助する制度。

ポイント解説

●社会保険費が約70%

社会保障関係費《ほしょうかんけいひ》

日本の社会保障は社会保険《ほけん》、公《こう》的扶助《てきふじょ》、社会福祉《ふくし》、公衆衛生《こうしゅうえいせい》が4つの柱であるが、約《やく》29兆円《ちょうえん》もの費用《ひ》がかかっている。

とくに、社会保険(医療保険・年金保険・介護《かいご》保険など)の費用が全体の約75%と、かなり高い割《わり》合《あい》をしめているのが特色《とくしょく》である。しかも、高齢化《こうれいか》が急速《きゅうそく》に進んでいるため、この社会保険の費用は、今後ますますふえることがさけられないものと予測《よそく》されている。

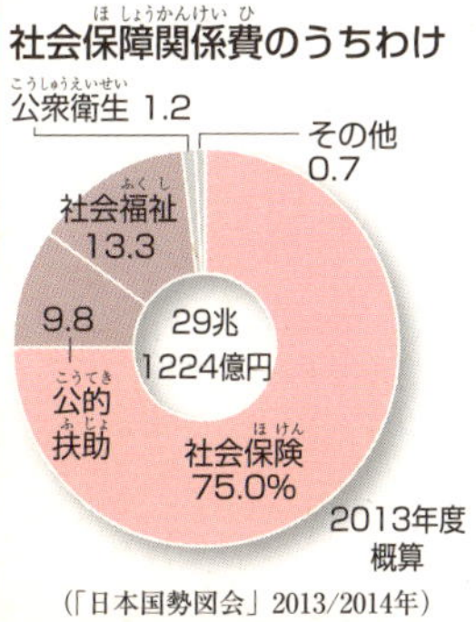
社会保障関係費《ほしょうかんけいひ》のうちわけ
公衆衛生《こうしゅうえいせい》 1.2
その他 0.7
社会福祉《ふくし》 13.3
9.8
公的《こうてき》扶助《ふじょ》
29兆 1224億円
社会保険《ほけん》 75.0%
2013年度概算

(「日本国勢図会」2013/2014年)

重要用語

介護保険《かいごほけん》…40歳以上《さいいじょう》の全国民《こくみん》が保険料《りょう》をはらい，介護が必要《ひつよう》となったときに介護サービスを受けられる。介護の問題を社会全体で解決《かいけつ》するため，2000年から導入《どうにゅう》された。

くわしく

公的年金《こうてき》は、20歳《さい》以上《いじょう》60歳《さい》未満《みまん》のすべての国民《こくみん》に加入《かにゅう》が義務《ぎむ》づけられ、年金を積《つ》み立てて、一定の年齢《ねんれい》になったときに給付《きゅうふ》を受ける制度《せいど》である。社会保険庁《しゃかいほけんちょう》(今の日本年金機構)が管理《かんり》する年金の納付記録《のうふきろく》に大量《たいりょう》の不備《ふび》のあることがわかり、お年寄《としよ》りを中心に社会不安《ふあん》が高まった。

社会保障制度《しゃかいほしょうせいど》があるから将来《しょうらい》も安心ね。
ところが、問題なのが費用《ひよう》なんだ。
社会保障の費用、つまり財源《ざいげん》は、税金《ぜいきん》や加入者《かにゅうしゃ》のかけ金などだ。たとえば、年金保険《ほけん》はこういうしくみになっている。
20～59歳の全国民《ぜんこくみん》(会社員など)
国
保険料《りょう》(かけ金)
国の負担《ふたん》(税金)
高齢者《こうれいしゃ》などの年金
この費用をはらう20～59歳《さい》の人の数がへっているんだ。
日本の将来《しょうらい》の人口の動き
(億人)
1.4
1.2
1.0
0.8
0.6
0.4
0.2
0
推計《すいけい》
総人口
65歳以上
15～64歳
0～14歳
2010 2035 2060 2085 2110(年)
(「日本国勢図会」2013/14年)
65歳以上《いじょう》の人の割合はふえるけど、15～64歳の人口はすごくへるわ。
少子高齢化《こうれいか》がもっと進むからな。
15～64歳というと、税金や保険料を支はらう中心的な年代だ。
将来のゆみたちの年代じゃ。その人たちがへるということは…。
太郎《たろう》が年をとったころはこうなるぞ。
2005年
高齢者
1人
15～64歳
3.3人
2040年
高齢者
1人
15～64歳
1.5人(推計《すいけい》)
大きくなったゆみたちは、1・5人で1人の高齢者を支《ささ》えなければならなくなるんだ。
えーっ!
子どもの数がへって高齢者の割合がふえる少子高齢化は、こういうことにもえいきょうがあるんじゃ。

参考

日本の人口構成《こうせい》…2010年の年少人口(０～14歳《さい》)は13.2%，生産年齢人口《せいさんねんれいじんこう》(15～64歳)は63.8%，老年《ろうねん》人口(65歳以上《いじょう》)は23.0%。生産年齢人口はさらに減少《げんしょう》していく。

福祉《ふくし》社会をめざして
あっ、となりのおばあさん。
こんにちは。お出かけですか？
はい。ちょっととなりの町まで。
改札口
ここははばが広いから車いすでも通れるわ。段差《だんさ》もないし。

重要
バリアフリーが進んで、いいことじゃ。
バリアフリーって？
いろいろな障壁《しょうへき》をなくして、高齢者や障《しょう》がいがある人も快適《かいてき》にくらせるようにすることじゃ。これもその一つだな。

青延長用押ボタン
「青延長《えんちょう》用押ボタン」を押すと，歩行者用の青信号を延長できる。

マメ知識

障《しょう》がいのある人や高齢者《こうれいしゃ》など社会的《てき》に不利益《ふりえき》を受けやすい人々が、ふつうの人々と同じように安心して生活し、活動できる社会をめざす取り組みをノーマライゼーションという。この例《れい》として、建物《たてもの》や道路から段差《だんさ》を取り除《のぞ》いたりするバリアフリーがある。

ポイント解説

●社会保障制度の危機？

少《しょう》子《し》高《こう》齢《れい》社会

1930年代の日本の人口構成《こうせい》は、年少人口が多く、年齢《ねんれい》が上がるにつれて人口が少なくなる富士《ふじ》山型《さんがた》だった。現在《げんざい》は、年少人口が少なく、老年《ろうねん》人口が多いつぼ型で、少子高齢社会になっている。

しかも、高齢者を支《ささ》える働《はたら》く世代《せだい》の生《せい》産《さん》年齢人口がへっている。人口構成の変《へん》化《か》で、社会保《ほ》障《しょう》の費用《ひよう》をだれがどのように負担《ふたん》するかが課題《かだい》となっている。

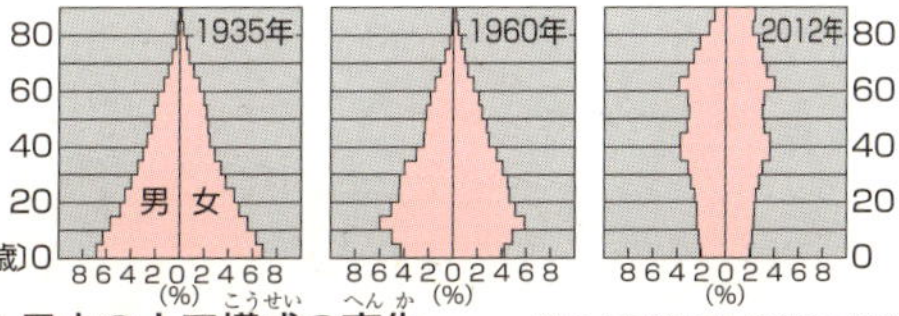
1935年
1960年
2012年
80
60
40
20
(歳)0
男
女
8 6 4 2 0 2 4 6 8
(%)
▲日本の人口構成《こうせい》の変化《へんか》
(「日本国勢図会」2013/14年)

参考

ユニバーサルデザイン…障《しょう》がいのあるなしや，年齢《ねんれい》・性別《せいべつ》などのちがいにかかわらず，だれもが使いやすい施設《しせつ》・製品《せいひん》・情報環境《じょうほうかんきょう》になるように配りょしたデザイン。

生活環境《かんきょう》を守る
ごみ問題も重要《じゅうよう》な環境問題じゃな。
ごみを燃《も》やすと、ダイオキシンという有害《ゆうがい》な物質《ぶっしつ》が出ることもあるし。二《に》酸化炭素《さんかたんそ》は地球温暖化《おんだんか》の原因《げんいん》にもなっているわね。
まだ使えそうなものもありますね。
これは、リサイクルセンターで修理《しゅうり》して、もう一度使えるようにするんですよ。
ごみをへらすことは、資源《しげん》を大切にすることでもあるな。
わが家では、どんなくふうをしているのかな?
わたしは、最近《さいきん》はスーパーでレジ袋《ぶくろ》をもらわないで、自分の買い物袋を使っていますよ。
このあいだ、古くなったテレビをリサイクルに出したわね。
家電リサイクル法《ほう》で、テレビなどはリサイクルが義務《ぎむ》づけられているの。
重要
家庭でも、ごみをへらすためにこういうことも進めてほしいですね。
リデュース
むだをなくし,ごみをへらす。
袋はいらないわ。
リユース
再利用《さいりよう》する。
まだ着られるわよ。
リサイクル
資源として再生《さいせい》する。
これが「3つのR《アール》」作戦《さくせん》です。
こういうことを進めてごみをなくす社会が循環型社会《じゅんかんがたしゃかい》じゃ。

くわしく

わたしたちは、大量生産《たいりょうせいさん》されたものを大量に消費《しょうひ》し、最後《さいご》はごみとして大量にすてる生活を長く続《つづ》けてきた。しかし、地球環境《ちきゅうかんきょう》への負担《ふたん》を考えると、そろそろ限界《げんかい》に達《たっ》している。行き過《す》ぎた包装《ほうそう》や容器《ようき》、使いすて商品などについて考え直すときがきている。

重要用語

循環型社会《じゅんかんがた》…資源《しげん》には限《かぎ》りがあるため，資源や廃棄物《はいきぶつ》を循環させて利用《りよう》することが求《もと》められている。「3つのR《アール》」は，この循環型社会の実現《じつげん》をめざす行動である。

ごみがあふれることも公害《こうがい》だけど、こういう公害もなくしてほしいわ。
大気のよごれ
そう音
しん動
川のよごれ
悪しゅう
わしがわかいころの高度《こうど》経済成長期《けいざいせいちょうき》には、四大公害病と呼《よ》ばれる深刻《しんこく》な公害が発生したな。
水俣病《みなまたびょう》やイタイイタイ病などですね。
1967年
公害対策基本法《たいさくきほんほう》を制定《せいてい》
1971年
環境庁《かんきょうちょう》（現在《げんざい》は環境省《しょう》）を設置《せっち》
1993年
環境基本法を制定
その後は、国も公害対策のために法律《ほうりつ》を定めたりしている。
環境基本法は、環境問題に総合的《そうごうてき》に取り組むために定められた法律じゃ。
わたしたちも、ふだんから環境を守っていかないとね。

マメ知識

リサイクルに関《かん》する法律《ほうりつ》として、容器包装《ようきほうそう》リサイクル法《ほう》（かん・ペットボトル・ガラスびん・紙・プラスチック類《るい》が対象《たいしょう》）や、家電リサイクル法（テレビ・エアコン・冷蔵庫《れいぞうこ》・冷凍庫《れいとうこ》・洗《せん》たく機《き》が対象）が制定《せいてい》された。ほかにも、食品や自動車、建設《けんせつ》（解体《かいたい》）のリサイクル法が制定された。

ポイント解説

●高度経済成長のかげ

四大公害病《こうがいびょう》

日本は1950年代後半から高《こう》度経済成長《どけいざいせいちょう》を続《つづ》けたが、国と企業《きぎょう》が、産業《さんぎょう》の発展《はってん》を優先《ゆうせん》させたため、各地《かくち》で深刻《しんこく》な公害が発生した。なかでも、四大公害病は大きな社会問題となり、企業を相手に起こした裁判《さいばん》では、いずれも患者《かんじゃ》側《がわ》が全面勝訴《しょうそ》した。

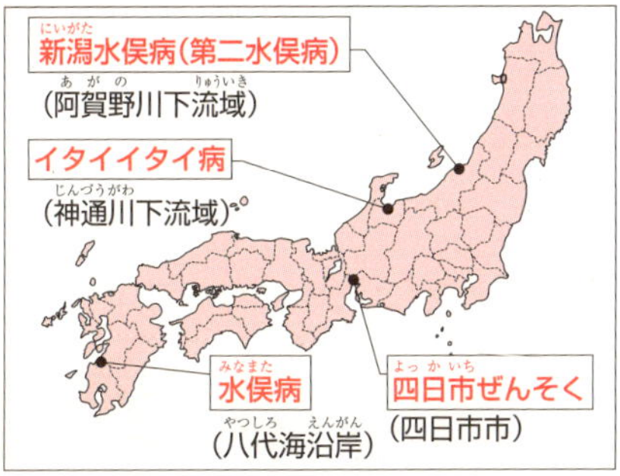
新潟《にいがた》水俣病（第二水俣病）
（阿賀野《あがの》川下流域《りゅういき》）
イタイイタイ病
（神通川《じんづうがわ》下流域）
水俣《みなまた》病
（八代《やつしろ》海沿岸《えんがん》）
四日市《よっかいち》ぜんそく
（四日市市）

▲四大公害病と発生地

重要用語

公害《こうがい》…生産《せいさん》活動や日常《にちじょう》生活のえいきょうで人々の健康《けんこう》や環境《かんきょう》が害されること。大気おせん，水質《すいしつ》おだく，土じょうおせん，そう音《おん》，しん動《どう》，地《じ》ばんちん下，悪《あく》しゅうなどがある。

要点整理と重要事項のまとめ④

①消費生活《しょうひせいかつ》と価格《かかく》

- **市場価格《しじょうかかく》**…**需要《じゅよう》(量《りょう》)**と**供給《きょうきゅう》(量)**の関係《かんけい》で決まる価格。
- **家計**…**消費**活動を営《いとな》む単位《たんい》で，家庭の経済《けいざい》活動。
- **クーリングオフ**…商品を買ったあと，一定期間内であれば，契約《けいやく》を無条件《むじょうけん》で解除《かいじょ》できる。

②会社と銀行のはたらき

- **株式《かぶしき》会社**…私企業《しきぎょう》を代表する会社で，**株式**を発行して資金《しきん》を集める。**株主総会《かぶぬしそうかい》**が最高《さいこう》の議決機関《ぎけつきかん》。
- **日本銀行**…**発券《はっけん》銀行**，**政府《せいふ》の銀行**，**銀行の銀行**。
- **金融《きんゆう》**…資金の貸《か》し借《か》り。**銀行**などの**金融《きんゆう》機関**が仲立《なかだ》ち。

③日本経済のあゆみ

- **高度経済成長《こうどけいざいせいちょう》**…1950年代後半から日本経済が急成長。1970年代の**石油危機《きき》**以後《いご》は低《てい》成長に。
- **産業構造《さんぎょうこうぞう》の変化《へんか》**…**第三次産業**の比重《ひじゅう》が増大《ぞうだい》。

④国と地方の財政《ざいせい》

- **財政**…国や地方公共団体《こうきょうだんたい》が，収入《しゅうにゅう》をもとにさまざまな用途《ようと》に支出《ししゅつ》する経済の動き。国家財政と地方財政。
- **公債金《こうさいきん》**…**国債《こくさい》**の発行による国の借入金《かりいれきん》。
- **地方交付税交付金《こうふぜいこうふきん》**…地方財政の格差解消《かくさかいしょう》のために交付。
- **国庫支出金**…国が使いみちを指定して支出。

⑤税金《ぜいきん》

- **税金**…**国税**と**地方税**，**直接《ちょくせつ》税**と**間接《かんせつ》税**。
- **間接税**…税金をおさめる人と負担《ふたん》する人が異《こと》なる。**消《しょう》費税《ひぜい》**は，所得《しょとく》の少ない人ほど負担が重くなる。
- **累進課税《るいしんかぜい》**…所得が多くなるほど税率《ぜいりつ》が高い課税方法。

⑥社会保障《ほしょう》と環境《かんきょう》

- **4つの柱**…**社会保険《ほけん》**，**公的扶助《こうてきふじょ》**，**社会福祉《ふくし》**，**公衆衛生《こうしゅうえいせい》**。
- **社会保険**…**年金保険**，**医療《いりょう》(健康《けんこう》)保険**，**介護《かいご》保険**など。
- **少子高齢《こうれい》社会**…社会保障費の負担《ふたん》のあり方が課題《かだい》。**バリアフリー**などですべての人に快適《かいてき》な社会をめざす。
- **循環型《じゅんかんがた》社会**…リデュース，リユース，**リサイクル**。
- **公害《こうがい》(環境《かんきょう》)対策《たいさく》**…**公害対策基本法《きほんほう》**→**環境基本法**，**環境庁《ちょう》**(現在《げんざい》は**環境省《しょう》**)設置。

ここもマーク!

- 家計の支出《ししゅつ》…**消費支出**，税《ぜい》金《きん》や社会保険料《ほけんりょう》，貯蓄《ちょちく》。
- 公共料金《こうきょうりょうきん》…国会などが決めたり認《みと》めたりする料金。
- **製造物責任《せいぞうぶつせきにん》(PL《ピーエル》)法《ほう》**…製品《せいひん》の欠《けっ》かんから消費者を守る。

- 会社…**公企業**と**私企業**(個《こ》人《じん》企業と共同《きょうどう》〈法人《ほうじん》〉企業)。
- 好景気《こうけいき》(好況《こうきょう》) …生産《せいさん》がふえ，賃金《ちんぎん》が上がる。
- **金融政策《きんゆうせいさく》**…国債《こくさい》の売買などで景気や物価《ぶっか》を調整。

- **公害《こうがい》**…高度経済成長期に大気のよごれなど環境《かんきょう》が悪化《あっか》。
- **バブル経済**…1980年代後半の実体のない景気過熱《かねつ》。

- 財政の役割《やくわり》…資源《しげん》配分の調整，所得《しょとく》の再《さい》分配，景気の調整。
- 国債費…国債の元金《がんきん》と利子《りし》を支《し》はらうための費用。
- 地方財政の収入…**地方税**などの自主財源《ざいげん》が少ない。

- **所得税**…勤労《きんろう》所得など，個人《こじん》の収入にかかる国税·直接税。
- **法人税《ほうじんぜい》**…会社などの法人の収入にかかる国税·直接税。
- 直接税と間接税の割合《わりあい》…日本は直接税の割合が高い。

- 社会保障…**生存権《せいぞんけん》**を保障。
- 年金保険…高齢になったときに生活費《ひ》などを給付する。
- 医療(健康)保険…病気やけがの医療費を給付する。
- 四大公害病…**水俣《みなまた》病**，**イタイイタイ病**，**四日市《よっかいち》ぜんそく**，**新潟《にいがた》水俣病**。

重要事項の一問一答 4

1 消費生活と価格

（▼答え記入らん）

①消費《しょうひ》を中心とする家庭の経済《けいざい》活動を何といいますか。 …………

2 会社と銀行のはたらき

①株主総会《かぶぬしそうかい》が最高《さいこう》の議決機関《ぎけつきかん》である，私企業《しきぎょう》を代表する会社を何といいますか。 …………

②日本銀行は，一般《いっぱん》の銀行とお金のやりとりをすることから何と呼《よ》ばれていますか。 …………

3 日本経済のあゆみ

①1950年代後半から1970年代前半にかけて，日本経済が急成長《せいちょう》したことを何といいますか。 …………

4 国と地方の財政

①国の収入《しゅうにゅう》（歳入《さいにゅう》）で大きな割合《わりあい》をしめている，国の借入金《かりいれきん》を何といいますか。 …………

②地方財政《ざいせい》の格差《かくさ》をなくすため，国が地方に交《こう》付《ふ》する資金《しきん》を何といいますか。 …………

5 税　金

①商品の価格《かかく》に一定の割合《わりあい》でかかる間接税《かんせつぜい》を何といいますか。 …………

②所得税《しょとくぜい》などでとられている，所得が多くなるほど税率《ぜいりつ》を高くする方法《ほうほう》を何といいますか。 …………

6 社会保障と環境

①日本の社会保障制度《ほしょうせいど》の４つの柱のうち，介護《かいご》保険《ほけん》がふくまれる制度を何といいますか。 …………

②環境《かんきょう》問題に総合的《そうごうてき》に取り組むため，1993年に制定《せいてい》された法律《ほうりつ》を何といいますか。 …………

答え　1 ①家計　2 ①株式《かぶしき》会社　②銀行の銀行　3 ①高度経済成長（高度成長）　4 ①公債金《こうさいきん》　②地方交付税交付金　5 ①消費税　②累進課税《るいしんかぜい》（制度）　6 ①社会保険　②環境基本法《かんきょうきほんほう》

① 国際《こくさい》社会のしくみ

国の主権《しゅけん》がおよぶはん囲《い》を領域《りょういき》といい，領土《りょうど》・領空《りょうくう》・領海《りょうかい》からなる。日本の南のはしに位置《いち》する沖ノ鳥島《おきのとり》については，200海里《かいり》の経済水域《けいざいすいいき》との関連《かんれん》で理解《りかい》しよう。また，主権や条約《じょうやく》についても学習しよう。

PICO
TAKA

日本って、たくさん島がある国だね。
はしの島って択捉島《えとろふ》以外《いがい》はとても小さいわね。
ロボット星人
ピコ
たかし

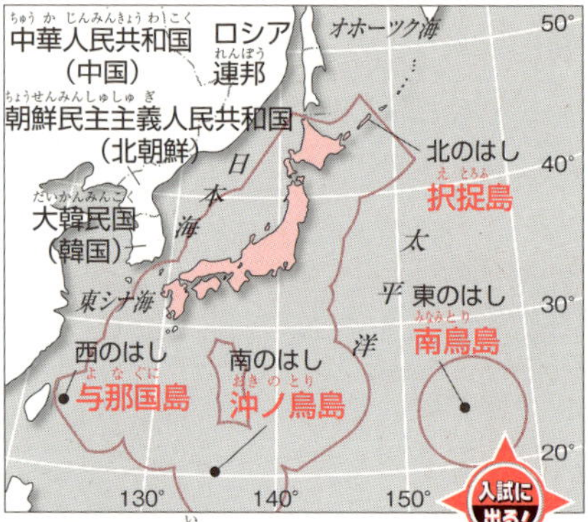
中華人民共和国《ちゅうかじんみんきょうわこく》
（中国）
ロシア連邦《れんぽう》
オホーツク海
朝鮮民主主義《ちょうせんみんしゅしゅぎ》人民共和国
（北朝鮮）
日本海
大韓民国《だいかんみんこく》
（韓国）
東シナ海
太平洋
北のはし
択捉島《えとろふ》
東のはし
南鳥島《みなみとり》
西のはし
与那国島《よなぐに》
南のはし
沖ノ鳥島《おきのとり》
50°
40°
30°
20°
130°
140°
150°
入試に出る!

▲日本のはん囲《い》

この島は、なくならないように工事をしたんだって。

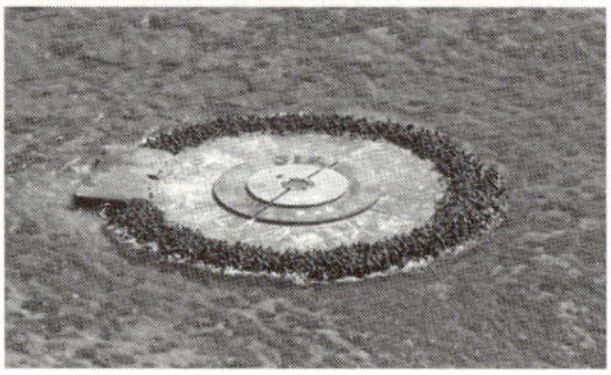

▲沖ノ鳥島《おきのとり》　まわりをコンクリートで固《かた》めている。

まわりの国とどちらの領土《りょうど》か、もめている島もあるみたい。
北方領土《ほっぽうりょうど》とか竹《たけ》島とかね。

重要用語
沖ノ鳥島《おきのとり》…満潮《まんちょう》時に海面上に１mほどしか顔を出さない周囲《しゅうい》約《やく》11㎞の無人島《むじんとう》で，東京都の一部。約40万㎢の経済水域《けいざいすいいき》を守るために護岸《ごがん》工事を行った。

マメ知識

領海《りょうかい》の外側《そとがわ》で、沿岸《えんがん》から200海里《かいり》(約《やく》370㎞)までの経済水域《けいざいすいいき》は、どこの国の船も自由に航行《こうこう》でき、飛行機《ひこうき》は自由に飛行できる。公海には公海自由の原則《げんそく》があり、航行、漁業《ぎょぎょう》、飛行は自由である。南極大陸《なんきょくたいりく》と大気圏外《たいきけんがい》(人工衛星《えいせい》の軌道《きどう》あたり)の宇宙《うちゅう》空間は、領有《りょうゆう》が禁止《きんし》されている。

となりに住む
ゆり子 お姉さん
たかしくんたち、社会の勉強？
ちょうどよかった。少し教えて。
ゆり子さんは国際連合《こくさいれんごう》の仕事をしているから、世界の国のことはくわしいんだ。
まかせて！
へ〜
沖《おき》ノ《の》鳥《とり》島って、小さい島なのになぜあんなに大事にしているの？
人も住んでいないみたいだし…。
国のはん囲《い》は陸地《りくち》だけじゃないのよ。
重要
領空
(大気圏《けん》内)
領海
領土《りょうど》
12海里《かいり》
200海里
公海《こうかい》
経済水域《けいざいすいいき》
▲領土・領海・領空のはん囲
領海《りょうかい》や領空《りょうくう》も、外国の人がかってに入ってはいけないのよ。
経済水域《けいざいすいいき》ってどんなところ？
沿岸《えんがん》から200*海里《かいり》以内《いない》の水域よ。ここの漁業《ぎょぎょう》資源《しげん》や地下資源は沿岸国に権利《けんり》があるの。
1海里は約《やく》1852mよ！
ここでかってに魚をとってはダメ！
200海里

＊排他的経済水域《はいたてきけいざいすいいき》ともいう。

重要用語

領域《りょういき》…国の主権《しゅけん》のおよぶはん囲《い》で，領土《りょうど》(陸地《りくち》)，領海《りょうかい》，領空《りょうくう》(領土と領海の上空)からなる。ふつう，領海は沿岸《えんがん》より12海里《かいり》(約《やく》22㎞)，領空は大気圏《たいきけん》内とされる。

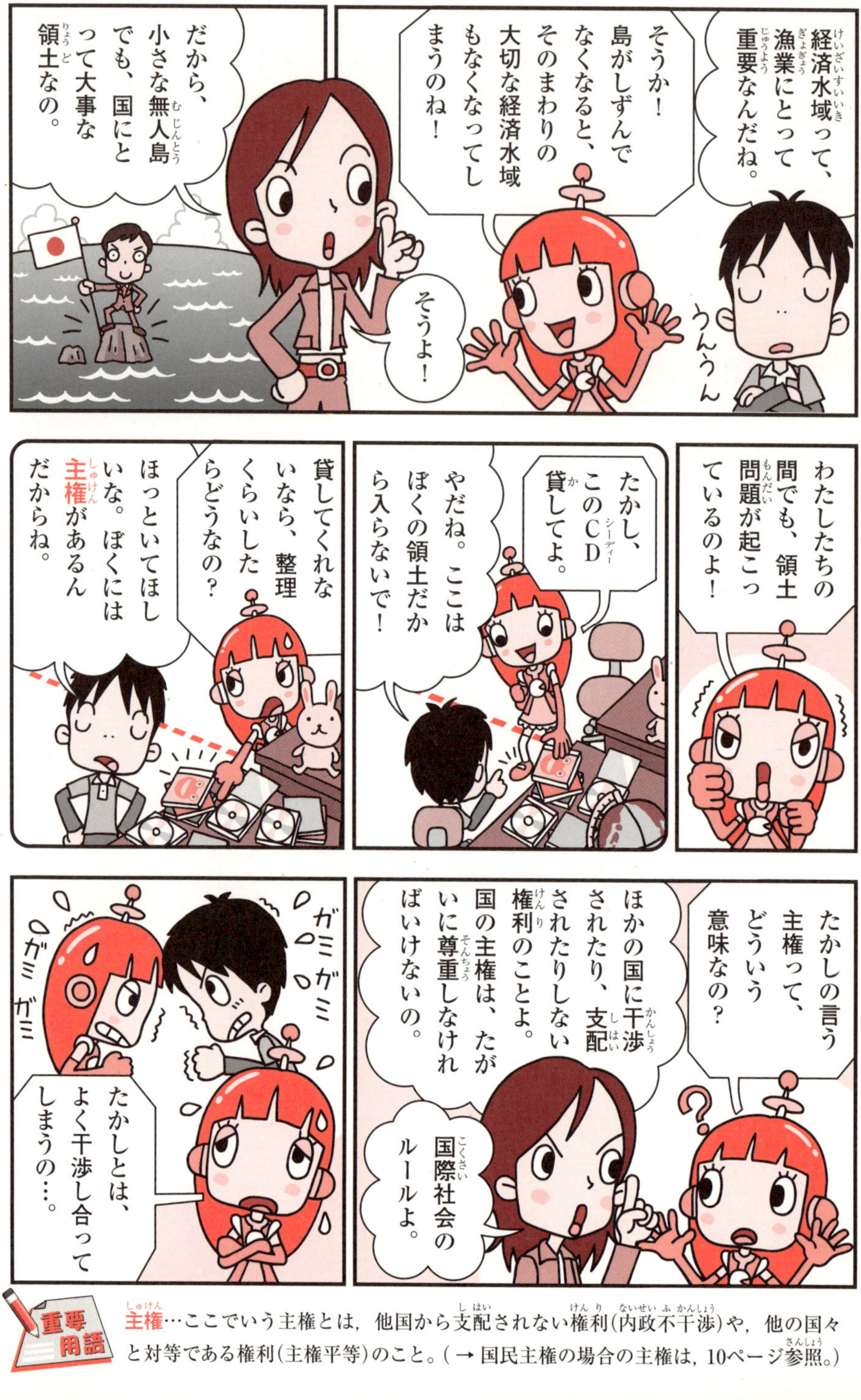

経済水域《けいざいすいいき》って、漁業《ぎょぎょう》にとって重要《じゅうよう》なんだね。
うんうん
そうか！島がしずんでなくなると、そのまわりの大切な経済水域もなくなってしまうのね！
そうよ！
だから、小さな無人島《むじんとう》でも、国にとって大事な領土《りょうど》なの。
わたしたちの間でも、領土問題《もんだい》が起こっているのよ！
たかし、このCD《シーディー》貸《か》してよ。
やだね。ここはぼくの領土だから入らないで！
貸してくれないなら、整理くらいしたらどうなの？
ほっといてほしいな。ぼくには主権《しゅけん》があるんだからね。
たかしの言う主権って、どういう意味なの？
ほかの国に干渉《かんしょう》されたり、支配《しはい》されたりしない権利《けんり》のことよ。国の主権は、たがいに尊重《そんちょう》しなければいけないの。
国際《こくさい》社会のルールよ。
ガミガミ
ガミ
ガミ
たかしとは、よく干渉し合ってしまうの…。

マメ知識

まわりを海に囲《かこ》まれた日本の経済水域《けいざいすいいき》は約《やく》４０５万㎢と広く、これは日本の国土面積約《めんせきやく》38万㎢の10倍以上《いじょう》に相当する。経済水域がその国の面積の何倍かをみた場合、中国《ちゅうごく》は約０・１倍、ブラジルは約０・４倍、アメリカ合衆国《がっしゅうこく》は約０・８倍、インドネシアは約２・８倍である。

重要用語

主権《しゅけん》…ここでいう主権とは，他国から支配《しはい》されない権利《けんり》（内政不干渉《ないせいふかんしょう》）や，他の国々と対等である権利（主権平等）のこと。（→国民主権の場合の主権は，10ページ参照《さんしょう》。）

PICO
TAKASHI
どうにかならないの？
重要
条約《じょうやく》を結《むす》ぼうか？
○○宣言《せんげん》なんていうのもいいわね。これも国どうしの取り決めなのよ。
ピコ・たかし共同宣言
今、世界には190以上《いじょう》の国があるけどみんな主権をもっているのよ。
でも、世界ではもめごとがよく起こっているわ。
国と国の争《あらそ》いって、どうして起こるのかな？
2人の場合は、おこづかいの額《がく》のちがいが原因《げんいん》かしら…。
カラッポ

くわしく

国際《こくさい》社会のルールとして国際法《ほう》があり、大きく国際慣習法《こくさいかんしゅうほう》と特別《とくべつ》な取り決めによる国際法（条約《じょうやく》・協定《きょうてい》・協約《きょうやく》・憲章《けんしょう》など）に分けられる。国際慣習法は、外交特権《とっけん》（治外法権《ちがいほうけん》など）や公海自由の原則《げんそく》など、国際社会の長い間の習わしによって成立《せいりつ》した決まりである。

ポイント解説

●まわりの国々と対立

領土《りょうど》をめぐる問題《もんだい》

北方領土《ほっぽうりょうど》（択捉《えとろふ》島・国後《くなしり》島・色丹《しこたん》島・歯舞群島《はぼまいぐんとう》）は、ロシア連邦《れんぽう》が不法占拠《ふほうせんきょ》している。韓国《かんこく》とは竹《たけ》島、中国・台湾《たいわん》とは尖閣諸島《せんかくしょとう》の領《りょう》有《ゆう》問題がおこっている。

これらの島々の周辺海域《しゅうへんかいいき》は漁《ぎょ》業《ぎょう》資源《しげん》や地下資源が豊富《ほうふ》なこともあり、解決がいっそうむずかしくなっている。

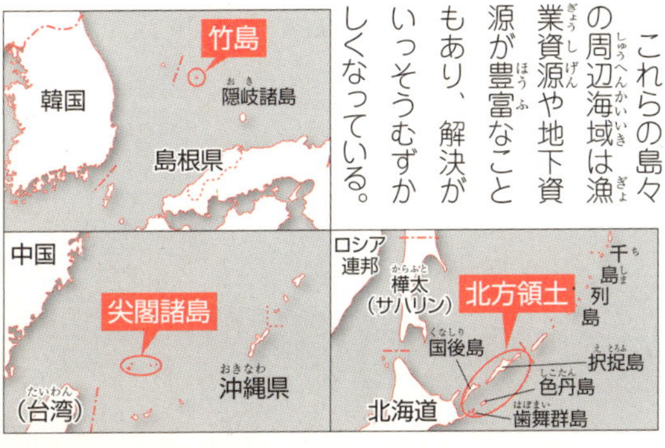
竹島
隠岐《おき》諸島
韓国
島根県
中国
尖閣諸島
（台湾《たいわん》）
沖縄《おきなわ》県
ロシア連邦
樺太《からふと》（サハリン）
北方領土
千《ち》島《しま》列島
国後《くなしり》島
択捉《えとろふ》島
色丹《しこたん》島
歯舞《はぼまい》群島
北海道

重要用語

条約《じょうやく》…国家間で結《むす》ぶ法《ほう》。２国間で結ばれる条約のほか，南極《なんきょく》条約など多国間で結ばれるものもある。広い意味では，協約《きょうやく》・協定《きょうてい》・憲章《けんしょう》・宣言《せんげん》などもふくまれる。

② 冷《つめ》たい戦争《せんそう》とアジア・アフリカの動き

第二次世界大戦《たいせん》後，アメリカ合衆国《がっしゅうこく》中心の西側陣営《がわじんえい》とソ連中心の東側陣営による冷たい戦争（冷戦《れいせん》）が始まった。その背景《はいけい》とえいきょうを理解《りかい》するとともに，第三勢力《せいりょく》と呼《よ》ばれるアジア・アフリカ諸国《しょこく》の動きも見ていこう。

マメ知識

1950年に朝鮮戦争《ちょうせんせんそう》が起こると、当時、連合国《れんごうこく》による占領《せんりょう》下にあった日本では日本の治安《ちあん》を守るという理由で、GHQ《ジーエイチキュー》（連合国軍最高司令官総司令部《れんごうこくぐんさいこうしれいかんそうしれいぶ》）は警察予備隊《けいさつよびたい》（のちの自衛隊《じえいたい》）の設置《せっち》を命じた。また、アメリカ軍《ぐん》が大量《たいりょう》の軍需物資《ぐんじゅぶっし》を日本に発注したことから特需景気《とくじゅけいき》となり、日本経済《けいざい》の復興《ふっこう》が早まった。

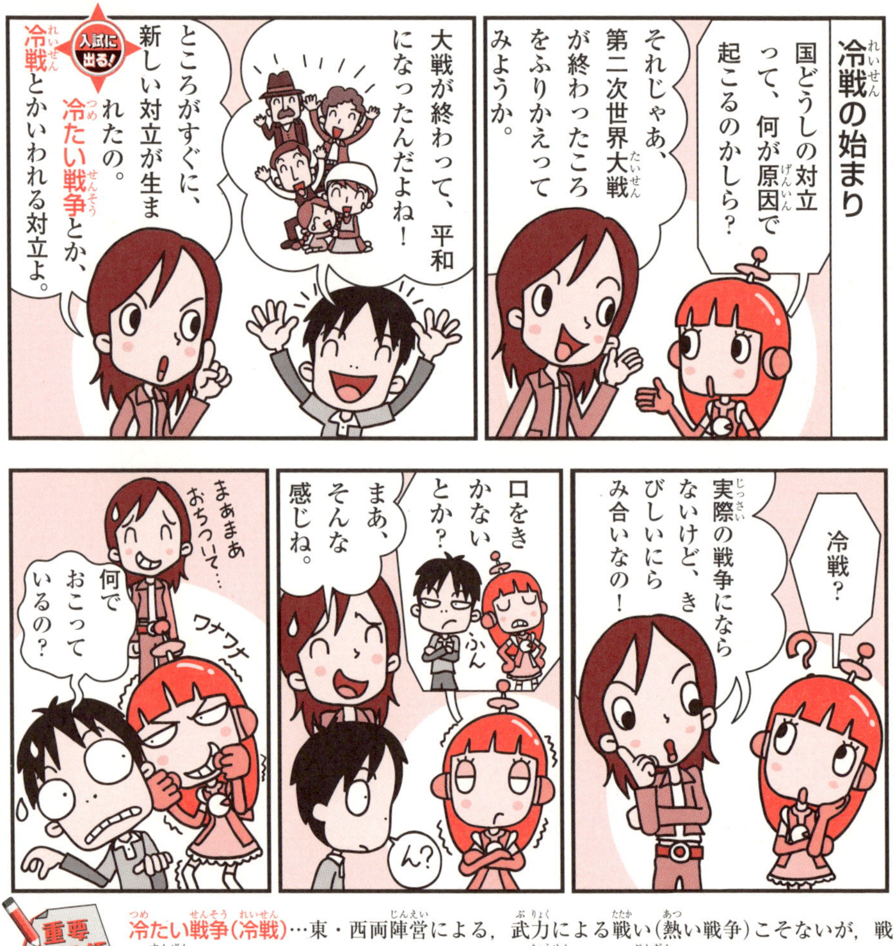
冷戦《れいせん》の始まり
国どうしの対立って、何が原因《げんいん》で起こるのかしら？
それじゃあ、第二次世界大戦《たいせん》が終わったころをふりかえってみようか。
大戦が終わって、平和になったんだよね！
入試に出る！
ところがすぐに、新しい対立が生まれたの。冷《つめ》たい戦争《せんそう》とか、冷戦《れいせん》とかいわれる対立よ。
冷戦？
実際《じっさい》の戦争にならないけど、きびしいにらみ合いなの！
口をきかないとか？
ふん
まあ、そんな感じね。
ん？
まぁまぁおちついて…
ワナワナ
何でおこっているの？

重要用語　**冷《つめ》たい戦争《せんそう》（冷戦《れいせん》）**…東・西両陣営《じんえい》による，武力《ぶりょく》による戦《たたか》い（熱《あつ》い戦争）こそないが，戦争寸前《すんぜん》のきびしい対立。この時期，ドイツと朝鮮《ちょうせん》半島に分断《ぶんだん》国家が生まれた。

原因は、資本主義《しほんしゅぎ》と社会主義というと経済《けいざい》のしくみのちがいが大きいわね。
西側陣営《がわじんえい》
資本主義国
アメリカ合衆国《がっしゅうこく》中心に
西ヨーロッパなどの国々
東側陣営
社会主義国
ソ連《れん》中心に
東ヨーロッパなどの国々
この対立は、東西対立ともいうわ。
重要
この対立によって、ドイツは東西に分かれてしまったの。首都だったベルリンも東西に二分されたわ。
東ドイツ
お〜い
あなた……
西ドイツ
同じ民族《みんぞく》の国なのに……。ひどいわ。
冷戦が原因で、実際《じっさい》に戦争が起こったところもあるのよ。
朝鮮《ちょうせん》半島だね。
重要
朝鮮半島では、日本から独立《どくりつ》したあと、南北2つの国が成《せい》立《りつ》し、朝鮮戦争が起こった。
応援《おうえん》するよ
ソ連
中国《ちゅうごく》
応援するよ
北朝鮮《きたちょうせん》
応援するよ
韓国《かんこく》
アメリカ合衆国
朝鮮半島は、今でも南北2つの国に分かれているわ。

くわしく

第二次世界大戦《たいせん》に敗《やぶ》れたドイツは首都のベルリンも東西に分断《ぶんだん》され、西ドイツが管理《かんり》する西ベルリンは東ドイツ内に取り残《のこ》された陸《りく》の孤島《ことう》になった。東ドイツが1961年、亡命者《ぼうめいしゃ》を防《ふせ》ぐために西ベルリンを囲《かこ》む壁《かべ》(ベルリンの壁)を築《きず》いた。これが冷戦《れいせん》の象徴《しょうちょう》となった。

重要用語

資本主義《しほんしゅぎ》…工場や機械《きかい》などの生産手段《せいさんしゅだん》の私有《しゆう》が認《みと》められ，経済《けいざい》活動が自由である。

社会主義…生産手段は国などの公有(共有《きょうゆう》)とし，政府《せいふ》が生産量《せいさんりょう》や価格《かかく》を決める。

アジア・アフリカの動き

ベトナムも、国が南北に分かれていたんでしょう?
そう。戦後《せんご》、国が2つに分かれ、そのあとアメリカとの間ではげしい戦争《せんそう》が続《つづ》いたの。

▲ベトナム戦争《せんそう》

アジアのあちこちで戦争が起こっていたんだね。
アジアのほかに、アフリカでも、独立《どくりつ》をめぐる戦争が起こったわ。
!?
独立? ということは、その前は、どんな状態《じょうたい》だったの?
第二次世界大戦《たいせん》が終わるまで、アジアやアフリカでは植民地《しょくみんち》が多かったの。

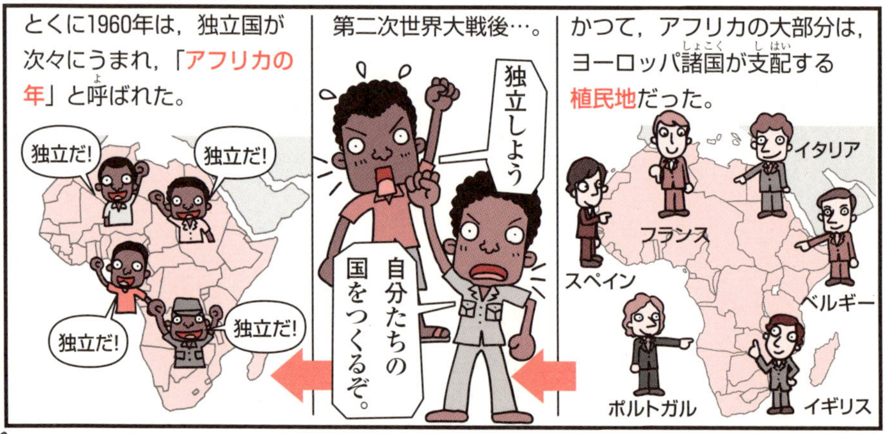

かつて，アフリカの大部分は，ヨーロッパ諸国《しょこく》が支配《しはい》する植民地だった。
イタリア
フランス
スペイン
ベルギー
ポルトガル
イギリス
第二次世界大戦後…。
独立しよう
自分たちの国をつくるぞ。
とくに1960年は，独立国が次々にうまれ，「アフリカの年」と呼《よ》ばれた。
独立だ!
独立だ!
独立だ!
独立だ!

重要用語

ベトナム戦争《せんそう》…南ベトナム政府軍《せいふぐん》を支援《しえん》するアメリカ軍が1965年，反政府軍を支援する北ベトナムを攻撃《こうげき》して激化《げきか》した。アメリカ軍が退《しりぞ》き，1976年に南北が統一《とういつ》された。

くわしく

19世紀末《せいきすえ》ごろから欧米列強《おうべい》は、軍事力《ぐんじりょく》を背景《はいけい》にしてアフリカの大部分を植民地《しょくみんち》化し、中国《ちゅうごく》・インド・東南アジアを侵略《しんりゃく》した。第一次世界大戦《たいせん》後、民族自決主義《みんぞくじけつしゅぎ》により東ヨーロッパに多くの民族国家が生まれたが、アフリカ・アジアには認《みと》められず、植民地はそのままにされた。

マメ知識

中国《ちゅうごく》で第二次世界大戦《たいせん》後に再《ふたた》び内戦《ないせん》が始まったが、農民《のうみん》たちの支持《しじ》を得《え》た中国共産党《きょうさんとう》が勝利《しょうり》した。そして１９４９年、毛沢東《もうたくとう》を主席《しゅせき》とする中《ちゅう》華人民共和国《かじんみんきょうわこく》の成立《せいりつ》を宣言《せんげん》し、社会主義《しゅぎ》国家の建設《けんせつ》を進めていった。いっぽう、敗《やぶ》れた国民政府《こくみんせいふ》は、台湾《たいわん》にのがれた。

アジアやアフリカの新しい独立国は，世界の新しい勢力《せいりょく》になった。
東側陣営
第三勢力
西側《がわ》陣営《じんえい》
ソ連《れん》
アジア・アフリカ諸国《しょこく》
アメリカ合衆国《がっしゅうこく》
でも、アフリカは植民地時代にかってに国境線《こっきょうせん》が引かれたことなどから、国内の民族《みんぞく》対立がはげしいの。
宗教《しゅうきょう》やことばがちがうと、対立も起こりやすいのかな？
ニュースです！
NEWS
パレスチナ紛争《ふんそう》って、ニュースでよく聞くけど、これも民族の対立が原因《げんいん》なの？
そうね。イスラエルと、そこに以前《いぜん》から住んでいた人々やまわりの国々との対立ね。
難民
難民
難民
イスラエル
パレスチナ人の難民《なんみん》
この紛争《ふんそう》は、今でも続《つづ》いているよね。

ポイント解説

●今でも深刻な対立が続《つづ》く

パレスチナ問題

西アジアのパレスチナ地方では、先住のアラブ人と建国《けんこく》をめざすユダヤ人が対立していた。第二次世界大戦《たいせん》後に国連《こくれん》でパレスチナ分割案が決議《けつぎ》されると、ユダヤ人国家のイスラエルが建国を宣言し、アラブ諸国《しょこく》は強く反発。４度の戦争《せんそう》が起こったが、１９７３年の第四次中東《ちゅうとう》戦争は石油危機《きき》を引き起こし、世界経済《けいざい》が大混乱《だいこんらん》した。

西アジアの国々

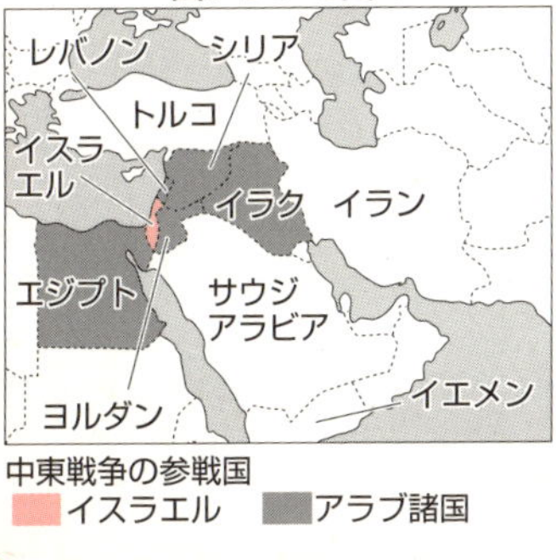
レバノン
シリア
トルコ
イスラエル
イラク
イラン
エジプト
サウジアラビア
ヨルダン
イエメン
中東戦争の参戦国
イスラエル
アラブ諸国

重要用語

第三勢力《せいりょく》(世界)…アジア・アフリカ諸国《しょこく》は，東西いずれの陣営《じんえい》にも属《ぞく》さない非同《ひどう》盟《めい》・中立主義《しゅぎ》をとった。1955年，インドネシアでアジア・アフリカ会議《かいぎ》を開いた。

③ 冷戦後《れいせんご》の世界と核軍縮《かくぐんしゅく》

冷戦がようやく終結《しゅうけつ》したのに，各地《かくち》で紛争《ふんそう》が多発しているのはなぜかを理《り》解《かい》しよう。また，人類《じんるい》の課題《かだい》である核軍縮の問題や，アメリカ合衆国《がっしゅうこく》や中国《ちゅうごく》など日本と関係《かんけい》の深い国々についてもみていこう。

冷戦《れいせん》の終わり

ドイツは、冷戦のえいきょうで2つに分けられていたんだね。
ベルリンも東西に分裂《ぶんれつ》
東ドイツ
西ドイツ
ドイツの統一《とういつ》
(1990年)
重要
これが東西の壁《かべ》ね。

▲ベルリンの壁《かべ》に立つ市民《しみん》たち　30年間続《つづ》いた冷戦の象徴《しょうちょう》だったベルリンの壁が崩《ほう》壊《かい》した。

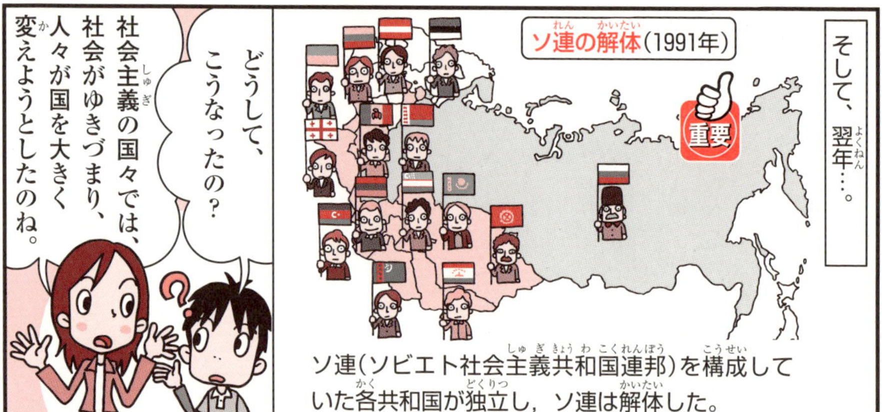
そして、翌年《よくねん》…。
ソ連《れん》の解体《かいたい》(1991年)
重要
どうして、こうなったの？
社会主義《しゅぎ》の国々では、社会がゆきづまり、人々が国を大きく変《か》えようとしたのね。

ソ連(ソビエト社会主義共和国連邦《しゅぎきょうわこくれんぽう》)を構成《こうせい》していた各《かく》共和国が独立《どくりつ》し，ソ連は解体《かいたい》した。

参考　**冷戦《れいせん》の終結《しゅうけつ》**…1989年，米・ソ首脳《しゅのう》が地中海のマルタで冷戦の終結を宣言《せんげん》した。東《とう》欧諸国《おうしょこく》の民主化《みんしゅか》，東西ドイツの統一《とういつ》，ソ連《れん》の解体《かいたい》など，東側陣営《ひがしがわじんえい》がくずれて実現《じつげん》した。

くわしく　ソ連《れん》では1980年代後半、ゴルバチョフがペレストロイカと呼《よ》ばれる政治《せいじ》・経済《けいざい》の改革《かいかく》を行った。その後1991年にバルト3国が分離《ぶんり》・独立《どくりつ》し、ロシア連邦《れんぽう》を中心に独立《どくりつ》国家共同体《きょうどうたい》(CIS《シーアイエス》)を結成《けっせい》した。こうして、15の共和《きょうわ》国からなるソ連は解体《かいたい》し消滅《しょうめつ》した。

アメリカ合衆国
ソ連
これで、資本主義《しほんしゅぎ》陣営と社会主義陣営《じんえい》の冷戦が終結《しゅうけつ》したわ。
よかったよね。平和になったんだね。

それがそうでもないのよ。地域的《ちいきてき》な紛争《ふんそう》がいろいろなところで起こっているのよ。
旧《きゅう》ソ連《れん》でも
旧ユーゴスラビアでも
西アジアでも

あいつぐ地域紛争
一つの国だったところでも、宗教《しゅうきょう》や民族《みんぞく》のちがいが原因《げんいん》で、はげしい対立が起こったわ。
チェチェン
北アイルランド
アフガニスタン
カシミール
旧ユーゴスラビア
東ティモール
イラク
パレスチナ
アンゴラ
▲おもな地域紛争が起こった地域

くわしく

冷戦《れいせん》の終結《しゅうけつ》で戦争《せんそう》の危機《きき》がやわらぎ、平和の続《つづ》くことが期待された。しかし、超大国《ちょうたいこく》米・ソの力による秩序《ちつじょ》の安定がくずれたことなどもあり、旧《きゅう》ユーゴスラビアの紛争《ふんそう》など、民族《みんぞく》や宗教《しゅうきょう》のちがいなどによる地域《ちいき》紛争がむしろ表面化した。その結果《けっか》、多くの難民《なんみん》が生まれている。

ポイント解説

●世界に広がる三大宗教

世界の宗教分布《しゅうきょうぶんぷ》

キリスト教、イスラム教、仏教《ぶっきょう》を世界の三大宗教という。キリスト教はヨーロッパ・南北アメリカ・オーストラリアなど、イスラム教は西アジア・北アフリカ・東南アジアなど、仏教は東アジアなどに広まっている。

インドに広まるヒンドゥー教や、イスラエルに信者《しんじゃ》が多いユダヤ教など、特定《とくてい》の民族《みんぞく》に信仰《しんこう》される宗教は民族宗教と呼《よ》ばれる。

世界の宗教人口

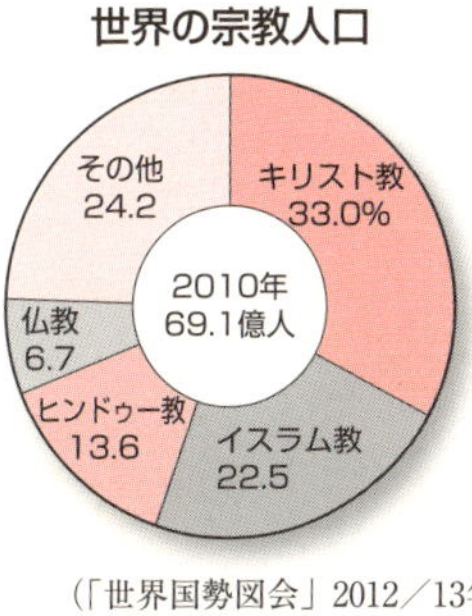
2010年
69.1億人
キリスト教
33.0%
イスラム教
22.5
ヒンドゥー教
13.6
仏教
6.7
その他
24.2
(「世界国勢図会」2012／13年)

参考 旧《きゅう》ユーゴスラビア紛争《ふんそう》…民族《みんぞく》対立から長く内戦《ないせん》が続《つづ》いた結果《けっか》，連邦《れんぽう》は解体《かいたい》され，いくつもの国に分かれた。2008年，コソボ共和国《きょうわこく》がセルビアからの独立《どくりつ》を宣言《せんげん》した。

核軍縮《かくぐんしゅく》の努力《どりょく》
各地《かくち》の紛争《ふんそう》で核兵器《かくへいき》が使われたりしたら、大変《たいへん》だね。
ほんとね。今、世界には2万発近くの核兵器があるそうよ。
それが使われたりしたら、世界は破滅《はめつ》だわ。
核兵器をなくすことはできないの？
いろいろな条約《じょうやく》が結《むす》ばれてはいるんだけど…。
重要
・核拡散防止条約《かくかくさんぼうしじょうやく》
・戦略兵器削減条約《せんりゃくへいきさくげんじょうやく》
・包括的核実験禁止条約《ほうかつてきかくじっけんきんしじょうやく》
核開発疑惑!? 国連が調査!!
新しく核開発《かくかいはつ》を進めている国があるって、ニュースで見たことあるよ。
核兵器だけでなく、大きな被害《ひがい》を出す兵器をなくすことも必要《ひつよう》ね。
生物兵器や化学兵器などもあるのよ！
紛争がなくなることがいちばんいいんだけど…。
日本とほかの国々との関係《かんけい》はどうなっているのかな？

マメ知識

核兵器《かくへいき》をもっていれば、相手国は報復攻撃《ほうふくこうげき》をおそれて先制《せんせい》攻撃をしてこないという考えを核抑止論《かくよくしろん》という。核保有《ほゆう》国の多くがこの考えを支持《しじ》しており、核兵器の保有を正当化する理論として利用《りよう》した。インドとパキスタンの核実験《じっけん》も、この核抑止論にもとづいて行われた。

参考

核軍縮《かくぐんしゅく》と日本…1955年以来《いらい》，毎年日本で原水爆禁止《げんすいばくきんし》世界大会が開かれている。日本政府《せいふ》は非核三原則《ひかくさんげんそく》(→13ページ参照《さんしょう》)をかかげ，非核自治体《じちたい》を宣言《せんげん》する都市もある。

日本と外国との関係《かんけい》
アメリカ合衆国《がっしゅうこく》
日米安全保障条約《にちべいあんぜんほしょうじょうやく》が結《むす》ばれている。
日本の各地《かくち》にはアメリカ軍《ぐん》基地《きち》が置《お》かれている。
韓国《かんこく》（大韓民国《だいかんみんこく》）
1965年に日韓基本条約《にっかんきほんじょうやく》が結ばれた。
中国《ちゅうごく》
1978年に日中平和友好条約《にっちゅうへいわゆうこうじょうやく》が結ばれた。
アジアの国々ともなかよくしたいね。

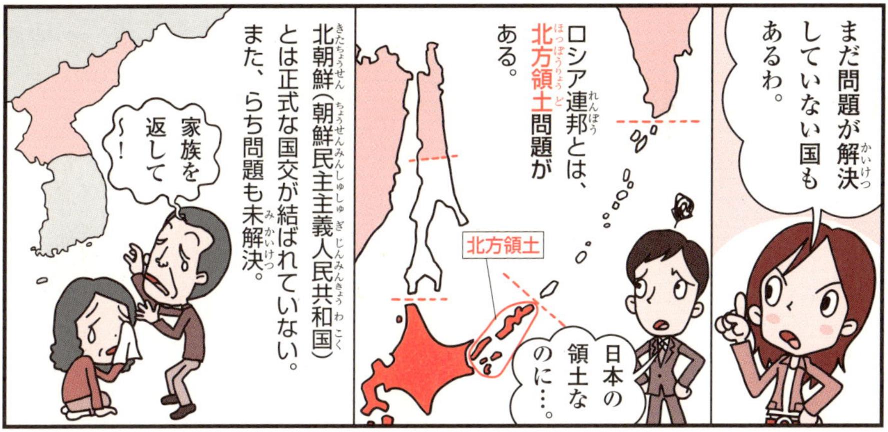
まだ問題が解決《かいけつ》していない国もあるわ。
日本の領土なのに…。
ロシア連邦《れんぽう》とは、北方領土《ほっぽうりょうど》問題がある。
北方領土
北朝鮮《きたちょうせん》（朝鮮民主主義人民共和国《ちょうせんみんしゅしゅぎじんみんきょうわこく》）とは正式な国交が結ばれていない。また、らち問題も未解決《みかいけつ》。
家族を返して～！

くわしく

日米安全保障条約《あんぜんほしょうじょうやく》にもとづいて、日本各地《かくち》にアメリカ軍基地《ぐんきち》が置《お》かれている。なかでも沖縄県《おきなわ》には、全体の約《やく》75%が集中している。アメリカ軍機《ぐんき》のそう音がひどく、アメリカ兵《へい》の犯罪《はんざい》・事故《じこ》が多発していることから、基地の整理・縮小《しゅくしょう》が大きな課題《かだい》となっている。

ポイント解説

●人類共通の願い

核軍縮《かくぐんしゅく》の条約《じょうやく》

冷戦《れいせん》中から核軍縮の動きはあったが、インドやパキスタン、北朝《きたちょう》鮮《せん》が核実験《じっけん》を強行するなど、核廃《はい》絶《ぜつ》の道のりはまだまだ遠く、けわしい。

おもな核軍縮の条約での合意内容《ないよう》

部分的核実験停止《ぶぶんてきかくじっけんていし》（禁止《きんし》）条約《じょうやく》	1963年。米・英・ソが地下核実験以外《いがい》の核実験を停止。
核拡散防止《かくかくさんぼうし》条約（NPT《エヌピーティー》）	1968年。非《ひ》核保有国への核兵器の譲渡《じょうと》や製造援助《せいぞうえんじょ》を禁止。
中距離核戦力《ちゅうきょりかくせんりょく》（INF《アイエヌエフ》）全廃《ぜんぱい》条約	1987年。米・ソが中距離核戦力を廃止《はいし》。
戦略兵器削減《せんりゃくへいきさくげん》条約（START《スタート》）	1991年と1993年。米・ソ(ロ)が核弾頭《かくだんとう》を大はばに削減。
包括的《ほうかつてき》核実験禁止条約（CTBT《シーティービーティー》）	1996年，国連総会《こくれんそうかい》で採択《さいたく》。あらゆる核実験を禁止。

米…アメリカ合衆国《がっしゅうこく》　英…イギリス　ソ…旧《きゅう》ソ連《れん》　ロ＝ロシア連邦《れんぽう》

参考

日朝関係《かんけい》…2002年に小泉純一郎《こいずみじゅんいちろう》首相（当時）が北朝鮮《きたちょうせん》を訪問《ほうもん》し，国交正常化《せいじょうか》の交渉《こうしょう》を行うことなどに合意した。この年，らち被害者《ひがいしゃ》5人とその家族が帰国した。

④ 地域統合《ちいきとうごう》の動き

近年，経済《けいざい》や環境《かんきょう》など同じ問題をかかえている国や地域がまとまり，協《きょう》調《ちょう》・協力《きょうりょく》する動きが強まっている。この地域主義《しゅぎ》について，代表的《だいひょうてき》なEU《イーユー》(ヨーロッパ連合《れんごう》)の目的《もくてき》や歴史《れきし》を中心にくわしくみていこう。

マメ知識

近年、経済《けいざい》・環境《かんきょう》・安全保障《あんぜんほしょう》などで同じ問題をかかえている国や地域《ちいき》がまとまり、協調《きょうちょう》・協力《きょうりょく》する動きが強まっている。このような動きや考えを、地域主義《しゅぎ》(リージョナリズム)という。特定《とくてい》の国や地域の間で結《むす》ばれるFTA《エフティーエー》(自由貿易協定《ぼうえききょうてい》)の動きも活発になっている。

EU《イーユー》(ヨーロッパ連合《れんごう》)

夏休み，ゆり子さんとヨーロッパを旅行中！
ドイツ
フランス
簡単《かんたん》に国境《こっきょう》をこえられるんだね。
FRANCE
ドイツから、フランスのパリに着いたよ。
いくらかしら……
ゴソゴソ
まだ食べたりないわ～。もっと、いようよ～。
えっ？
それ、ドイツでも使っていたお金じゃないの？
これはEU《イーユー》のお金よ。EUに加盟《かめい》している多くの国で使われているのよ。
イーユー？
100 EURO
ユーロ

重要用語

ユーロ…貿易《ぼうえき》の活発化などを目的《もくてき》に，1999年から導入《どうにゅう》され，2002年から貨幣《かへい》が流通している。2016年7月現在《げんざい》19か国が導入し，人口3億《おく》をこえる経済圏《けいざいけん》となった。

ちがう国でも共通《きょうつう》のお金が使えるの？
そうよ。EUでは共通することがたくさんあるのよ。
イーユーって何？
日本のお金は円、アメリカ合衆国《がっしゅうこく》はドルだけど……。
フランスも、以前《いぜん》はフランというお金を使っていたわ。
EUってどんなしくみなんだろう？
イーユーイーユーってなんなの？
重要
EUは、ヨーロッパの国々が集まってつくった組織《そしき》よ。
EUの旗《はた》▶
一つの国みたい！
そう！ヨーロッパは一つの国のようになろうとしているの。
……だから、こんなことも自由にできるのよ。
そういえば、簡単に通れたね。
・国境は自由に通れる。
B《ビー》国
A《エー》国
・貿易《ぼうえき》も自由。
B国
A国
（輸出入品《ゆしゅつにゅうひん》に税金《ぜいきん》がかからない。）
・ほかの国で自由に仕事ができる。
A国
こちらの国で働《はたら》こう。
B国

マメ知識

EU《イーユー》は世界での地位《ちい》を高めてきたが、加盟国《かめいこく》の増加《ぞうか》によって加盟国間の経済格差《けいざいかくさ》がいっそう広がったことが、大きな問題となっている。ギリシャ・ポルトガルなどの経済危機におちいった国の財政を、ドイツなどの豊かな国が支える状態が続いている。

参考

EU《イーユー》の歴史《れきし》…1993年, 12か国が加盟《かめい》するEC《イーシー》(ヨーロッパ共同体《きょうどうたい》)がEUに発展《はってん》した。その後, 東ヨーロッパの国々が加盟するなどして, 2016年7月現在《げんざい》の加盟国は28か国。

くわしく

1993年に12か国で出発したEU《イーユー》は、1995年にオーストリア・スウェーデン・フィンランドが加盟《かめい》して15か国に、2004年にポーランド・チェコなど10か国が加盟して25か国に、2007年にブルガリア・ルーマニアが、2013年にクロアチアが加盟して28か国になった。

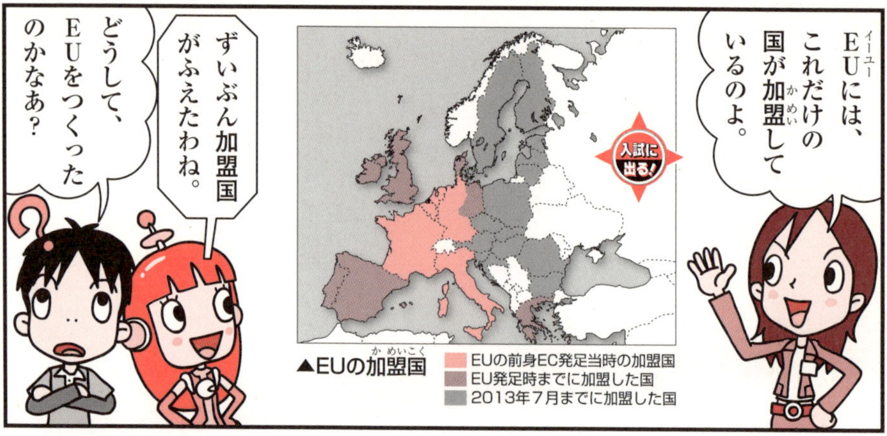
EU《イーユー》には、これだけの国が加盟《かめい》しているのよ。
入試に出る!
EUの前身EC発足当時の加盟国
EU発足時までに加盟した国
2013年7月までに加盟した国
ずいぶん加盟国がふえたわね。
どうして、EUをつくったのかなあ?

▲EUの加盟国《かめいこく》

EUは、ヨーロッパの力を強めようとしてつくられたのよ。
第二次世界大戦《たいせん》後
ヨーロッパの地位《ちい》が下がった。
アメリカ合衆国《がっしゅうこく》
日本
ヨーロッパ
そこで…
ヨーロッパを立て直そうじゃないか!
みんなでまとまればいいんだ!
EC《イーシー》(ヨーロッパ共同体《きょうどうたい》)から1993年にEUへと発展《はってん》!

いろいろな国が加盟しているよね。
そうなの。国によって経《けい》済力《ざいりょく》がちがうし、意見のちがいもあるわ。
経済力の強い国
ドイツやフランスなど
経済力の弱い国
ルーマニアやブルガリアなど

そうだよね。意見がまとまるのってむずかしいよね。
おなかすいた~アイス食べに行こ~!!

重要用語

EC《イーシー》(ヨーロッパ共同体《きょうどうたい》)…フランス・西ドイツ・イタリアなど6か国が1967年, EEC《イーイーシー》(ヨーロッパ経済《けいざい》共同体)を中心に, 3機関《きかん》を統合《とうごう》して結成《けっせい》した。

ほかの地域《ちいき》にも、国々が協力《きょうりょく》し合う組織《そしき》があるわよ。
重要

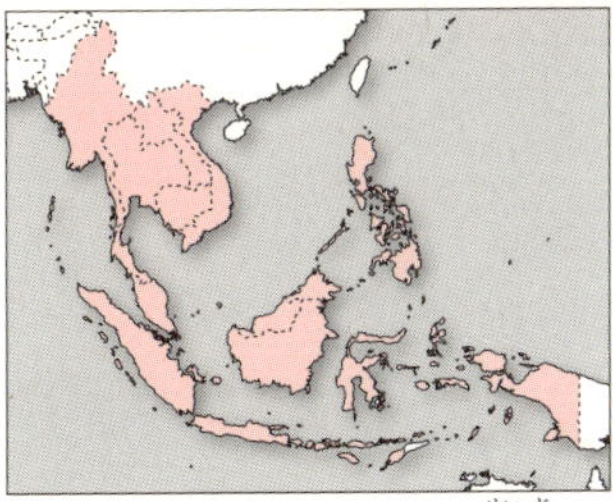

APEC《エイペック》（アジア太平洋経済協力会議《たいへいようけいざいきょうりょくかいぎ》）

▶APEC首脳会議《しゅのうかいぎ》

日本やアメリカ合衆国《がっしゅうこく》など太平洋周辺《しゅうへん》の国々が協力し合っている。

ASEAN《アセアン》（東南アジア諸国連合《しょこくれんごう》）

東南アジアの国々が経済・政治《せいじ》の協力を進めている。
マメ知識

地域統合《ちいきとうごう》のほかの例《れい》として、アメリカ合衆国《がっしゅうこく》・カナダ・メキシコが結《むす》んだNAFTA《ナフタ》（北米自由貿易協定《ぼうえききょうてい》）、MERCOSUR《メルコスール》（南米南部共同《きょうどう》市場）、AU《エーユー》（アフリカ連合《れんごう》）などがある。

トゥルルルル…
え!? 国連《こくれん》本部に今すぐにですか?
仕事で、アメリカにもどることになったわ。
じゃあ、いっしょに行く!
え〜っ
アイスも食べてないし、まだパリにいたいわ〜。
う〜〜
ポイント解説

●おもな組織と日本の人口と経済力《けいざいりょく》

EU《イーユー》の人口は、世界の約《やく》7.2%だが、GNI《ジーエヌアイ》（国民総所得《こくみんそうしょとく》）では、約25%と大きな割合《わりあい》をしめている。NAFTA《ナフタ》（北米自由貿易《ぼうえき》協定《きょうてい》）や日本も、EUと同じように、世界にしめる人口のわりに経済力があることがわかる。これに対してASEAN《アセアン》や中国《ちゅうごく》は、人口に比《くら》べれば経済力はまだ弱い。

おもな経済組織《そしき》の世界にしめる割合《わりあい》（2011年）

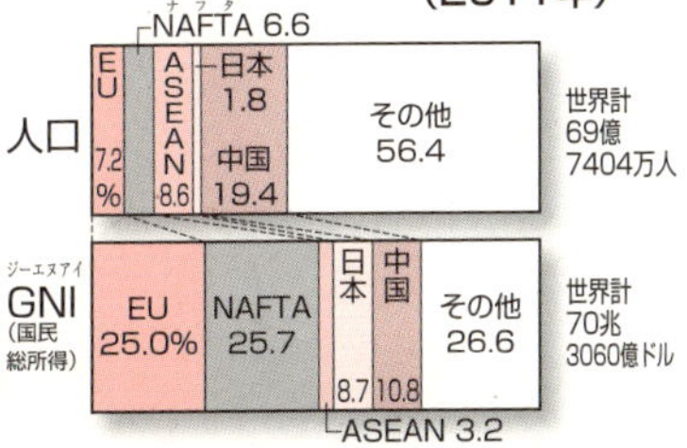
NAFTA《ナフタ》 6.6
人口
EU 7.2%
ASEAN 8.6
日本 1.8
中国 19.4
その他 56.4
世界計 69億7404万人
GNI《ジーエヌアイ》(国民総所得)
EU 25.0%
NAFTA 25.7
日本 8.7
中国 10.8
その他 26.6
世界計 70兆3060億ドル
ASEAN 3.2

（「日本国勢図会」2013／14年）

重要用語

ASEAN《アセアン》（東南アジア諸国連合《しょこくれんごう》）…1967年に結成《けっせい》。現在《げんざい》10か国が加盟《かめい》している。

APEC《エイペック》（アジア太平洋経済協力会議《たいへいようけいざいきょうりょくかいぎ》）…1989年から始まった。日本も参加《さんか》している。

⑤ 国際連合《こくさいれんごう》の成立《せいりつ》

第二次世界大戦《たいせん》後の1945年10月，国際連合憲章《けんしょう》が発効《はっこう》し，世界の平和と安全を守るための国際機関《きかん》として国際連合が成立《せいりつ》した。武力制裁《ぶりょくせいさい》など，国際連合と国際連盟《れんめい》のちがいを理解《りかい》しよう。

マメ知識

第《だい》二次世界大戦《たいせん》に敗《やぶ》れた日本は、1951年にサンフランシスコ平和条約《じょうやく》を結《むす》び、翌年独立《よくねんどくりつ》を回復《かいふく》した。しかし、このときは国際連合《こくさいれんごう》に加盟《かめい》できなかった。日本の国連加盟が実現《じつげん》したのは1956年で、日ソ共同宣言《きょうどうせんげん》を発表してソ連《れん》と国交を回復したあとのことである。

わーっ，自由の女神《めがみ》だ！
ニューヨークだ！

国際連合《こくさいれんごう》本部
ニューヨークってすごい！来てよかった！
なんだよ…、ずっとパリにいたいって言ってたのに。
重要
国際連合（国連）本部に着いたよ。

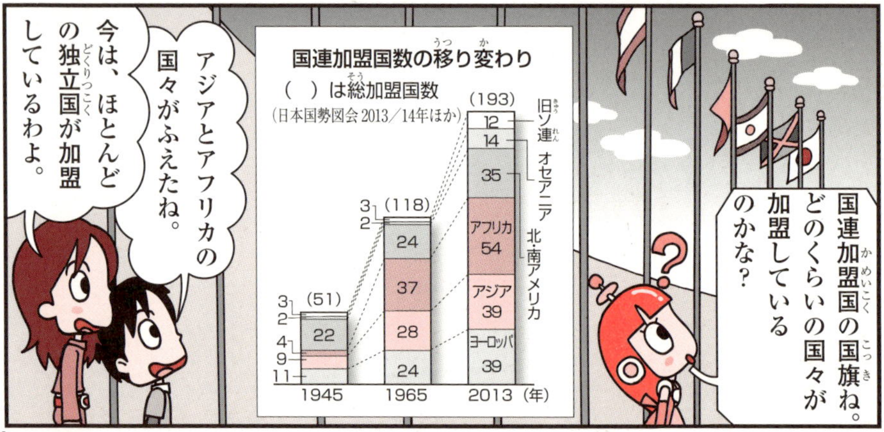
国連加盟国《かめいこく》の国旗《こっき》ね。どのくらいの国々が加盟しているのかな？
国連加盟国数の移《うつ》り変《か》わり
（　）は総《そう》加盟国数
（日本国勢図会 2013／14年ほか）
1945 (51): 3, 2, 22, 4, 9, 11
1965 (118): 3, 2, 24, 37, 28, 24
2013 (193): 12, 14, 35, 54, 39, 39
旧《きゅう》ソ連《れん》
オセアニア
アフリカ
北・南アメリカ
アジア
ヨーロッパ
1945　1965　2013（年）
アジアとアフリカの国々がふえたね。
今は、ほとんどの独立国《どくりつこく》が加盟しているわよ。

重要用語
国際連合《こくさいれんごう》…1945年10月に国際連合憲章《けんしょう》が発効《はっこう》し，世界の平和と安全を守ることを最《さい》大《だい》の目的《もくてき》として正式に発足《ほっそく》した。本部はアメリカ合衆国《がっしゅうこく》のニューヨークに置《お》かれた。

やあ，ゆり子さん
こんにちは。
国連が成立《せいりつ》したのは第二次世界大戦《たいせん》が終わった1945年だよ。
51か国がこのような国際連合憲章《けんしょう》に調印《ちょういん》して国連が発足《ほっそく》したの。
国際連合憲章　第1条《じょう》(目的《もくてき》)
・世界の平和と安全を守る。
・国々の友好関係《ゆうこうかんけい》を発展《はってん》させる。
・経済《けいざい》的・社会的・文化的・人道《じんどう》的な国際問題を解決《かいけつ》する。
△国連で働《はたら》いている人
世界平和を実現《じつげん》させるのがいちばんの目的なんだね。
▲国連の旗《はた》
二度も世界大戦が起こって、今後はもう戦争《せんそう》はしないとちかいあったの。
人権《じんけん》や環境問題《かんきょうもんだい》などにも取り組んでいるよ。
子どもの権利条約《けんりじょうやく》
地球温暖化防止京都会議《ちきゅうおんだんかぼうしきょうとかいぎ》
ねえ、国際連盟《れんめい》というのがあったよね。
国際連盟？
国際連盟は、第二次世界大戦《たいせん》を防《ふせ》げなかったんだ。
だから、国際連合では、国際連盟の問題点を見直して新しいしくみをつくったの。

マメ知識

国際連合《こくさいれんごう》の旗《はた》は、北極《ほっきょく》が中心の世界地図をオリーブの枝《えだ》が囲《かこ》むデザインである。明るい青地の中央に白でえがかれた世界地図とオリーブの枝がくっきりうかびあがり、世界の平和と安全を表している。

重要用語

国際連合憲章《こくさいれんごうけんしょう》…国際連合の任務《にんむ》・目的《もくてき》・組織《そしき》などを定めている。アメリカ合衆国《がっしゅうこく》で開かれたサンフランシスコ会議《かいぎ》で，1945年6月に調印《ちょういん》された。

マメ知識

国際連盟《こくさいれんめい》で日本は、イギリス・フランス・イタリアとともに常任理事国《じょうにんりじこく》となり、新渡戸稲造《にとべいなぞう》が事務局次長《じむきょくじちょう》として活やくした。しかし、満州事変《まんしゅうじへん》後の1933年、日本が軍隊《ぐんたい》を満州《まんしゅう》から引き上げることを勧告《かんこく》されたことに反発して国際連盟を脱退《だったい》し、国際的《こくさいてき》に孤立《こりつ》するようになった。

入試に出る!
国際連盟《こくさいれんめい》ってどんな組織《そしき》?
第一次世界大戦《たいせん》後につくられたんだ。世界で最初《さいしょ》の国際平和組織だよ。
もう戦争《せんそう》が起こらないようにしようじゃないか!
でも、国際連盟には、こんな問題があったの。
・アメリカ合衆国《がっしゅうこく》は不参加《ふさんか》。ソ連《れん》とドイツも最初《さいしょ》は不参加だった。
・武力制裁《ぶりょくせいさい》ができなかった。
じゃあ、国際連合のしくみの特色《とくしょく》はどんなことなの?
まず、大国を重んじたことね。
アメリカ合衆国
ソ連
(今はロシア連邦《れんぽう》)
イギリス
中国
5大国
フランス
国際連盟
参加できない!
えっ!?
アメリカ合衆国
国際連盟にはアメリカは参加していなかったんだね。
大国の意見が一致《いっち》しないと何も行動できないし、平和も実現《じつげん》できないと考えたんだ。
このことは123ページでも勉強するわよ。
ホント。家でもパパとママの意見が一致しないと、たかしもわたしも行動できないわ。
夏休みは山でキャンプだ!
いいえ、海がいいわ!
2つの大国
どっちに行くのよ?

重要用語

国際連盟《こくさいれんめい》…第一次世界大戦《たいせん》の反省《はんせい》から，アメリカ合衆国《がっしゅうこく》のウィルソン大統領《だいとうりょう》の提案《ていあん》で1920年に設立《せつりつ》された。本部はスイスのジュネーブに置《お》かれた。

それと、国際連盟より力が強くなったことも特色よ。
たとえば、たかしくんの家の場合だと…。
ある国がほかの国ともめたときは…。
国連
まぁまぁ
わたしのよ！
これはぼくの!!
それでもやめないときは…。
悪いほうに経済制裁《けいざいせいさい》。
よこしなさい!!
いやだ!!
それでもだめだったら…。
武力制裁もできる。
出ていきなさい!!
わっ！そんなことができるの？
そんなわけで国際連合は、平和の実現《じつげん》のために、大きな力をふるえるしくみにしたの。
これからはなかよくしていこうね。
制裁はいやだものね！
あらら

マメ知識

国際連合《こくさいれんごう》は、発足後《ほっそくご》しばらくは、冷戦《れいせん》のえいきょうで国際紛争《ふんそう》の解決《かいけつ》では実質的《じっしつてき》な役割《やくわり》をあまりはたせなかった。やがて、アジア・アフリカなど発展途上国《はってんとじょうこく》の加盟《かめい》がふえて発言力が高まると、開発・環境《かんきょう》、軍縮《ぐんしゅく》、人権《じんけん》などの問題が大きく取りあげられるようになった。

ポイント解説

●武力制裁も可能に

国際連合《こくさいれんごう》の特色《とくしょく》

国際連合も国際連盟《れんめい》も、国際平和を守るための国際機関《きかん》ではあるが、国際連盟が第二次世界大戦《たいせん》を防《ふせ》げなかった反省《はんせい》から、国際連合では経済制裁《けいざいせいさい》だけでなく、武力《ぶりょく》制裁もできるようになった。また、大国中心主義《しゅぎ》をとっていることも国連の大きな特色《とくしょく》である。

国際連合と国際連盟

国際連合		国際連盟《れんめい》
1945年10月（第二次世界大戦後）	成立	1920年１月（第一次世界大戦後）
ニューヨーク（アメリカ）	本部	ジュネーブ（スイス）
・大国中心主義→５大国に拒否権がある。 ・経済制裁のほかに，武力制裁も可能である。	特色	・すべての加盟《かめい》国の権利・義務は平等。 ・経済制裁だけ。武力制裁はできない。
・多数決が原則	総会の決議	・全会一致が原則

参考

大国中心主義《しゅぎ》…国際連盟《こくさいれんめい》の反省《はんせい》から，アメリカ合衆国《がっしゅうこく》やソ連《れん》（ロシア連邦《れんぽう》）など５大国に拒否権《きょひけん》（→123ページ参照《さんしょう》）をあたえて協力体制《きょうりょくたいせい》を整えることを目的《もくてき》としている。

⑥ 国際連合《こくさいれんごう》のしくみとはたらき

国際連合は，総会《そうかい》や安全保障理事会《あんぜんほしょうりじかい》などの主要機関《しゅようきかん》と，多くの専門《せんもん》機関から構成《こうせい》される。なかでも，常任理事国《じょうにんりじこく》が拒否権《きょひけん》をもつ安全保障理事会が重要《じゅうよう》である。各機関《かくきかん》の略称《りゃくしょう》はまぎらわしいものも多いが，しっかり覚《おぼ》えよう。

ILO
UNHCR
PKO
PkF
WHO
WTO

マメ知識

初代《しょだい》の国連事務《じむ》総長《そうちょう》はリー（ノルウェー）で、第2代がハマーショルド（スウェーデン）、第3代がウ・タント（ビルマ、現在《げんざい》のミャンマー）、第4代がワルトハイム（オーストリア）、第5代がデクエヤル（ペルー）、第6代がガリ（エジプト）、第7代がアナン（ガーナ）と続《つづ》いた。

国連《こくれん》の中を案内《あんない》するよ。
その前に、国連のおもな機関《きかん》にどんなものがあるのか、見てごらん。
事務局《じむきょく》
安全保障《ほしょう》理事会
総会
国際司法《しほう》裁判所《さいばんしょ》
信託統治《しんたくとうち》理事会
経済《けいざい》社会理事会
（現在《げんざい》は活動を停止《ていし》中）
重要
さまざまな専門《せんもん》機関

事務局《じむきょく》って、どんなところなの？
国連のいろいろな活動をまとめる仕事をしているんだ。わたしもここで働《はたら》いているよ。

この人が事務総長《じむそうちょう》。事務局の最高責任者《さいこうせきにんしゃ》よ。

▲第8代事務総長
潘基文《パンギムン》（韓国《かんこく》出身）

重要用語

経済社会理事会《けいざいしゃかいりじかい》…国連《こくれん》の主要機関《しゅようきかん》の一つ。経済《けいざい》・社会・文化・教育・人権《じんけん》などの国際《こくさい》協力《きょうりょく》を進めるため，ユネスコなどの専門機関《せんもんきかん》と協力《きょうりょく》して活動している。

くわしく

毎年1回9月に開かれる定期(通常《つうじょう》)総会《そうかい》のほかに、特別総会《とくべつそうかい》と緊急特別総会《きんきゅうとくべつそうかい》がある。総会では、全加盟国《かめいこく》が平等に1票《ぴょう》の投票権《とうひょうけん》をもつ。総会では、武力紛争《ぶりょくふんそう》・平和維持《いじ》・軍縮《ぐんしゅく》の問題をあつかうほか、新加盟や除名《じょめい》の承認《しょうにん》、事務総長《じむそうちょう》の任命《にんめい》、予算の承認なども行う。

総会《そうかい》が開かれているわよ。
会議《かいぎ》では、どんなことを決めるの？
平和に関《かん》することを決議《けつぎ》したり、新加盟《かめい》国を決めたりするよ。
▲国連総会の議場《ぎじょう》

重要
これは安全保障理事会。
平和を守る中心機関だよ。
▲安全保障理事会…世界の平和と安全を守るために中心的な責任《せきにん》をもつ国連の機関。アメリカ合衆国《がっしゅうこく》，ロシア，イギリス，フランス，中国の常任《じょうにん》理事国と10の非《ひ》常任理事国からなる。

加盟国は、この理事会の決定には必ず従《したが》わなければいけないのよ。
強い力をもっているんだ。

理事国のなかでもとくに強い権限《けんげん》をもっているのが、5つの常任理事国よ。
120ページで習った5大国のことだね。

強い権限ってどんなこと？
重要事項《じゅうようじこう》について、常任理事国のうち1国でも反対したら決定できないの。
入試に出る!
この権限を拒否権《きょひけん》というんだ。
拒否
常任理事国
えーっ

重要用語

拒否権《きょひけん》…5大国一致《いっち》の原則《げんそく》にもとづき，安全保障理事会《あんぜんほしょうりじかい》の常任理事国《じょうにんりじこく》に認《みと》められた特権《とっけん》。重要事項《じゅうようじこう》の表決では，1国でも反対すれば決定できない。

拒否権《きょひけん》は、なぜ、認《みと》められたの？
平和のための重要《じゅうよう》な問題を解決《かいけつ》するには、5大国の意見の一致《いっち》が必要《ひつよう》だと考えられたからなの。
ピコも、よく拒否権を発動しているよね。
いやっ！
プー
国連《こくれん》には、社会や文化などの専門的《せんもんてき》な仕事をする機関《きかん》もたくさんあるよ。

ユネスコ（国連教育科学文化機関）

入試に出る！

ABCDEFGHIJ
KLMNOPQR
STUVWXYZ

教育や文化などの分野で国際協力《きょうりょく》を進めている。

各国の政府と連絡を取り合って、世界的な健康問題に取り組んでいるんだって！
世界遺産条約《いさんじょうやく》はユネスコで結《むす》ばれたんだよね。

世界保健《ほけん》機関（WHO《ダブリュエイチオー》）

人々の健康《けんこう》を守るための活動をしている。

国連難民高等弁務官《なんみんこうとうべんむかん》事務所《じむしょ》（UNHCR《ユーエヌエイチシーアール》）

UNHCR

地域《ちいき》や国を追われた難民《なんみん》の援助活動をしている。

世界貿易《ぼうえき》機関（WTO《ダブリュティーオー》）

国々の貿易をさかんにするための活動をしている。

ユニセフ（国連児童基金《じどうききん》）

めぐまれない子どもたちを援助《えんじょ》している。

ほかにも、このような機関があるわよ。

マメ知識

ユネスコの活動目的《もくてき》は、ユネスコ憲章《けんしょう》の前文に「戦争《せんそう》は、人の心の中で生まれるものであるから、人々の心の中に平和のとりでを築《きず》かなければならない。」と、明確《めいかく》に示《しめ》されている。また、黒柳徹子《くろやなぎてつこ》さんがユニセフの親善《しんぜん》大使として活動している。

参考 その他の機関《きかん》…国際労働機関《こくさいろうどうきかん》(ILO《アイエルオー》)，国際通貨基金《つうかききん》(IMF《アイエムエフ》)，国連貿易《ぼうえき》開発会議(UNCTAD《アンクタッド》)，国際復興開発銀行《ふっこうかいはつぎんこう》(＝世界銀行，IBRD《アイビーアールディー》)など。

くわしく
日本は人的《じんてき》な国際貢献《こくさいこうけん》が強く求《もと》められるなか、1992年に国連平和維持《いじ》活動（PKO《ピーケーオー》）協力法《きょうりょくほう》を制定《せいてい》した。これを受け、PKOのうち輸送《ゆそう》・通信《つうしん》などの後方支援《しえん》を行うため、カンボジアをはじめ、モザンビークや東ティモールなどに自衛隊《じえいたい》を派遣《はけん》するようになった。

平和のために、国連ではこんな活動をしているわ。
重要
PKO《ピーケーオー》って？
紛争《ふんそう》が起こっている地域《ちいき》に行き、治安《ちあん》を守ったり、停戦《ていせん》の監視《かんし》をしたりしているんだ。

▲国連のPKO《ピーケーオー》に参加《さんか》した自衛隊員《じえいたいいん》　南スーダンの子どもと一緒に道路のごみを拾っている。

PKOにはいろいろな国が参加《さんか》しているよ。
日本は？

1992年に、PKO協力法《きょうりょくほう》ができてから、自衛隊《じえいたい》が参加するようになったわ。
日本もがんばっているのね！

ポイント解説

●日本が常任理事国に？

国際連合《こくさいれんごう》の改革《かいかく》

国際連合は、さまざまな問題にすぐ対応《たいおう》できないことや、能率《のうりつ》が悪いことなどの問題が多い。そのため、しくみを改《あらた》め、はたらきを強化しようとする動きがある。

たとえば、日本やドイツなど経済力《けいざいりょく》があり、国連の分担金《ぶんたんきん》を多く負担《ふたん》している国を重視《じゅうし》し、安全保障《ほしょう》理事会の常任理事国《じょうにんりじこく》にすることが検討《けんとう》されている。

国連予算の分担割合《ぶんたんわりあい》

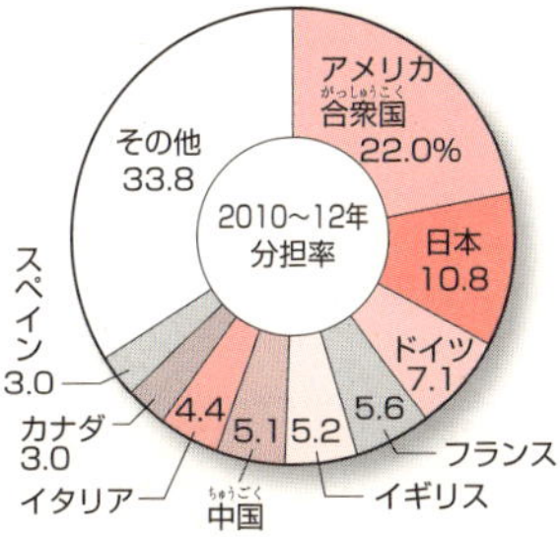
アメリカ合衆国《がっしゅうこく》 22.0%
日本 10.8
ドイツ 7.1
フランス 5.6
イギリス 5.2
中国《ちゅうごく》 5.1
イタリア 4.4
カナダ 3.0
スペイン 3.0
その他 33.8
2010~12年分担率
（「日本国勢図会」2013/14年）

重要用語

PKO《ピーケーオー》…治安維持《ちあんいじ》，停戦《ていせん》や選挙《せんきょ》の監視《かんし》など，武力《ぶりょく》をともなわない平和維持《いじ》活動。

PKF《ピーケーエフ》…国連のPKOを実行するために派遣《はけん》される平和維持軍《ぐん》。

要点整理と重要事項のまとめ ⑤

①国際《こくさい》社会のしくみ

●**日本のはし**…東のはしは**南鳥島《みなみとりしま》**，西のはしは**与那国島《よなぐにじま》**，南のはしは**沖ノ鳥島《おきのとりしま》**，北のはしは**択捉島《えとろふとう》**。

●**国の領域《りょういき》**…主権《しゅけん》がおよぶ領土《りょうど》・領海《りょうかい》・領空《りょうくう》からなる。

●**北方領土**…択捉《えとろふ》島・国後《くなしり》島・色丹《しこたん》島・歯舞群島《はぼまいぐんとう》。

●**条約《じょうやく》**…国家間で結《むす》ぶ法《ほう》。協約《きょうやく》や宣言《せんげん》などもふくむ。

②冷《つめ》たい戦争《せんそう》とアジア・アフリカの動き

●**冷たい戦争（冷戦《れいせん》）**…アメリカ合衆国《がっしゅうこく》中心の西側陣営《がわじんえい》と，ソ連《れん》中心の東側陣営によるきびしい対立。

●**朝鮮《ちょうせん》半島**…第二次世界大戦《たいせん》後に**北朝鮮《きたちょうせん》**と**韓国《かんこく》**の分断《ぶんだん》国家が成立《せいりつ》し，1950年に**朝鮮戦争**が起こった。

●**第三勢力《せいりょく》（世界）**…アジアやアフリカの独立《どくりつ》国が，東西のどちらにも属《ぞく》さない非同盟《ひどうめい》・中立主義《しゅぎ》をとった。

③冷戦後の世界と核軍縮《かくぐんしゅく》

●**冷戦の終結《しゅうけつ》**…1989年，米ソの首脳《しゅのう》が冷戦の終結を宣《せん》言《げん》。その後，**東西ドイツが統一《とういつ》**し，**ソ連が解体《かいたい》**した。

●**地域紛争《ちいきふんそう》**…冷戦終結後，**旧《きゅう》ユーゴスラビア紛争《ふんそう》**など，宗教《しゅうきょう》や民族《みんぞく》のちがいなどから多発している。

●**核軍縮**…部分的核実験停止《てきかくじっけんていし》条約，**核拡散防止《かくかくさんぼうし》条約**，**戦《せん》略兵器削減《りゃくへいきさくげん》条約**，**包括的《ほうかつてき》核実験禁止《きんし》条約**など。

④地域統合《とうごう》の動き

●**EU《イーユー》（ヨーロッパ連合《れんごう》）**…1993年，**EC《イーシー》（ヨーロッパ共同体《きょうどうたい》）**が発展《はってん》して発足《ほっそく》。現在《げんざい》は28か国が加盟《かめい》。

●**その他の地域統合**…**ASEAN《アセアン》**や**APEC《エイペック》**など。

⑤国際連合《こくさいれんごう》の成立

●**成立**…1945年10月，**世界の平和と安全を守る**ことを目的《もくてき》に発足。本部はアメリカ合衆国のニューヨーク。

●**特色《とくしょく》**…大国中心主義，武力制裁《ぶりょくせいさい》が可能《かのう》。

⑥国際連合のしくみとはたらき

●**しくみ**…**総会《そうかい》**，**安全保障《あんぜんほしょう》理事会**，**経済《けいざい》社会理事会**など。

●**安全保障理事会**…5**常任《じょうにん》理事国**（米・ロ・英・仏・中）と10の**非《ひ》常任理事国**で構成《こうせい》。常任理事国に**拒否権《きょひけん》**。

●**その他の機関《きかん》**…**ユネスコ**，**ユニセフ**，**WTO《ダブリュティーオー》**など。

ここもマーク！

●**経済水域《けいざいすいいき》**…沿岸《えんがん》から200海《かい》里以内《りいない》の水域。漁業資源《ぎょぎょうしげん》や地下資源は沿岸国に権利《けんり》。

●沖ノ鳥島…経済水域を守る。

●主権…他国から支配《しはい》されない権利や他国と対等の権利。

●**ベルリンの壁《かべ》**…東ドイツが築《きず》き，冷戦の象徴《しょうちょう》となった。

●**ベトナム戦争**…アメリカ合衆国が介入《かいにゅう》して激化《げきか》した。

●**パレスチナ紛争《ふんそう》**…イスラエルと，パレスチナ人やアラブ諸国《しょこく》の対立。第四次中東《ちゅうとう》戦争で石油危機《きき》が起こった。

●ソ連の解体…バルト3国が独立し，ロシア連邦《れんぽう》などが独《どく》立《りつ》国家共同体《きょうどうたい》を結成《けっせい》した。

●旧《きゅう》ユーゴスラビア…内戦《ないせん》が続《つづ》き，連邦《れんぽう》は解体した。

●日本と外国の関係…**日米安全保障《ほしょう》条約**，日韓基本《にっかんきほん》条約，**日中平和友好《ゆうこう》条約**。

●地域主義…国や地域がまとまり，協調《きょうちょう》・協力《きょうりょく》する動き。

●EUの目的…経済的・政治的に一つの国のようになる。

●**ユーロ**…EUの統一通貨《とういつつうか》。現在《げんざい》17か国が導入《どうにゅう》。

●**国際連合憲章《けんしょう》**…国連の任《にん》務《む》・目的・組織《そしき》などを定める。

●**国際連盟**…第一次世界大戦《たいせん》の反省《はんせい》から，1920年に設立《せつりつ》。

●拒否権…重要事項《じゅうようじこう》では1国でも反対すると決定できない。

●**PKO《ピーケーオー》**…国連の平和維持《いじ》活動。PKO協力法が成立し，自衛隊《じえいたい》も参加《さんか》。

重要事項の一問一答 5

1 国際社会のしくみ

(▼答え記入らん)

①経済水域《けいざいすいいき》を守るために護岸《ごがん》工事を行った，日本の南のはしの島を何といいますか。 ………… [ ]

②ロシア連邦《れんぽう》が占拠《せんきょ》している，択捉《えとろふ》島・国後《くなしり》島などの島々をまとめて何といいますか。 ………… [ ]

2 冷たい戦争とアジア・アフリカの動き

①北朝鮮《きたちょうせん》と韓国《かんこく》の間で1950年に起こった戦争を何といいますか。 ………… [ ]

②非同盟《ひどうめい》・中立主義《しゅぎ》をとった，アジア・アフリカの国々を何といいますか。 ………… [ ]

3 冷戦後の世界と核軍縮

①1991年に解体《かいたい》した，冷戦期に東側陣営《がわじんえい》の中心だった国を何といいますか。 ………… [ ]

②1968年に結《むす》ばれた，非核保有国《ひかくほゆうこく》への核兵器《へいき》の譲渡《じょうと》などを禁止《きんし》した条約《じょうやく》を何といいますか。 ………… [ ]

4 地域統合の動き

①EC《イーシー》が発展《はってん》して1993年に発足《ほっそく》した，ヨーロッパの地域統合《ちいきとうごう》の組織《そしき》を何といいますか。 ………… [ ]

5 国際連合の成立

①1945年10月，国際連合《こくさいれんごう》は何が発効《はっこう》したことで正式に発足しましたか。 ………… [ ]

6 国際連合のしくみとはたらき

①安全保障《ほしょう》理事会の5常任《じょうにん》理事国がもっている強い権限《けんげん》を何といいますか。 ………… [ ]

②教育や文化などの分野で国際協力《きょうりょく》を進めている，国連の専門機関《せんもんきかん》を何といいますか。 ………… [ ]

答え

1 ①沖ノ鳥島《おきのとりしま》　②北方領土《ほっぽうりょうど》　2 ①朝鮮《ちょうせん》戦争　②第三勢力《せいりょく》(世界)　3 ①ソ連(ソビエト社会主義共和国《しゅぎきょうわこく》連邦《れんぽう》)　②核拡散防止《かくかくさんぼうし》条約(核兵器《へいき》拡散防止条約，NPT《エヌピーティー》)　4 ①EU《イーユー》(ヨーロッパ連合)　5 ①国際連合(国連)憲章《けんしょう》　6 ①拒否《きょひ》権　②ユネスコ(国連教育科学文化機関，UNESCO)

⑦ 世界と日本の結《むす》びつき

国際化《こくさいか》時代の現代《げんだい》では，人・情報《じょうほう》・もの(貿易《ぼうえき》)などによる世界と日本の結びつきがますます強まっている。とくに日本の貿易の特色《とくしょく》と貿易摩擦《まさつ》を，しっかりおさえよう。また，円高《えんだか》・円安《えんやす》と貿易の関係《かんけい》についても理解《りかい》しよう。

PICO
TAKA

マメ知識

成田国際《なりたこくさい》空港は千葉《ちば》県成田《なりた》市にあり、かつては新東京国際空港と呼《よ》ばれた。世界の数十か国と結《むす》ばれており、日本の空の玄関口《げんかんぐち》である。日本から海外へは、観光《かんこう》などが目的《もくてき》の人が最《もっと》も多く、渡航先《とこうさき》はアメリカ合衆国《がっしゅうこく》や、中国《ちゅうごく》、韓国《かんこく》などのアジア諸国《しょこく》が多い。

成田国際《なりたこくさい》空港
ただいま〜。
おかえり。
外国の人がいっぱいだ
日本で生活する外国人がとてもふえたわ。
だんご
る屋
外国と、人の交流がさかんになっているんだね。

ピロロロロ…
インターネットなどで情報《じょうほう》のやり取りもさかんになったわ。
あっ、メールがとどいてる。次の仕事の予定だわ。
う〜む
NEWS
現在《げんざい》は情報社会で、さまざまなメディアを通して、多くの情報が得《え》られるわ。
重要

重要用語

情報《じょうほう》(化《か》)社会…テレビ・コンピュータ・電話などにより大量《たいりょう》の情報《じょうほう》が広いはん囲《い》に流れ，たくわえられていく社会。IT《アイティー》社会，ICT《アイシーティー》(情報通信技術《じょうほうつうしんぎじゅつ》)社会ともいう。

次の仕事は、アフリカの食料問題の調査《ちょうさ》ね。オーケー。
ステキ♪
わたしも、ゆり子さんみたいに、世界じゅうで仕事をしてみたい…。
キョロ
キョロ
何か、調べることはないかな？
今、世界と日本との結《むす》びつきを調べているんだ。ほかに？
調査ならまかせて！
ものによる結びつきって？
人と情報の結びつきのほかに、ものによる結びつきも調べてみたら？
輸入《ゆにゅう》や輸出《ゆしゅつ》のことだよね。
それじゃあ、まず貿易港《ぼうえきこう》のことを調べてみるかな？
調べてきま～す！
横浜港《よこはま》
石油を輸入しているのね。
タンカー
自動車を輸出しているんだわ。
いろいろな機械《きかい》もあるわ。

くわしく

インターネットが急速に広まった結果《けっか》、情報《じょうほう》の入手が簡単《かんたん》になり、個人《こじん》でも世界じゅうに情報を発信《はっしん》できるようになった。しかし、プライバシー情報の流出、コンピューター犯罪《はんざい》の増加《ぞうか》、情報格差《かくさ》(インターネットを利用《りよう》できる人とできない人との差《さ》)などの問題が生じている。

参考

食料自給率《じきゅうりつ》…国内で消費《しょうひ》した食料のうち，国内で生産《せいさん》された割合《わりあい》。農産物《のうさんぶつ》の輸入《ゆにゅう》自由化と食の国際化《こくさい か》が進んだ日本は，2011年度の穀物《こくもつ》の自給率が28％とかなり低い。

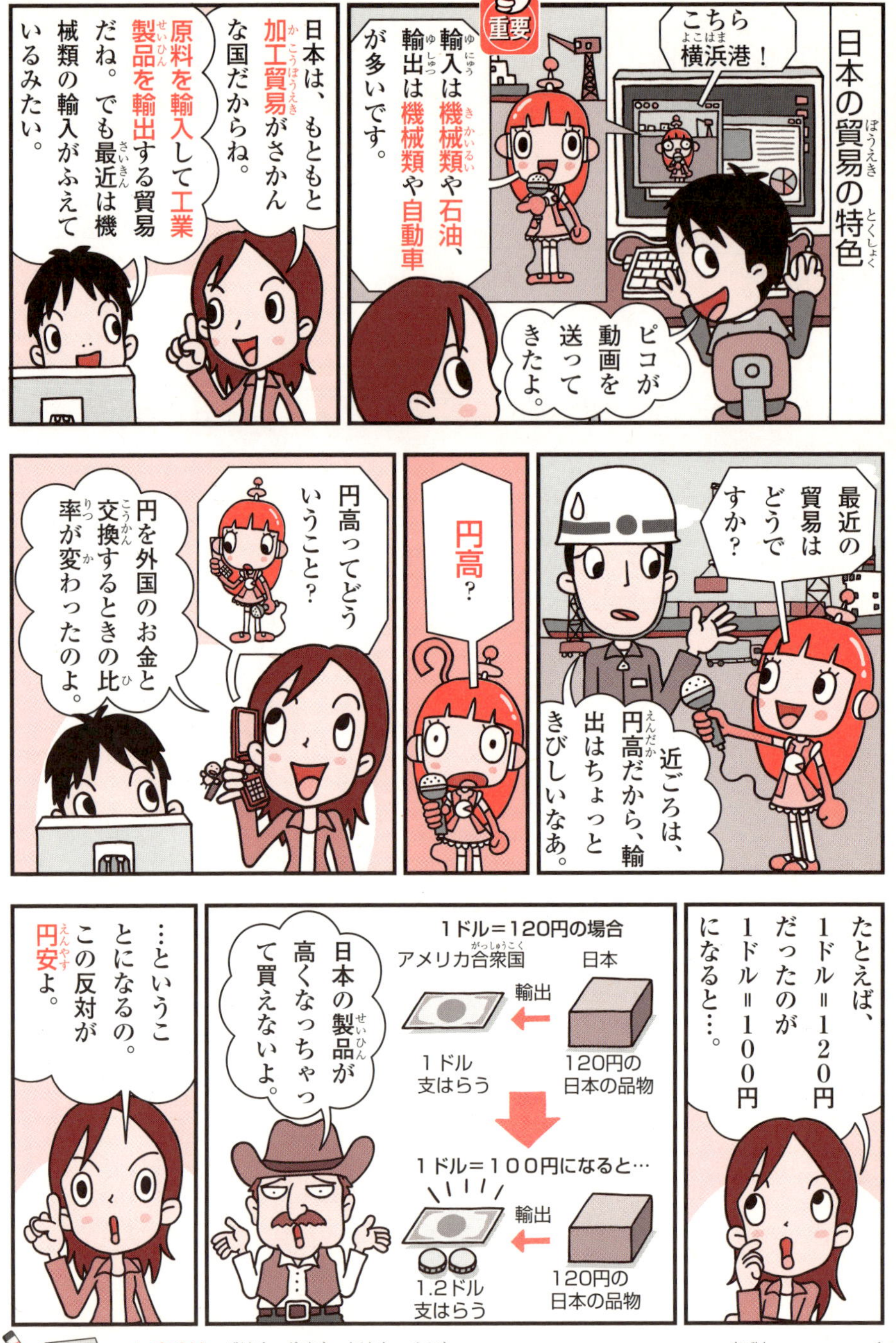

日本の貿易《ぼうえき》の特色《とくしょく》
こちら横浜《よこはま》港！
ピコが動画を送ってきたよ。
重要
輸入《ゆにゅう》は機械類《きかいるい》や石油、輸出《ゆしゅつ》は機械類や自動車が多いです。
日本は、もともと加工貿易《かこうぼうえき》がさかんな国だからね。
原料を輸入して工業製品《せいひん》を輸出する貿易だね。でも最近《さいきん》は機械類の輸入がふえているみたい。
最近の貿易はどうですか？
近ごろは、円高《えんだか》だから、輸出はちょっときびしいなあ。
円高？
円高ってどういうこと？
円を外国のお金と交換《こうかん》するときの比《ひ》率《りつ》が変《か》わったのよ。
たとえば、1ドル＝120円だったのが1ドル＝100円になると…。
1ドル＝120円の場合
アメリカ合衆国《がっしゅうこく》
日本
輸出
1ドル支はらう
120円の日本の品物
1ドル＝100円になると…
輸出
1.2ドル支はらう
120円の日本の品物
日本の製品《せいひん》が高くなっちゃって買えないよ。
…ということになるの。この反対が円安《えんやす》よ。

マメ知識

日本から輸出《ゆしゅつ》する商品の代金を相手国の通貨《つうか》で受け取る場合は、日本の円に交換《こうかん》する必要《ひつよう》がある。また、外国に旅行する場合には、円を旅行先の国の通貨に交換する。ある国と他の国の通貨の交換比率《ひりつ》を為替相場《かわせそうば》(為替レート)といい、毎日変動《へんどう》している。

重要用語

加工貿易《かこうぼうえき》…原料《げんりょう》・材料《ざいりょう》・燃料《ねんりょう》を輸入《ゆにゅう》して，それらをもとにして工業製品《せいひん》をつくって輸《ゆ》出《しゅつ》する貿易。資源《しげん》の少ない日本は，この加工貿易で発展《はってん》してきた。

くわしく

日本の貿易《ぼうえき》は、第二次世界大戦《たいせん》前までは、せんい原料《げんりょう》を輸入《ゆにゅう》してせんい品を輸出《ゆしゅつ》する加工《かこう》貿易が中心だった。１９７０年前後は、工業原料や燃料《ねんりょう》を輸入して重化学工業製品《せいひん》を輸出する加工貿易がさかんだった。近年は、輸入にしめる機械《きかい》類などの工業製品《せいひん》の割合《わりあい》が高まっている。

なるほど。だから、円高だと日本の輸出は不利《ふり》になるんだね。
円高は円の価値《かち》が上がったということなの。
でも、外国に旅行するときは有利よ。
ハンバーガー 1ドル
ラッキー
えっ？ １００円でいいの!?
円高のときにアメリカ合衆国《がっしゅうこく》に行くといいんだな。
ただいまー。
おかえり。
いっぱい調べてきたよ。
輸出先も輸入先も、中国《ちゅうごく》やアメリカが多かった。
入試に出る！
日本はアメリカとの貿易が多かったけど、最近は中国が最大《さいだい》の貿易相手国になっているのよ。

ポイント解説

●中国との貿易が拡大した

日本の貿易《ぼうえき》相手国

かつては、アメリカ合衆国《がっしゅうこく》が輸《ゆ》出《しゅつ》・輸入《ゆにゅう》ともに日本の最大《さいだい》の貿易相手国だった。近年は、中国《ちゅうごく》・韓《かん》国《こく》・台湾《たいわん》などアジアの国・地域《ちいき》の割合《わりあい》が高まっている。

とくに中国との貿易が急速に拡《かく》大《だい》し、中国との貿易額《がく》がアメリカ合衆国との貿易額を上回るようになった。中国からの輸入では、機械類のほか、衣類《いるい》・がん具・魚かい類などが多いのが特色《とくしょく》である。

日本の貿易相手国（2012年）

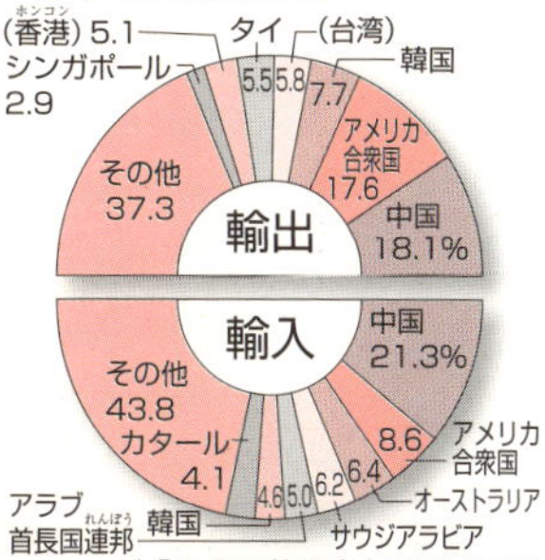

輸出
中国 18.1%
アメリカ合衆国 17.6
韓国 7.7
(台湾) 5.8
タイ 5.5
(香港《ホンコン》) 5.1
シンガポール 2.9
その他 37.3
輸入
中国 21.3%
アメリカ合衆国 8.6
オーストラリア 6.4
サウジアラビア 6.2
アラブ首長国連邦《れんぽう》 5.0
韓国 4.6
カタール 4.1
その他 43.8

（「日本国勢図会」2013/14年）

重要用語

円高…円の価値《かち》がほかの通貨《つうか》より高くなり，輸入《ゆにゅう》や海外旅行に有利《ゆうり》になる。

円安…円の価値がほかの通貨より低《ひく》くなり，輸出《ゆしゅつ》に有利，海外旅行に不利《ふり》になる。

マメ知識

日本は、貿易摩擦《ぼうえきまさつ》を解消《かいしょう》するために、①現地生産《げんちせいさん》、②輸出《ゆしゅつ》の自主規制《きせい》、③規制緩和《かんわ》、④内需《ないじゅ》の拡大《かくだい》(国内での消費《しょうひ》をふやす)を行った。自由な貿易を進めるための国際機関《こくさいきかん》として、世界貿易機関《きかん》(WTO《ダブリューティーオー》)がある。

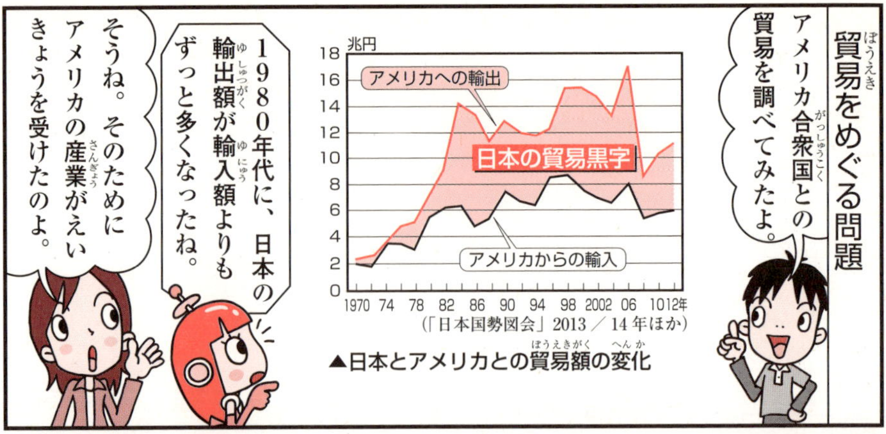

貿易《ぼうえき》をめぐる問題
アメリカ合衆国《がっしゅうこく》との貿易を調べてみたよ。
兆円
18
16
14
12
10
8
6
4
2
0
1970 74 78 82 86 90 94 98 2002 06 1012年
アメリカへの輸出
日本の貿易黒字
アメリカからの輸入
(「日本国勢図会」2013／14年ほか)
▲日本とアメリカとの貿易額《ぼうえきがく》の変化《へんか》
1980年代に、日本の輸出額《ゆしゅつがく》が輸入額《ゆにゅうがく》よりもずっと多くなったね。
そうね。そのためにアメリカの産業《さんぎょう》がえいきょうを受けたのよ。

日本製品《せいひん》の輸入がふえたせいで、アメリカ製品が売れなくなっちゃったよ！
ボクを買って〜!!
日本は輸出をへらせ！
アメリカのものをもっと輸入しろ！
そこで，日本は…
アメリカに工場をつくって現地生産《げんちせいさん》しましょう。
こうして、貿易摩擦《まさつ》がひどくなったわ。
重要
そうすれば輸出をおさえることができますね。

それに日本は、輸入の自由化が進んでいないじゃないか！
EU《イーユー》
アメリカ
輸入の自由化って…何？
こういうことよ。
・輸入品にかける税金《ぜいきん》(関税《かんぜい》)をなくす。
税金はいらないです！
・輸入量《りょう》の制限《せいげん》をしない。
全部OK《オーケー》です！

重要用語

日米貿易摩擦《ぼうえきまさつ》…日本が大はばに貿易黒字《くろじ》で，1960年代に鉄鋼《てっこう》，1970年代にせんい品やカラーテレビ，1980年代に自動車や半導体《はんどうたい》をめぐって深刻《しんこく》な貿易摩擦が起こった。

日本はこれまで、くだものや牛肉、それに米の輸入も自由化したわ。
国と国が自由に貿易をすれば、おたがいに発《はっ》展《てん》するんじゃないかな。
でも、国内ではこまったことも起こるわ。
外国のオレンジがふえて、みかんの売れゆきがへった。
みかん
輸入牛肉がふえて、畜産農家《ちくさんのうか》も大変《たいへん》だよ…。
今、世界では自由な貿易がさかんになって、資金《しきん》や人のゆききがいっそう活発になっているわ。
世界じゅうに支社《ししゃ》や子会社を置《お》く多国籍《たこくせき》企業《きぎょう》もあるね。
親
子
このように、国境《こっきょう》をこえて世界の結《むす》びつきが強くなっていくことをグローバル化というの。
日本の会社も、世界のあちこちに工場をつくっているんでしょう?
とくに、アジアに進出している会社が多いわね。
働《はたら》く人がたくさんいるし、賃金《ちんぎん》も安いから…。
安く生産《せいさん》できますね!
でも、反対に日本国内では工場がへって、働く場所を失《うしな》った人もふえたの。
わたしも世界に進出したい!
キャハ♥
世界のどこかを取材《しゅざい》したいな。

くわしく

1980年代以降《いこう》に急激《きゅうげき》な円高《えんだか》が進み、自動車や家電製品《せいひん》などの輸出《ゆしゅつ》が不利《ふり》になった。そのため、円高のえいきょうの少ないアジア諸国《しょこく》などに工場を建《た》てて現地生産《げんちせいさん》する日本企業《きぎょう》がふえた。しかし、国内の製造業《せいぞうぎょう》の生産力が低下《ていか》し雇用《こよう》もへるという、産業《さんぎょう》の空洞化《くうどうか》が進んだ。

参考

TPP《ティーピーピー》(環太平洋《かんたいへいよう》パートナーシップ)…アジア・太平洋地域《ちいき》の国々が参加する自由貿易協定。日本は参加に向けて交渉中だが，農業への打撃《だげき》が心配される。

⑧ 地球環境《かんきょう》問題

地球温暖化《おんだんか》，熱帯林《ねったいりん》の減少《げんしょう》，砂漠《さばく》化《か》，酸性雨《さんせいう》など，地球を取りまく環境《かんきょう》問題《もんだい》が深刻《しんこく》になっている。その現状《げんじょう》と原因《げんいん》を理解《りかい》するとともに，世界の取り組みもみていこう。また，世界遺産条《いさんじょう》約《やく》とラムサール条約も学習しよう。

マメ知識

世界の年平均《へいきん》気温は過去《かこ》百年間に約《やく》0・6度も上昇《じょうしょう》し、南極《なんきょく》や北極《ほっきょく》などの氷がとけて海水面が10～20㎝も上がったという。その結果《けっか》、南太平洋のキリバス・ツバル・ナウルや、インド洋のモルディブなどの島国が水ぼつの危機《きき》に直面している。

地球温暖化《ちきゅうおんだんか》

南太平洋《たいへいよう》の小さな島国
キリバス共和国《きょうわこく》
こんなところまで海水が…
え？
ピチャ
ピチャ
ピチャ
どうしてなんですか？
海面が上がっているんだ。
このままだと、この島国は将来《しょうらい》、海にしずんでしまうよー。
以上《いじょう》，キリバスからの報告《ほうこく》でした！
これ、あたしが取材《しゅざい》したビデオよ。取材先のキリバスでは大変《たいへん》な問題が起こっていたわ。
海面が上がるのは地球温暖化、つまり地球の気温上昇《じょうしょう》のえいきょうね。
入試に出る！
キリバスの人も、地球が暖《あたた》かくなって南極《なんきょく》などの氷がとけたせいだって言ってたわ。
どうして、地球の気温が上がっているのかな？

参考 **異常気象《いじょうきしょう》**…一般《いっぱん》には，過去《かこ》に経験《けいけん》した気象状態《じょうたい》から大きくはずれた気象を意味し，月平均《へいきん》気温や月降水量《こうすいりょう》が過去30年間に観測《かんそく》されない値《あたい》を示《しめ》した場合をいう。

くわしく

東南アジア、南アメリカ(アマゾン川流域《りゅういき》)、アフリカの熱帯地方《ねったいちほう》には広大な熱帯林が広がっている。しかし毎年、北海道《ほっかいどう》と九州《きゅうしゅう》の面積《めんせき》を合計したくらいの面積の熱帯林が失《うしな》われている。おもな原因《げんいん》は、農地《のうち》の開発のための焼畑《やきはた》や輸出《ゆしゅつ》用木材《もくざい》のばっさいによる熱帯林の破壊《はかい》である。

大気中の二酸化炭素《にさんかたんそ》などは温室効果《おんしつこうか》ガスといって、地球を適度《てきど》な温度にするはたらきをしているわ。
太陽の熱
温室効果《こうか》ガス
◀ふつう，太陽の熱《ねつ》の一部は大気中にたくわえられ，多くは宇《う》宙《ちゅう》に出ていく。
⇩二酸化炭素《にさんかたんそ》などがふえると
◀大気中にたくわえられる熱がふえ，地球の気温が上がる。
地球を温室のようにするはたらきが強くなるんだね。
そうすると、農産物《のうさんぶつ》や家畜《かちく》へ悪いえいきょうも出てくるわよ。
なぜ、二酸化炭素がふえるの？
二酸化炭素は、石油や石炭などの化石燃料《ねんりょう》を燃《も》やすことで発生するの。
CO_2
工業が発達したことが大きな原因《げんいん》なの？
ほかにもあるわ。

木を切りすぎると森林がなくなってしまうよ。
森林って、二酸化炭素を吸収《きゅうしゅう》して酸素《さんそ》をつくるはたらきがあるって知っているよね。
そうか。熱帯林がへると二酸化炭素がふえて、地球の温暖化が進んでしまうんだね。

▼ばっさいされる熱帯林《ねったいりん》

重要用語 **温室効果《おんしつこうか》ガス**…二酸化炭素《にさんかたんそ》(CO_2)，メタン，フロンガスなど，地球の気温を上げる気体。化石燃料《ねんりょう》やフロンガスなどの使用，食料増産《しょくりょうぞうさん》や木材《もくざい》のばっさいなどで増加《ぞうか》した。

くわしく

砂漠化《さばくか》は、とくにアフリカのサヘル（サハラ砂漠の南のふちにそって広がる）と呼《よ》ばれる地域《ちいき》での進行がいちじるしい。おもな原因《げんいん》は、干《かん》ばつなどの気候《きこう》によるほか、焼畑農業《やきはたのうぎょう》（草木を燃《も》やした灰《はい》を肥料《ひりょう》として利用《りよう》）、過放牧《かほうぼく》、燃料《ねんりょう》にする立ち木のばっさいである。

進む砂漠化《さばくか》

砂漠のようになってしまった。もう作物はつくれないな…。
木を切りすぎたり、家畜《かちく》を放牧《ほうぼく》しすぎたりしたからだ…。
このようにあれ地が広がることを、砂漠化というわ。北アフリカなど雨が少ない地域《ちいき》で深刻《しんこく》よ。
重要

酸性雨《さんせいう》の被害《ひがい》

▼酸性雨のためにかれた森林
とくにヨーロッパや北アメリカの森で被害が多い。

酸性雨
酸性雨って？
重要
工場や自動車の排出《はいしゅつ》ガスなどのえいきょうで降《ふ》る酸性度《さんせいど》が強い雨よ。森林をからしたり、湖の魚を死なせたりするわ。

オゾン層《そう》の破壊《はかい》

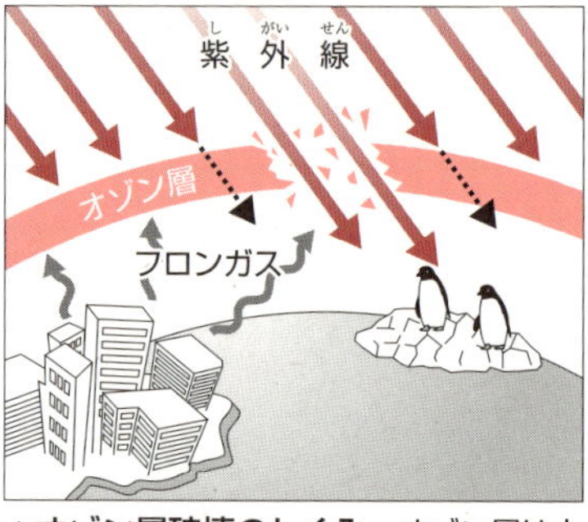
紫《し》外《がい》線《せん》
オゾン層
フロンガス

▲オゾン層破壊のしくみ　オゾン層は太陽の有害《ゆうがい》な紫外線《しがいせん》を防《ふせ》ぐはたらきをしている。

オゾン層が、フロンガスで破壊されてしまったんだね。
フロンガスは、エアコンなどに使われたガスよ。
オゾン層が破壊されて有害《ゆうがい》な紫外《しがい》線《せん》がふえると、人の健康《けんこう》や作物にも悪いえいきょうが出るわ。

重要用語

酸性雨《さんせいう》…工場のけむりや自動車の排出《はいしゅつ》ガスにふくまれる窒素酸化物《ちっそさんかぶつ》や硫黄酸化物《いおうさんかぶつ》などが雨水にとけ，酸性度の強い雨となって降《ふ》る。とくに，ヨーロッパでの被害《ひがい》が大きい。

いろんな問題があるんだね。国連《こくれん》では、どんな対策《たいさく》をしているの？
さまざまな会議《かいぎ》を開いて、対策を進めているわよ。
1972年 国連人間環境《かんきょう》会議（スウェーデンのストックホルム）
1992年 国連環境開発会議（地球サミット）（ブラジルのリオデジャネイロ）
1997年 地球温暖化防止京都会議《おんだんかぼうしきょうと》（日本）
2002年 環境開発サミット（南アフリカ共和国《きょうわこく》のヨハネスバーグ）
入試に出る！
▲地球環境《かんきょう》問題のおもな国際会議
京都で開かれた会議では、二酸化炭素《にさんかたんそ》などの温室効果《おんしつこうか》ガスをへらすことが先進国に義務《ぎむ》づけられたわ。
二酸化炭素をへらすことは、順調《じゅんちょう》に進んでいるのかな？
むずかしい問題も多いの。
たとえば、京都会議での取り決めでは、アメリカ合衆《がっしゅう》国《こく》は離脱《りだつ》したし、発展途上国《はってんとじょうこく》には義務がないし……。
二酸化炭素をへらすことは、あたしたちでもできるんだよね。
ピタッ
あぢぃ。エアコンとめちゃうの……。
ピピッ

くわしく

「かけがえのない地球《ちきゅう》」をテーマにした国連《こくれん》人間環境会議《にんげんかんきょうかいぎ》で、人間環境宣言《せんげん》が採択《さいたく》された。地球サミットで採択された「環境と開発に関《かん》するリオ宣言」には「持続可能《じぞくかのう》な開発」の原則《げんそく》がもりこまれ、地球温暖化防止京都会議《ちきゅうおんだんかぼうしきょうとかいぎ》では「京都議定書《きょうとぎていしょ》」が採択された。

ポイント解説

●温室効果ガスをへらす

京都議定書《きょうとぎていしょ》

地球温暖化防止京都会議《ちきゅうおんだんかぼうしきょうとかいぎ》で、先進国が2008〜2012年の間に温室効果《こうか》ガスを、1990年に比《くら》べて平均《へいきん》5・2％へらす内容《ないよう》の京都議定書を採択《さいたく》した。国《くに》・地域別《べつ》では日本が6％、アメリカ合衆《がっしゅう》国《こく》が7％、EU《イーユー》（ヨーロッパ連合《れんごう》）が8％となった。

アメリカ合衆国の離脱《りだつ》などの問題点も指摘《してき》されているが、2005年にようやく発効《はっこう》し、2013年からは延長《えんちょう》期間に入った。

二酸化炭素排出量割合《にさんかたんそはいしゅつりょうわりあい》

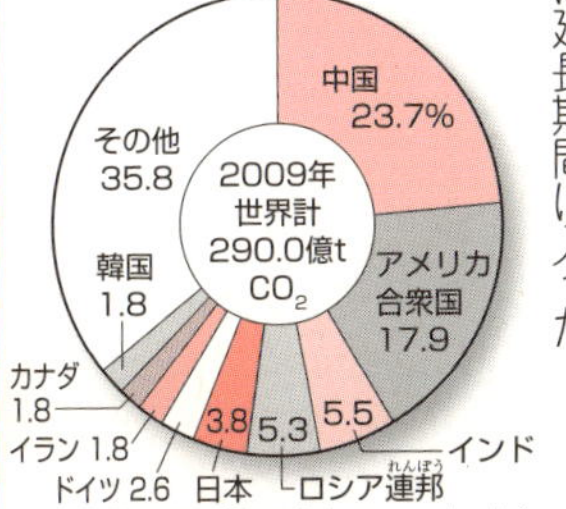

2009年
世界計
290.0億t
CO_2
中国 23.7%
アメリカ合衆国 17.9
インド 5.5
ロシア連邦《れんぽう》 5.3
日本 3.8
ドイツ 2.6
イラン 1.8
カナダ 1.8
韓国 1.8
その他 35.8

（「世界国勢図会」2012／13年）

参考 その他の地球環境問題《ちきゅうかんきょう》…タンカー事故《じこ》や工場廃水《はいすい》などによる海洋のよごれ，原子力発電所の事故《じこ》による放射能《ほうしゃのう》おせん，野生生物の減少《げんしょう》の問題もある。

マメ知識

2015年現在《げんざい》、セレンゲティ国立公園（タンザニア）、グレートバリアリーフ（オーストラリア）、グランドキャニオン国立公園（アメリカ合衆国《がっしゅうこく》）など1031か所が世界遺産《いさん》に登録《とうろく》されている。国別《くにべつ》ではイタリアが最《もっと》も多く、51か所ある。

自然・文化を守るための取り組み

▼屋久島《やくしま》　樹齢《じゅれい》7200年といわれる縄文杉《じょうもんすぎ》（写真《しゃしん》）をはじめ，巨大《きょだい》な屋久《やく》杉《すぎ》の原生林が見られる。

7千年も生きてるって、スゴーイ！
屋久島って、世界遺産《せかいいさん》に登録《とうろく》されているんだよね。
世界遺産条約《じょうやく》は国連《こくれん》のユネスコで採択《さいたく》されたの。世界的《てき》に貴《き》重《ちょう》な自然遺産や文化遺産を守るための条約よ。

重要　日本の世界遺産

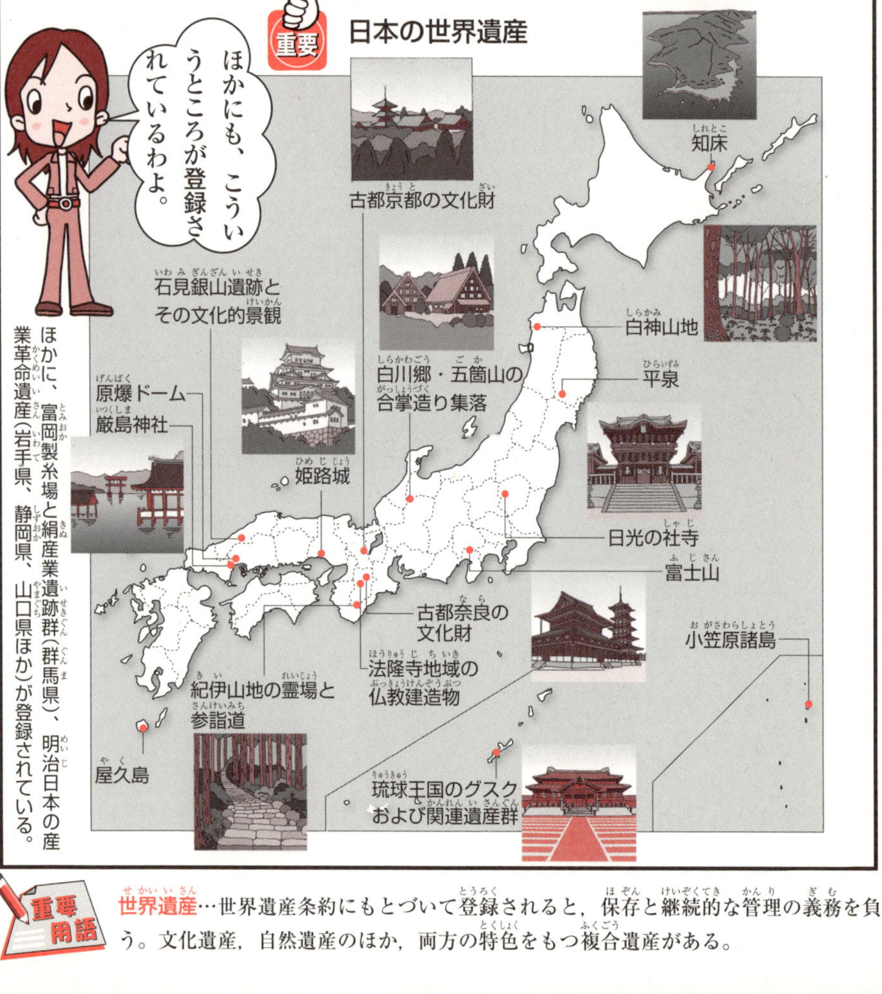
ほかにも、こういうところが登録されているわよ。
知床《しれとこ》
白神山地《しらかみさんち》
平泉《ひらいずみ》
日光の社寺《しゃじ》
富士山《ふじさん》
小笠原諸島《おがさわらしょとう》
古都京都《きょうと》の文化財《ざい》
石見銀山遺跡《いわみぎんざんいせき》とその文化的景観《けいかん》
白川郷《しらかわごう》・五箇山《ごかやま》の合掌造《がっしょうづく》り集落
原爆《げんばく》ドーム
厳島《いつくしま》神社
姫路城《ひめじじょう》
古都奈良《なら》の文化財
法隆寺地域《ほうりゅうじちいき》の仏教建造物《ぶっきょうけんぞうぶつ》
紀伊《きい》山地の霊場《れいじょう》と参詣道《さんけいみち》
屋久島《やくしま》
琉球王国《りゅうきゅうおうこく》のグスクおよび関連遺産群《かんれんいさんぐん》

ほかに、富岡《とみおか》製糸場と絹《きぬ》産業遺跡群《いせきぐん》（群馬《ぐんま》県）、明治《めいじ》日本の産業革命遺産《かくめいいさん》（岩手《いわて》県、静岡《しずおか》県、山口《やまぐち》県ほか）が登録されている。

重要用語

世界遺産《せかいいさん》…世界遺産条約にもとづいて登録《とうろく》されると，保存《ほぞん》と継続的《けいぞくてき》な管理《かんり》の義務《ぎむ》を負う。文化遺産，自然遺産のほか，両方の特色《とくしょく》をもつ複合《ふくごう》遺産がある。

鳥がたくさん集まってる。
水がきれいで、鳥のえさが多いんだな。
こういう環境《かんきょう》を守るための条約《じょうやく》もあるのよ。
ラムサール条約
1971年、イランで採択《さいたく》。水鳥の生息地《せいそくち》として重要《じゅうよう》な湿地《しっち》を守るために結《むす》ばれた。
ラムサール条約には、日本でも、釧路湿原《くしろしつげん》や琵琶湖《びわこ》などが登録されて保護《ほご》されているわよ。
工場の排水《はいすい》で水がよごれたりしたら、鳥はすめなくなるものね。
ガーガー
鳥たちの環境を守るためよ。次はあっちのごみだからね！
ピコのやつ口だけじゃなく体も動かせよ〜。
ザブザブ

くわしく

北海道《ほっかいどう》の東部に広がる釧路湿原《くしろしつげん》は、約《やく》1万8000ヘクタールもある日本最大《さいだい》の湿原で、タンチョウ・シマフクロウ・オジロワシ・キタサンショウウオなど貴重《きちょう》な野生生物の宝庫《ほうこ》である。1980年、日本で最初《さいしょ》にラムサール条約《じょうやく》に登録《とうろく》された。

ポイント解説

●高まる環境運動

ナショナル・トラスト運動

ナショナル・トラスト運動は、開発から貴重《きちょう》な自然《しぜん》や歴史的建造物《れきしてきけんぞうぶつ》などを守る運動で、会員の寄付《きふ》や会費《かいひ》で土地や建物《たてもの》などを買い取り、保存《ほぞん》・管理《かんり》する。イギリスから始まり、日本でも和歌山県《わかやまけん》の天神崎《てんじんざき》などで行われている。

また、近年には、自然や文化を楽しみながら観光《かんこう》旅行をするエコツーリズムがさかんになっている。

日本のおもなナショナル・トラスト運動

知床《しれとこ》100平方メートル運動の森・トラスト
阿蘇《あそ》グリーンストック
トンボと自然《しぜん》を考える会
はちのへの小さな浜《はま》の会
中池見《なかいけみ》湿地トラスト
軽井沢《かるいざわ》ナショナルトラスト
グリーントラストうつのみや
トトロのふるさと財団《ざいだん》
富士《ふじ》山ナショナル・トラスト
天神崎《てんじんざき》の自然を大切にする会

参考 ワシントン条約《じょうやく》…正式には「絶滅《ぜつめつ》のおそれのある野生動植物の種《しゅ》の国際取引《こくさいとりひき》に関《かん》する条約」で，ゾウ・トラ・ゴリラ・パンダなどの商業取り引きが禁止《きんし》されている。

⑨ 世界の課題《かだい》

世界は，南北問題，人口爆発《ばくはつ》，エネルギーの問題などさまざまな問題をかかえている。南北問題とはどんな問題で，先進国がどんな取り組みをしているかを中心にみていこう。学習の最後《さいご》に，地球市民《しみん》としてできることは何かを考えてみよう。

ギューッ
キューッ
ギューッ

くわしく

世界の穀物《こくもつ》の生産量《せいさんりょう》は、全世界の人々が食べてもあまるほどあるが、そのうちのぼう大な量《りょう》が家畜《かちく》の飼料《しりょう》となっている。世界には栄養不足《えいようぶそく》の人たちが9億《おく》人以上《いじょう》もおり、食料不足でも輸入《ゆにゅう》する資金《しきん》がないことなどから、発展途上国《はってんとじょうこく》の5人に1人が飢餓《きが》の状態《じょうたい》にあるという。

ゆり子のオフィス
ゆり子さん、今、何を調べているの？
は〜い。
アフリカの食料《しょくりょう》問題を調べているの。
アフリカ食料問題
へ〜っ
あたしも、毎日食料のことを調べているわよ。
ドサッ
これはおいしいよ。これも最高《さいこう》〜！
ピコの調査《ちょうさ》って、ピコが好《す》きな食べ物の調査だろう。
これを見たら、ピコもそんなに食べていられないわよ。
アフリカ食料問題
今、世界では、毎年1000万人近くの子どもが、飢《う》えや病気でなくなっているのよ。

参考 アフリカ…植民地《しょくみんち》時代が長かったため，産業《さんぎょう》の開発や経済的《けいざいてき》自立がおくれている国が多い。干《かん》ばつなどの自然災害《さいがい》や，民族紛争《みんぞくふんそう》も絶《た》えない。（→108ページ参照《さんしょう》）

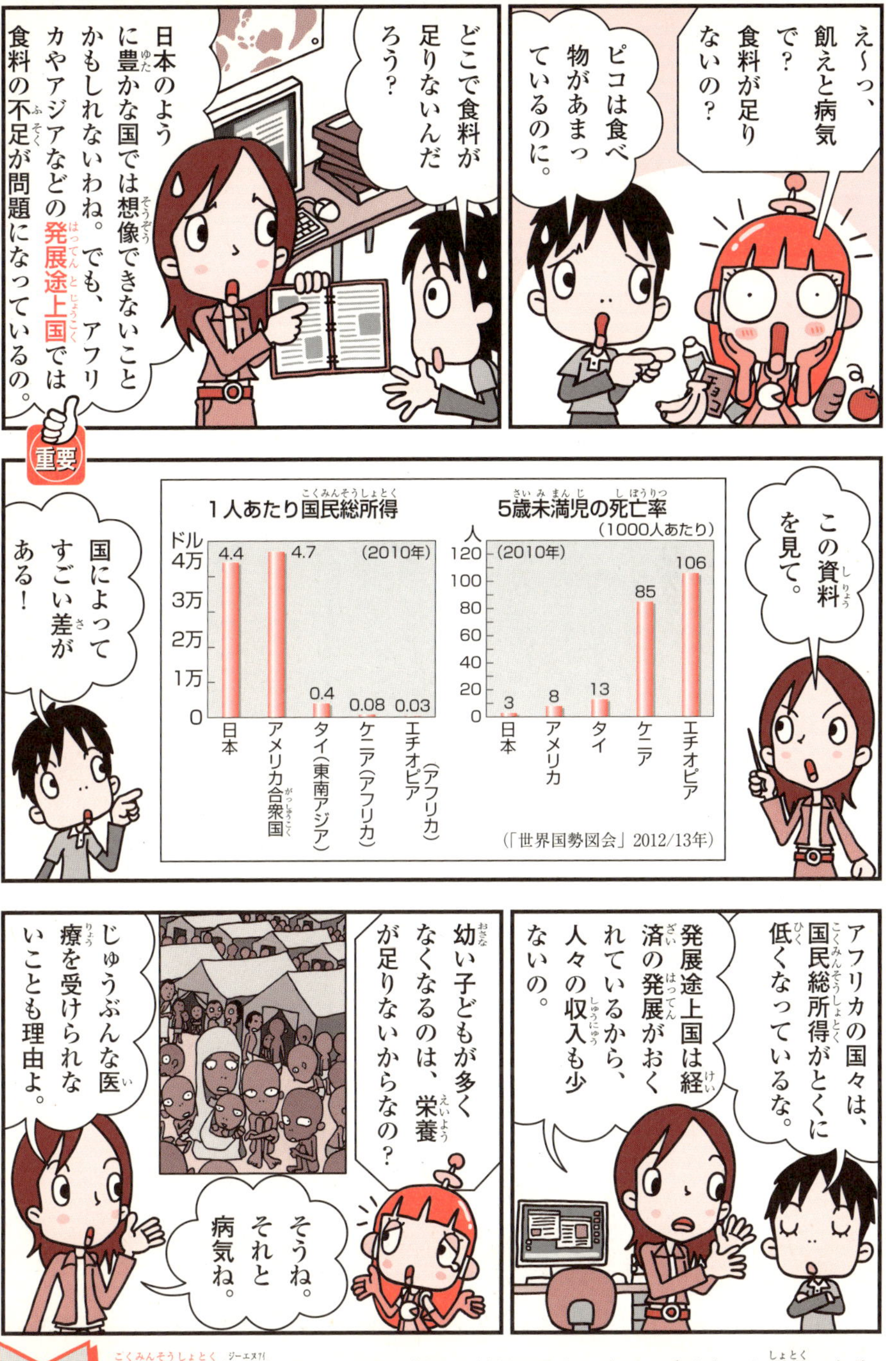
え〜っ、飢えと病気で？食料が足りないの？
ピコは食べ物があまっているのに。
どこで食料が足りないんだろう？
日本のように豊《ゆた》かな国では想像《そうぞう》できないことかもしれないわね。でも、アフリカやアジアなどの発展途上国《はってんとじょうこく》では食料の不足《ふそく》が問題になっているの。
重要
この資料《しりょう》を見て。
1人あたり国民総所得《こくみんそうしょとく》
ドル
4万
3万
2万
1万
0
(2010年)
4.4 日本
4.7 アメリカ合衆国《がっしゅうこく》
0.4 タイ(東南アジア)
0.08 ケニア(アフリカ)
0.03 エチオピア(アフリカ)
5歳未満児《さいみまんじ》の死亡率《しぼうりつ》
(1000人あたり)
人
120
100
80
60
40
20
0
(2010年)
3 日本
8 アメリカ
13 タイ
85 ケニア
106 エチオピア
(「世界国勢図会」2012/13年)
国によってすごい差《さ》がある！
アフリカの国々は、国民総所得《こくみんそうしょとく》がとくに低《ひく》くなっているな。
発展途上国は経《けい》済《ざい》の発展《はってん》がおくれているから、人々の収入《しゅうにゅう》も少ないの。
幼《おさな》い子どもが多くなくなるのは、栄養《えいよう》が足りないからなの？
そうね。それと病気ね。
じゅうぶんな医《い》療《りょう》を受けられないことも理由よ。

くわしく

発展途上国《はってんとじょうこく》は、一般《いっぱん》に次のような問題をかかえている。所得水準《しょとくすいじゅん》が低《ひく》く、外国からの借金《しゃっきん》が増加《ぞうか》している。また、人口増加率《ぞうかりつ》が高いので、食《しょく》料生産《りょうせいさん》が追いつかない。ほかにも、衛生状態《えいせいじょうたい》が悪い、病院《びょういん》などの設備《せつび》が少ない、教育がじゅうぶんでない、政治《せいじ》が不《ふ》安定などの問題がある。

参考

国民総所得《こくみんそうしょとく》(GNI《ジーエヌアイ》)…それぞれの国が，外国からもふくめて受け取った所得《しょとく》の合計。なお，国内で１年間につくられたものやサービスの合計は国内総生産《そうせいさん》(GDP《ジーディーピー》)という。

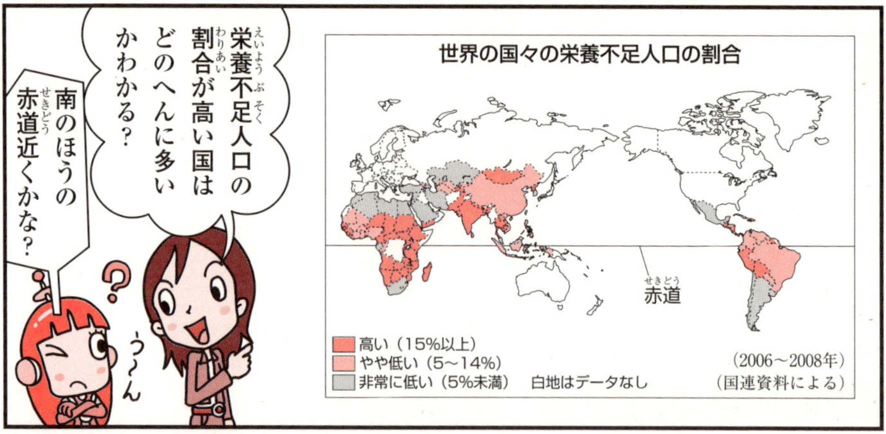

栄養不足人口《えいようぶそく》の割合《わりあい》が高い国はどのへんに多いかわかる？
南のほうの赤道《せきどう》近くかな？
う〜ん
世界の国々の栄養不足人口の割合
赤道《せきどう》
高い（15%以上）
やや低い（5〜14%）
非常に低い（5%未満）　白地はデータなし
（2006〜2008年）
（国連資料による）

栄養不足人口の割合が低《ひく》い国は北のほうだね。
北
南
そうね。世界の南のほうに発展途上国《はってんとじょうこく》が多く、北のほうに先進国が多いわね。

発展途上国と先進国は、経済《けいざい》の格差《かくさ》が大きくて、食料《しょくりょう》不足などいろいろな問題が起こっているわ。この問題を南北問題というの。
入試に出る！
どうして、食料不足になるのかな？

発展途上国のあゆみと関係《かんけい》が深いの。
発展途上国の多くは、かつて、ヨーロッパ諸国《しょこく》などの植民地《しょくみんち》だった。
輸出用《ゆしゅつよう》の作物の生産《せいさん》をふやすように。
独立《どくりつ》後も、生産のしくみは変《か》わらなかった。
せっかく農産物《のうさんぶつ》を生産しても……
食料がぼくたちにゆきわたらない。
・輸出も不安定《ふあんてい》で、国の収入《しゅうにゅう》がとぼしい。
・工業の発達《はったつ》がおくれ、人々の生活が苦しい。

マメ知識

『世界がもし100人の村だったら』によれば、現在《げんざい》の人類統計比率《じんるいとうけいひりつ》をもりこんで全世界を100人の村に縮小《しゅくしょう》すると、「6人が全世界の富《とみ》の59%を所有《しょゆう》し、80人は標準以下《ひょうじゅんいか》の居住環境《きょじゅうかんきょう》に住み、50人は栄養失調《えいようしっちょう》に苦しみ、1人がひん死の状態《じょうたい》にある」ことになる。

参考

モノカルチャー経済《けいざい》…特定《とくてい》の農産物《のうさんぶつ》や鉱産資源《こうさんしげん》にたよる経済のこと。コートジボワールやガーナのカカオ，ナイジェリアの石油など，アフリカの国々に多い。

それに、発展途上国では出生率《しゅっしょうりつ》が高く、人口の増加《ぞうか》がはげしい国が多いの。
重要
70
60
50
40
30
20
10
0
（億人）
北アメリカ
世界人口
中南アメリカ・オセアニア
ヨーロッパ
アフリカ
アジア
1950 60 70 80 90 2000 10 12（年）
（「日本国勢図会」2013/14年）
▲世界の人口の動き
アジアとアフリカでとくに人口がふえているわ。
人口がふえて、食料の生産が追いつかないんだね。
政治《せいじ》の不安定《ふあんてい》な国が多く、内戦《ないせん》をのがれて難民《なんみん》になる人も多いわ。
▼ソマリアから避難《ひなん》した女性や子どもたち難民
住むところがなくなってしまった人たち？
そう。じゅうぶんな食事がとれずになくなる人も多いのよ。

くわしく

世界の人口が急激《きゅうげき》に増加《ぞうか》しており、2050年には約《やく》90億人《おくにん》になると予測《よそく》されている。この人口爆発《ばくはつ》は、とくに、アジア、アフリカ、南アメリカなど発展途上《はってんとじょう》の地域《ちいき》でめだっている。中国《ちゅうごく》では、夫婦《ふうふ》に子ども1人を原則《げんそく》とする一人っ子政策《せいさく》をとっている。

ポイント解説

南南問題

●発展途上国間にも格差

韓国《かんこく》・シンガポール・ブラジルなどのNIES《ニーズ》（新興工業経済地域《しんこうこうぎょうけいざいちいき》）や、クウェート・アラブ首長《しゅちょう》国連邦《こくれんぽう》などの産油国《さんゆこく》は急速に経済《けいざい》を発展《はってん》させている。そのいっぽうで、アフリカのサハラ砂漠《さばく》以南《いなん》などには、工業化がおくれ資源《しげん》もないため、まずしいままの国が多い。発展途上国《はってんとじょうこく》間のこうした格差《かくさ》の拡大《かくだい》を、南南問題という。

発展途上国間の格差（2010年）

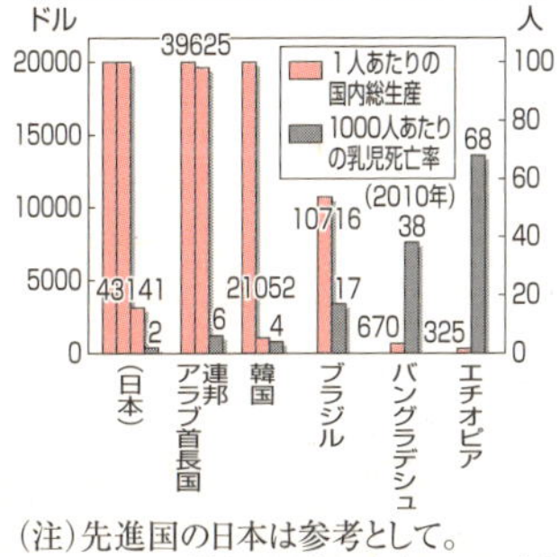
ドル
人
20000
15000
10000
5000
0
100
80
60
40
20
0
1人あたりの国内総生産
1000人あたりの乳児死亡率（2010年）
43141
2
39625
6
21052
4
10716
17
670
38
325
68
（日本）
アラブ首長国連邦
韓国
ブラジル
バングラデシュ
エチオピア

（注）先進国の日本は参考として。

（「世界国勢国会」2012/13年）

重要用語

難民《なんみん》…政治的《せいじてき》，民族的《みんぞく》，宗教的《しゅうきょう》な理由で迫害《はくがい》され，外国にのがれた人々。近年は，紛《ふん》争《そう》や飢《う》えをのがれて国外や自国内の他地域《ちいき》に移《うつ》った人々もふくむ。

マメ知識

日本のODA《オーディーエー》は、援助《えんじょ》が相手の希望《きぼう》にそっていない、援助額《えんじょがく》のGNI《ジーエヌアイ》（国民総所得《こくみんそうしょとく》）にしめる割合《わりあい》が低い、無償援助《むしょうえんじょ》が少ない、などの問題が指《し》摘《てき》された。援助額は長く1、2位《い》をしめていたが、2012年の実績《じっせき》はアメリカ合衆国《がっしゅうこく》、イギリス、ドイツ、フランスにつぐ5位に転落《てんらく》した。

日本にはこんなにたくさん食べ物があるけど……。
アメリカ合《がっ》衆国《しゅうこく》のように、世界じゅうに食料《しょくりょう》をたくさん輸出《ゆしゅつ》している国もあるよ。
世界の食料庫
小麦

食料を援助《えんじょ》したらいいんだ。
あ…、それ…わたしの…おやつ……。
ひ〜

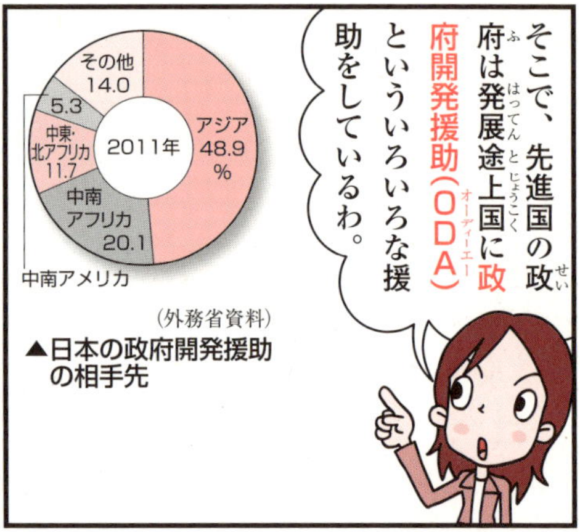
そこで、先進国の政《せい》府《ふ》は発展《はってん》途《と》上国《じょうこく》に政府開発援助（ODA《オーディーエー》）といういろいろな援助をしているわ。
2011年
アジア 48.9%
中南アフリカ 20.1
中南アメリカ
中東・北アフリカ 11.7
5.3
その他 14.0

（外務省資料）

▲日本の政府開発援助の相手先

開発のための資金《しきん》提供《ていきょう》や技術協力《ぎじゅつきょうりょく》をしているの。
使ってください。
円

青年海外協力隊《きょうりょくたい》
さまざまな分野で専門的《せんもんてき》な知《ち》識《しき》をもつ人を派遣《はけん》し，現地《げんち》の人に技術《ぎじゅつ》や知識の面で援助している。
人による援助もさかんよ。
ふむふむ
なるほど〜
こうしてああして……。

NGO《エヌジーオー》（非政府組織《ひせいふそしき》）
民間《みんかん》の人々の団体《だんたい》で，医療《いりょう》や環境《かんきょう》・人権《じんけん》などさまざまな分野で活動している。
民間《みんかん》の団体《だんたい》も活動しているわ。

重要用語

青年海外協力隊《きょうりょくたい》…農林水産業《のうりんすいさんぎょう》・鉱工業《こうこうぎょう》・土木建築《どぼくけんちく》の技術支援《ぎじゅつしえん》のほか，保健医療《ほけんいりょう》・教育・スポーツの指導《しどう》などを行うため，国際協力機構《きこう》（JICA《ジャイカ》）が派遣《はけん》している。

先進国の援助で、発展途上国の開発は進んでいるんだ。
でも、開発のために環境《かんきょう》がこわれてしまったら問題ね。
うむ
農地を開発しすぎて熱帯林《ねったいりん》がへっているよね。
石油や石炭を使いすぎて地球が温暖化《おんだんか》してるわ。
環境を守りながら開発を進めることが大切ね。
それに、石油や石炭の埋蔵《まいぞう》量《りょう》にも限《かぎ》りがあるわ！
警告《けいこく》！石油は50年以内《いない》でかれる！
このまま石油を使いすぎると、こうなるの。だから最近《さいきん》は自然エネルギーを使った発電が見直されているわ！
もう出ないよ〜！
これが環境にやさしい発電よ！
フーッ
くるくる
くるくる
ピカッ
風力発電か、太陽光発電もいいね。

マメ知識

南北問題を解決《かいけつ》するため、先進国が加盟《かめい》する経済協力開発機構《けいざいきょうりょくかいはつきこう》（OECD《オーイーシーディー》）が1961年に発足《ほっそく》し、発展途上国《はってんとじょうこく》への経済援助《けいざいえんじょ》を行ってきた。また、南北問題を討議《とうぎ》する機関として1964年に国連貿易開発会議《こくれんぼうえきかいはつかいぎ》（UNCTAD《アンクタッド》）が設立《せつりつ》された。

ポイント解説

●民間の活動も活発

NGO《エヌジーオー》とNPO《エヌピーオー》

さまざまな分野にわたって活動しているNGO（非政府組織《ひせいふそしき》）のうち、国際連合《こくさいれんごう》に登録《とうろく》された団体《だんたい》を国連NGOという。赤十字国際委員会、アムネスティ・インターナショナル、国境《こっきょう》なき医師団《いしだん》などがある。

また、非営利組織《ひえいりそしき》のNPOは、市民《しみん》が主体となり環境《かんきょう》・防災《ぼうさい》などの分野で社会貢献《こうけん》をしている。

国連NGO《エヌジーオー》

赤十字国際《こくさい》委員会…人道活動を通じ，世界平和の維持《いじ》と発展《はってん》に貢献《こうけん》。

アムネスティ・インターナショナル…世界人権宣言《じんけんせんげん》にもとづき，政治犯《せいじはん》の権利《けんり》や自由を守る活動を展開《てんかい》。

国境《こっきょう》なき医師団《いしだん》…宗教《しゅうきょう》や政治体制《せいじたいせい》などのわくをこえ，人道・医療援助《いりょうえんじょ》活動に従事《じゅうじ》。

参考

化石燃料《ねんりょう》の可採《かさい》年数…資源《しげん》には限《かぎ》りがあり，いつまでもとれるわけではない。この可採年数は，石油が約《やく》59年，石炭が約74年（「日本国勢図会」2013/14年）と予測《よそく》されている。

要点整理と重要事項のまとめ 6

⑦世界と日本の結《むす》びつき

●**世界との結びつき**…人，情報《じょうほう》，ものにより結びつく。

●**情報(化《か》)社会**…テレビ・コンピューター・電話などにより大量《たいりょう》の情報が広いはん囲《い》に流れ，たくわえられる。

●**日本の貿易《ぼうえき》**…輸入《ゆにゅう》は機械類《きかいるい》や石油，輸出《ゆしゅつ》は機械類や自動車など。日本は，加工《かこう》貿易で発展《はってん》してきた。

●**円高《えんだか》・円安《えんやす》**…円の価値《かち》がほかの通貨《つうか》より高くなることを円高，逆《ぎゃく》に低《ひく》くなることを円安という。

●**貿易をめぐる問題**…日本の輸出が輸入を大はばに上まわることから，アメリカ合衆国《がっしゅうこく》などと貿易摩擦《まさつ》が起こった。→日本は，輸入の自由化などを求《もと》められた。TPP《ティーピーピー》(環太平洋《かんたいへいよう》パートナーシップ)参加のための交渉をしている。

●**グローバル化**…多国籍企業《たこくせききぎょう》など，国境《こっきょう》をこえて世界の結びつきが強くなっている。

⑧地球環境《かんきょう》問題

●**地球温暖化《おんだんか》**…化石燃料《ねんりょう》(石炭や石油など)の大量消費《しょうひ》で二酸化炭素《にさんかたんそ》がふえ，地球の気温が上がっている。

●**熱帯林《ねったいりん》の減少《げんしょう》**…南アメリカのアマゾン川流域《りゅういき》や東南アジア，アフリカなどで熱帯林が減少している。

●**砂漠《さばく》化**…アフリカのサヘルと呼《よ》ばれる地域《ちいき》など。

●**酸性雨《さんせいう》**…ヨーロッパなどで，酸性度の強い雨が降《ふ》る。

●**オゾン層《そう》の破壊《はかい》**…フロンガスが原因《げんいん》。

●**環境会議《かいぎ》**…国連《こくれん》人間環境会議，国連環境開発会議(地球サミット)，地球温暖化防止京都《ぼうしきょうと》会議など。

●**条約《じょうやく》**…世界遺産《いさん》条約，ラムサール条約など。

⑨世界の課題《かだい》

●**世界の課題**…食料不足《しょくりょうぶそく》，栄養《えいよう》不足，経済格差《けいざいかくさ》，人口増《ぞう》加《か》，難民《なんみん》，資源《しげん》・エネルギー問題など。

●**南北問題**…北半球に多い先進国と南半球に多い発展途《はってんと》上国《じょうこく》の経済格差と，それにともなうさまざまな問題。

●**政府開発援助《えんじょ》(ODA《オーディーエー》)**…アメリカ合衆国や日本など先進国の政府《せいふ》が発展途上国に対して行う援助。

●**NGO《エヌジーオー》(非《ひ》政府組織)**…医療《いりょう》や環境・人権などさまざまな分野で活動している民間の団体《だんたい》。

ここもマーク！

●**情報のやり取り**…インターネットなどでさかんになる。

●**加工貿易**…原料を輸入し，製品《せいひん》に加工，輸出する貿易。

●**日本の貿易相手国**…かつてはアメリカ合衆国との貿易が多かったが，近年は中国《ちゅうごく》が輸入・輸出とも最大の貿易相手国となっている。

●**円高**…日本の輸出に不利《ふり》。

●**日米貿易摩擦**…鉄鋼《てっこう》，せんい品，カラーテレビ，自動車，半《はん》導体《どうたい》などの分野で起こった。

●**多国籍企業**…世界じゅうに支社《ししゃ》や子会社を置《お》く企業。

●**温室効果《こうか》ガス**…二酸化炭素やフロンガスなど，地球の気温を上げる気体。

●**地球サミット**…「環境と開発に関《かん》するリオ宣言《せんげん》」に「持続可能《じぞくかのう》な開発」の原則《げんそく》がもりこまれた。

●**地球温暖化防止京都会議**…温室効果ガスをへらす京都議定書《ぎていしょ》が採択《さいたく》された。

●**日本の世界遺産**…法隆寺《ほうりゅうじ》，厳島《いつくしま》神社，屋久島《やくしま》など。

●**ラムサール条約登録地《とうろくち》**…釧路湿原《くしろしつげん》や琵琶《びわ》湖など。

●**発展途上国**…一般《いっぱん》に食料が不足し，乳児死亡率《にゅうじしぼうりつ》が高く，人口の増加がはげしい。

●**難民**…迫害《はくがい》のため，外国や自国の他地域にのがれた人々。近年は，紛争《ふんそう》や飢《う》えをのがれた人々もふくむ。

●**青年海外協力隊《きょうりょくたい》**…国際協力機構《きこう》(JICA《ジャイカ》)が，さまざまな分野で専門的知識《せんもんてきちしき》をもつ人々を派《は》けんしている。

重要事項の一問一答 6

7 世界と日本の結びつき

（▼答え記入らん）

①大量《たいりょう》の情報《じょうほう》が広いはん囲《い》に流れ，たくわえられる社会を何といいますか。 ………… [　　]

②かつての日本のような，原料《げんりょう》を輸入《ゆにゅう》し，製品《せいひん》にして輸出《ゆしゅつ》する貿易《ぼうえき》を何といいますか。 ………… [　　]

③円の価値《かち》が，アメリカ合衆国《がっしゅうこく》のドルなど外国の通貨《つうか》より高くなることを何といいますか。 ………… [　　]

④世界じゅうに支社《ししゃ》や子会社を置《お》く企業《きぎょう》を何といいますか。 ………… [　　]

8 地球環境問題

①二酸化炭素《にさんかたんそ》の増加《ぞうか》などが原因《げんいん》で，地球の気温が上がっていることを何といいますか。 ………… [　　]

②工場や自動車の排出《はいしゅつ》ガスなどのえいきょうで降《ふ》る，酸性度《さんせいど》の強い雨を何といいますか。 ………… [　　]

③地球温暖化防止京都会議《おんだんかぼうしきょうとかいぎ》で採択《さいたく》された，温室効果《こうか》ガスをへらすことを取り決めた文書を何といいますか。 ………… [　　]

④法隆寺《ほうりゅうじ》，厳島《いつくしま》神社，屋久島《やくしま》などは，ユネスコの何に登録《とうろく》されていますか。 ………… [　　]

9 世界の課題

①迫害《はくがい》，紛争《ふんそう》，飢《う》えなどから，外国や自国内の他地域《ちいき》にのがれた人々を何といいますか。 ………… [　　]

②先進国と発展途上国《はってんとじょうこく》の経済格差《けいざいかくさ》と，それにともなう問題を何といいますか。 ………… [　　]

③日本などの先進国の政府《せいふ》が，発展途上国に対して行う援助《えんじょ》を何といいますか。 ………… [　　]

④医療《いりょう》や環境《かんきょう》・人権《じんけん》などの分野で活動している非政府組織《ひせいふそしき》の略称《りゃくしょう》を何といいますか。 ………… [　　]

答え　7 ①情報《じょうほう》(化)社会　②加工《かこう》貿易　③円高《えんだか》　④多国籍企業《たこくせききぎょう》　8 ①地球温暖《おんだん》化　②酸性雨《さんせいう》　③京都議《きょうとぎ》定書《ていしょ》　④世界遺産《いさん》　9 ①難民《なんみん》　②南北問題　③政府開発援助《えんじょ》(ODA《オーディーエー》)　④NGO《エヌジーオー》

第13条「……。生命，自由及び幸福追求《ついきゅう》に対する国民の権利については，公共の福祉に反しない限《かぎ》り，立法その他国政の上で，最大の尊重《そんちょう》を必要とする。」

あ 表現の自由　**い** 平等権　**う** プライバシーの権利
え 信教の自由　**お** 財産権《ざいさん》　**か** 職業選択《しょくぎょうせんたく》の自由
き 生存権　**く** 参政権　**け** 環境権《かんきょう》
こ 奴隷《どれい》的拘束《こうそく》及び苦役からの自由

・

(4) 次のａ～ｄの説明文にあてはまる略称《りゃくしょう》をあとの**あ**～**か**から選んだとき，あてはまらない略称を次の**あ**～**か**から２つ選び，記号で答えなさい。

ａ　利益《りえき》を得ることを目的とせず，ボランティア活動など，社会に貢献《こうけん》する活動を行う組織。

ｂ　国際《こくさい》連合の機関で，発展途上国《とじょうこく》の児童《じどう》に対し，食料・医療品《いりょうひん》などの提供《ていきょう》や教育・職業訓練《くんれん》などの援助《えんじょ》を行っている組織。

ｃ　労働条件《じょうけん》の改善《かいぜん》を国際的に実現することを目的に，1919年に設立《せつりつ》された組織。

ｄ　貿易についての国際ルールをつくり，それが守られているかを監視するために，1995年に設立された組織。

あ ＩＬＯ　**い** ＵＮＥＳＣＯ　**う** ＷＴＯ
え ＩＣＪ　**お** ＮＰＯ　**か** ＵＮＩＣＥＦ

・

(5) 外国へのお金の支払額《がく》と外国からのお金の受取額についてまとめたものを国際収支といいます。日本の2011年の国際収支の各項目《こうもく》について述《の》べた文の破線《はせん》部のうち，あやまっているものを次の**あ**～**え**から１つ選び，記号で答えなさい。

あ　商品を輸出して受け取る代金と，商品を輸入して支払う代金の差額をあらわす貿易収支は，赤字(支払の方が多い)であった。

い　映画などに対する代金や旅行に関する代金などの受け取りと支払いの差額をあらわすサービス収支は，赤字であった。

う　日本の会社が外国に会社や工場をつくるために使った金額と，外国の会社が日本に会社や工場をつくるために使った金額の，差額をあらわす直接投資の収支は，赤字であった。

え　食料や衣料品などの援助《えんじょ》の提供《ていきょう》と受け入れの差額をあらわす項目である経常移転収支は，黒字(受け取りの方が多い)であった。

入試問題にチャレンジ 1

1 **次の各問いに答えなさい。** （桜蔭中）

(1) 日本の国家財政《ざいせい》に関する文のうち，誤《あやま》りを含《ふく》むものを次の**あ**～**え**から１つ選び，記号で答えなさい。

あ 所得税《しょとくぜい》は，納税者の所得状況《じょうきょう》に応じて課税《かぜい》され，高額《こうがく》の所得ほど高い税率が課《か》される。

い 消費税は，所得の高い人の方が高価な商品を買う機会が多いので，富裕《ふゆう》層《そう》ほど負担感《ふたんかん》が大きいという特徴《とくちょう》がある。

う 所得税は国税であり，土地や家屋に課される固定資産《しさん》税は地方税である。

え 2012年４月から実施《じっし》されている2012年度の国の予算の歳入《さいにゅう》(収入)では，税収の割合《わりあい》よりも借金(公債《こうさい》金)の割合《わりあい》の方が高い。

(2) 地方自治に関する文のうち，正しいものを次の**あ**～**え**から１つ選び，記号で答えなさい。

あ 地方公共団体の首長は，住民の直接《ちょくせつ》選挙によって選出されるので，アメリカの大統領《だいとうりょう》のように，議会《ぎかい》が不信任決議をすることができない。

い 地方公共団体の仕事の１つに，条例に違反《いはん》する行為《こうい》をした住民に対する裁判《さいばん》がある。

う 地方公共団体の予算の歳入のうち，国が地方公共団体に交付している国《こっ》庫《こ》支出金(補助金)は使い道が決まっている。

え 有権者の50分の１以上の署名《しょめい》を集めて，条例案とともに直接請求《せいきゅう》をすると，地方議会での審議《しんぎ》・議決をへることなく，その条例案は成立する。

(3) 日本国憲法《けんぽう》の基本的《きほんてき》人権全般《ぜんぱん》に関する第12条と第13条には，次にあげるように「公共の福祉《ふくし》」ということばが登場します。それ以外の具体的人権について，あえて「公共の福祉」ということばが登場し強調されているのはどの権利・自由に関する条文ですか。あとの**あ**～**こ**より２つ選び，記号で答えなさい。

第12条 「……。又，国民は，これを濫用《らんよう》してはならないのであつて，常に公共の福祉のためにこれを利用する責任を負ふ。」

2 **次のア～クの文を読み，あとの問いに答えなさい。** （青山学院中）

ア　生活に困《こま》っている人に対して，自治体が一定の援助《えんじょ》を行う。
イ　会社に不満があるとき，社員が団結して意図的に仕事の効率《こうりつ》を落とすことができる。
ウ　学生は20歳をこえていても，結婚《けっこん》に親の同意が必要である。
エ　国が使用を許可《きょか》した薬によって重い病気にかかった場合，国を訴《うった》えることができる。
オ　保護《ほご》者は子どもに教育を受けさせなければならない。
カ　すべての子どもは教育を受けなければならない。
キ　すべての国民は好きな職業を選ぶことができる。
ク　会社が社員を募集《ぼしゅう》するときに，男性だけ，女性だけを募集することは原則として認《みと》められていない。

(1)　**ア～ク**の中で，基本的人権および国民の義務《ぎむ》の具体例として正しくないものをすべて選び，記号で答えなさい。

(2)　**ア～ク**の中で，社会権にあてはまるものをすべて選び，記号で答えなさい。

(3)　**ア～ク**の中で，国民の義務について正しく説明したものを１つ選び，記号で答えなさい。

3 **国民主権を支える制度として重要なのは選挙制度です。日本の選挙制度では，長年「一票の格差」が問題になってきました。2011年，最高裁《さい》判所《ばんしょ》は衆議院議員選挙での「一票の格差」が大きすぎるとして，違憲状《いけんじょう》態《たい》であるという判断をしました。** （青山学院中）

(1)　衆議院議員選挙で用いられている小選挙区比例代表並立制のどの部分が違憲状態の原因《げんいん》と考えられますか。次の**ア～エ**の中から１つ選び，記号で答えなさい。

ア　個人名ではなく，政党名を記入する方式。
イ　１つの選挙区から複数《ふくすう》の当選者を出す方式。
ウ　都道府県の人口と面積から議席《ぎせき》を計算し，割《わ》りふる方式。
エ　各都道府県にまず１議席ずつを割りふり，残りを人口に比例して配分する方式。

入試問題にチャレンジ②

1 **選挙制度《せいど》は，間接民主制の現代において，国民の政治参加を保障《ほしょう》する重要なしくみです。有権者はさまざまな思いで，一票を投じています。そしてその願《ねが》いが政治を変えていくのです。選挙について以下の問いに答えなさい。**（立教池袋中改）

(1) 日本国憲法《けんぽう》にかかげられた選挙の基本《きほん》原則について，次の問いに答えなさい。

① 日本国憲法第15条は，身分や経済《けいざい》力，性別などで制限せず，すべての成年者に選挙権を保障《ほしょう》するとしていますが，このことを何といいますか。漢字で答えなさい。

② 日本国憲法第44条は，両議院の議員及びその選挙人の資格《しかく》は，法律《ほうりつ》でこれを定め，人種，信条，性別，社会的身分，門地，教育，財産《ざいさん》または収入によって差別してはならないとしていますが，このことを何といいますか。漢字で答えなさい。

(2) 国会議員の選挙制度について，次の表の（　ア　）～（　エ　）にあてはまる数字を答えなさい。

選挙の種類		選挙区数	定数	被選挙権	任期
衆議院《しゅうぎいん》議員選挙	小選挙区選出	（　ア　）	295人	満（　エ　）歳《さい》以上	4年
	比例《ひれい》代表選出	11	（　イ　）人		
参議院《さんぎいん》議員選挙	選挙区選出	45	146人	満30歳以上	6年
	比例代表選出	1	（　ウ　）人		

(ア)		(イ)		(ウ)		(エ)	

(3) 小選挙区制の特徴《とくちょう》としてあてはまらないものを，次の**(ア)**～**(オ)**から2つ選んで記号で答えなさい。

(ア) 有権者が候補者をよく知ることができる。
(イ) 死票が少なく，大きな政党《せいとう》に有利になる。
(ウ) 地域《ちいき》の事情に候補者が左右される可能性が高い。
(エ) 新人が当選しやすい。
(オ) 選挙資金《しきん》を節約できる。

(3)　下線部(2)について。日本では，北海道などを居住地としていた先住民の人たちに対する差別の問題があります。この人たちの伝統《でんとう》や文化を尊重するために，1997年につくられた法律を答えなさい。

(4)　下線部(3)について。この社会保険について記した以下の文のうち，内容の正しいものを２つ選び，記号で答えなさい。

あ　日本では，さまざまな社会保険料について，企業《きぎょう》は一切負担《ふたん》しなくて良いことになっている。

い　2011年３月の地震《じしん》を受けて，地震の被害《ひがい》に備える社会保険のしくみが日本で新たにつくられた。

う　日本には，仕事をしている最中にけがをした場合に備える社会保険もある。

え　アメリカでは，公的な医療保険《いりょうほけん》が不十分なため，病気やけがに見舞《みま》われたときに国民に支払う医療費は，日本より高い。

・

(5)　下線部(4)について。社会福祉について記した以下の文のうち，内容の正しいものには○を，正しくないものには×を記入しなさい。

ア　日本では，介護《かいご》の仕事につく人が多く必要とされるようになったが，外国人の介護福祉士や看護師《かんごし》を受け入れる制度はまだない。

イ　老人福祉センターでは，お年寄りの健康《けんこう》増進やレクリエーションなどを目的として活動がおこなわれており，無料または低額《ていがく》の料金で利用することができる。

ウ　日本では，盲導《もうどう》犬・聴導《ちょうどう》犬・介助《かいじょ》犬を連れている人もそのまま，公共の図書館やスーパーマーケットなどに入ることができる。

ア		イ		ウ	

(6)　下線部(5)について。この改革《かいかく》案では，図１のグラフにみられるような女性の働き方を改めることが提案《ていあん》されました。このグラフからどのような傾向《けいこう》が読み取れますか。また，そのような傾向がみられるのはなぜですか。それぞれ説明しなさい。

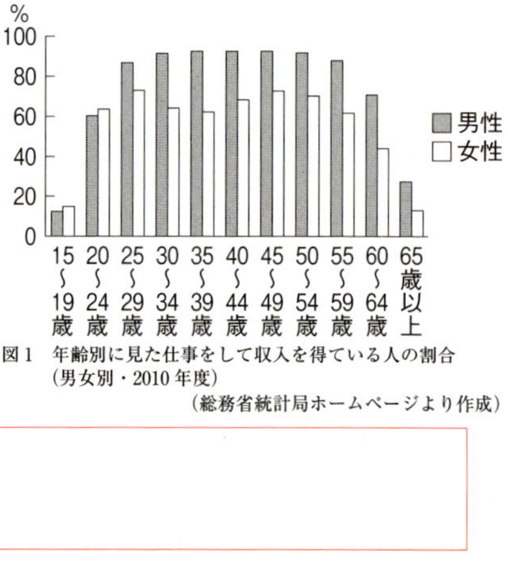

図１　年齢別に見た仕事をして収入を得ている人の割合（男女別・2010年度）

（総務省統計局ホームページより作成）

入試問題にチャレンジ 3

1 **次の文章を読んで，問いに答えなさい。** （桐朋中）

人間は誰でも(1)基本的人権《きほんてき》をもっています。人権には，職業を自由に選べるとするなどの自由権や(2)差別をゆるさないとする平等権などがあります。また，人間は誰でも人間らしい生活をおくることができるとする生存《せいぞん》権も，大切な人権のひとつです。

国民に人間らしい生活をおくる権利があるということは，国民一人ひとりに対し人間らしい生活を保障《ほしょう》する［ 1 ］が国・政府《せいふ》にあることを意味します。国・政府が担《にな》うこの［ 1 ］は，広く社会保障と呼《よ》ばれています。

社会保障には，日々の生活に困《こま》っている人に対し国・自治体が生活費などを援助《えんじょ》する生活保護《ほご》や，病気や失業などに備《そな》えて，国・自治体が保険料を集める(3)社会保険などがあります。社会保険のうち，定年などで仕事を退職《たいしょく》したあとの老後の生活に備える［ 2 ］制度も，社会保険のひとつです。

社会保障の内容としてもうひとつ重要なのが(4)社会福祉《ふくし》です。これは，お年寄りや子どもたち，障《しょう》がいをもっている人たちなどを国・自治体が援助するものです。

現在《げんざい》日本では少子高齢化が進んでいます。働くことでお年寄りを支えていく若い世代の人たちが減《へ》っていくと同時に，生活するうえで援助を必要とするお年寄りが増《ふ》えていっています。そのため，これから社会保障のために必要なお金はより多くなっていくことが予想されています。そこで，［ 3 ］党を中心として発足した(5)野田《のだ》政権は2011年，「社会保障と税《ぜい》の一体改革」を目指す具体的な案をまとめました。

(1) ［ 1 ］～［ 3 ］にあてはまる語句を漢字２文字でそれぞれ答えなさい。なお，同じ番号には同じ語句が入ります。

1		2		3	

(2) 下線部(1)について。以下は，人権を大切にすることを打ち出した文書です。これを，成立した年代の古い順に並べ替え，記号で答えなさい。

あ 国際《こくさい》連合憲章《けんしょう》　**い** 世界人権宣言《せんげん》
う フランス人権宣言　**え** 子どもの権利条約

→　→　→

特徴《とくちょう》がある。**エ**政党名で投票する比例《ひれい》代表制に比べて，個人名で投票する小選挙区制では知名度の低い新人が当選するのは難《むずか》しくなる。

2 (1) **ウ・カ**(順不同)

(1) **ウ**日本では，成年男女(20歳《さい》以上)の婚姻《こんいん》(結婚《けっこん》)は，両性　(男女)の合意のみで成立し，親の同意は必要ない。未成年(20歳未満)の結婚には，両親の同意が必要となる。**カ**保護者《ほごしゃ》が子どもに教育を受けさせる義務《ぎむ》はあるが，子どもが教育を受ける義務は定められていない。

(2) **ア・イ**(順不同)

(2) **ア**は，地方公共団体(地方自治体)行う公的扶助《ふじょ》(生活保護《ほご》)や社会福祉《ふくし》などのことで，社会権のうち，生存権に基《もと》づいて行われる。**イ**は労働基本権のうち，団体行動権のこと。労働基本権は団結権・団体交渉《こうしょう》権・団体行動権からなる。

(3) **オ**

3 (1) **ウ**

(1)　2012年12月の衆議院議員選挙について，広島高等裁判所などが違憲《いけん》であるとの判断を下した。

p.152～153

1 (1) 1　**義務**
2　**年金**
3　**民主**

(2) **う→あ→い→え**

(2) 国際連合憲章《けんしょう》の採択《さいたく》は1945年，世界人権宣言の採択は1948年，フランス人権宣言の発表は1789年，子どもの権利条約(児童《じどう》の権利条約)の採択《さいたく》は1989年。日本は，1994年に子どもの権利条約を批准《ひじゅん》した。

(3) **アイヌ文化振興法(アイヌ新法)**

(4) **う・え**(順不同)

(4) **あ**民間企業《きぎょう》に勤《つと》める人は厚生年金に加入しているが，その保険料は加入者だけでなく，企業も負《ふ》担《たん》する。**い**地震《じしん》の被害《ひがい》の備《そな》える社会保険のしくみは整備《せいび》されていない。

(5) ア　×
イ　○
ウ　○

(5) **ア**現在《げんざい》，日本では外国人が介護《かいご》の仕事に就《つ》く制度が整えられ，介護福祉士《ふくしし》の国家資格《しかく》を取得した外国人もいる。**ウ**2002年に「身体障害者《しょうがいしゃ》補助犬法」が施行され，公共施設《しせつ》だけでなく民間施設でも，身体障害者が補助犬を同伴《どうはん》することができるようになった。

(6) **25歳以上では男性の就業率が女性を上回っている。その理由は，結婚や出産・子育てなどをきっかけに，一度仕事をやめる女性が多いからだと考えられる。**

入試問題にチャレンジ 解答と解説

p.148〜149

1
(1) **い**
(2) **う**
(3) **お・か**(順不同)
(4) **い・え**(順不同)
(5) **え**

(1) 消費税《しょうひぜい》は，所得の多い少ないに関わらず，同じ税率《ぜいりつ》でかかるので，低所得者ほど税負担《ふたん》が重くなる逆進性が問題となっている。
(2) **あ**地方議会《ぎかい》は，地方公共団体の首長に対して不信任決議をすることができる。不信任決議がされた場合，首長は10日以内に地方議会を解散《かいさん》しなければ，その職を失う。**い**条例に違反《いはん》する行為《こうい》をした住民に対する裁判《さいばん》は裁判所の仕事で，地方公共団体の仕事ではない。**え**条例は，有権者の50分の1以上の署名《しょめい》をもって首長に請求《せいきゅう》したのち，地方議会の審議《しんぎ》・議決を経て成立する。
(4) UNESCO《ユネスコ》は，国連教育科学文化機関の略称《りゃくしょう》で，教育・科学・文化などを通じて，国際《こくさい》平和と人類の福祉《ふくし》を促進《そくしん》する国連の専門機関。主な仕事して，世界遺産《いさん》の登録などがある。ICJ《アイシージェイ》は国際司法裁判所《さいばんしょ》の略称で，領土問題などの国家間の争いを裁く国連に常設《じょうせつ》された国際裁判所。
(5) 2011年の経常移転収支は，約《やく》1.1兆《ちょう》円の赤字である。

p.150〜151

1
(1) ①**普通選挙《ふつうせんきょ》**
②**平等選挙**
(2) ア **295**
イ **180**
ウ **96**
エ **25**
(3) **(イ)・(エ)**(順不同)

(1) 日本において選挙は，普通選挙・秘密《ひみつ》選挙・平等選挙・直接選挙の4つの原則のもとで実施《じっし》されている。秘密選挙とは，無記名(投票者の名前を書かない)での投票，直接選挙とは，有権者が直接候補者に投票することである。
(2) 衆議院《しゅうぎいん》議員選挙は合計475人の議員を選出し，参議院議員選挙は合計242人の議員を選出する。衆議院議員選挙については，一票の格差を改善《かいぜん》するために2013年6月に公職選挙法が改正され，小選挙区の定数の「0増《ぞう》5減《げん》」を行った。このため以降《いこう》の衆院選から小選挙区は295区295名の選出となり，定数も475名となった。
(3) **イ**小選挙区制は大きな政党《せいとう》に有利で政権が安定するが，死票が多く，少数意見が反映されにくい

「チェック式さくいん」は159ページから始まります。

□上告《じょうこく》……47
□少子高齢《こうれい》化《か》……96
□小選挙区《しょうせんきょく》(制《せい》・選出《せんしゅつ》)……32,**70**
□小選挙区《しょうせんきょく》比例代表並立制《ひれいだいひょうへいりつせい》……70
□象徴《しょうちょう》……11
□常任《じょうにん》理事国……123
□消費税《しょうひぜい》……91,**93**
□情報《じょうほう》(化《か》)社会《しゃかい》……128
□条約《じょうやく》(の承認《しょうにん》・の締結《ていけつ》)……35,36,**43**,105
□条例《じょうれい》……57,**60**,61
□食料《しょくりょう》問題……140
□女子差別撤廃条約《さべつてっぱいじょうやく》……17
□所得税《しょとくぜい》……**92**,93
□知る権利《けんり》……27
□人権《じんけん》思想……**15**,16
□(フランス)人権宣言《じんけんせんげん》……15
□人種差別《じんしゅさべつ》……16
□身体の自由……20
□生活保護《ほご》……95
□請求権《せいきゅうけん》……25
□税金《ぜいきん》……76,86,**90**,93
□精神《せいしん》の自由……20
□製造物責任法《せいぞうぶつせきにんほう》(PL法《ピーエルほう》)……77
□生存権《せいぞんけん》……**22**,95
□政党《せいとう》(政治《せいじ》)……**65**,66
□青年海外協力隊《きょうりょくたい》……144
□政府開発援助《せいふかいはつえんじょ》(ODA《オーディーエー》)……144
□政府《せいふ》の銀行……80
□政令《せいれい》……42
□世界遺産《いさん》……138
□世界人権宣言《じんけんせんげん》……17
□世界貿易機関《ぼうえききかん》(WTO《ダブリュティーオー》)……124
□世界保健機関《ほけんきかん》(WHO《ダブリュエイチオー》)……124
□石油危機《きき》(オイルショック)……83,**85**
□世論《せろん(よろん)》……53,**67**
□選挙管理《せんきょかんり》委員会……**62**,63
□選挙権《せんきょけん》……**24**,25,68
□戦略兵器削減条約《せんりゃくへいきさくげんじょうやく》(START《スタート》)……112,**113**
□総会《そうかい》(国連《こくれん》)……122,**123**
□総辞職《そうじしょく》……33,**42**
□ソ連《れん》の解体《かいたい》……110

た

□第三次産業《さんぎょう》……84
□第三勢力《せいりょく》(世界)……109
□大統領制《だいとうりょうせい》……53
□大日本帝国憲法《ていこくけんぽう》……8
□多国籍企業《たこくせききぎょう》……133
□多党制《たとうせい》……66
□弾劾裁判《だんがいさいばん》(所《しょ》)……36,51,**52**
□団結権《だんけつけん》……23
□男女共同参画《きょうどうさんかく》社会基本法《きほんほう》……**19**,21
□男女雇用機会均等法《こようきかいきんとうほう》……**19**,21
□団体交渉権《だんたいこうしょうけん》……23
□団体《だんたい》行動権《けん》(争議権《そうぎけん》)……23
□地域紛争《ちいきふんそう》……111
□地球温暖化《おんだんか》……98,**134**,137
□地球温暖化防止京都会議《おんだんかぼうしきょうとかいぎ》……119,**137**
□地方公共団体《こうきょうだんたい》……**57**,59,86,88
□地方公共団体《こうきょうだんたい》の収入《しゅうにゅう》……89
□地方交付税交付金《こうふぜいこうふきん》……**88**,89
□地方裁判所《ちほうさいばんしょ》……**45**,47
□地方税《ちほうぜい》……89,**93**
□地方分権《ぶんけん》……59
□朝鮮戦争《ちょうせんせんそう》……107
□直接税《ちょくせつぜい》……**91**,93
□直接請求《ちょくせつせいきゅう》(権《けん》)……**60**,61,62,63
□直接選挙《ちょくせつせんきょ》……69
□直接民主制《ちょくせつみんしゅせい》……65
□貯蓄《ちょちく》……76
□冷《つめ》たい戦争《せんそう》(冷戦《れいせん》)……106
□TPP《ティーピーピー》(環太平洋《かんたいへいよう》パートナーシップ)……133
□天皇《てんのう》……8,9,**11**,33,41
□ドイツ(の統一《とういつ》)……107,**110**
□東西対立……107
□特別会《とくべつかい》(特別《とくべつ》国会)……33,**37**
□(アメリカ)独立宣言《どくりつせんげん》……17
□ドント方式……71

な

□内閣《ないかく》……35,38,**39**,42,51
□内閣総理大臣《ないかくそうりだいじん》(の指名)……33,**35**,38,41,51,52
□内閣不信任《ないかくふしんにん》……33,35,36,**42**,51,52
□ナショナル・トラスト運動……139

□刑事裁判《けいじさいばん》……**45**,47
□刑事補償請求権《けいじほしょうせいきゅうけん》……25
□原告《げんこく》……46
□検察官《けんさつかん》……45
□憲法《けんぽう》……6
□憲法改正《けんぽうかいせい》……**9**,36
□憲法《けんぽう》第9条《じょう》……12,**13**
□憲法《けんぽう》の番人……49
□権利《けんり》(の)章典《しょうてん》……17
□公害《こうがい》……84,**99**
□公害対策基本法《こうがいたいさくきほんほう》……99
□公共《こうきょう》の福祉《ふくし》……**12**,21
□公共料金《こうきょうりょうきん》……75
□好景気《こうけいき》……79
□公債金《こうさいきん》……87
□公衆衛生《こうしゅうえいせい》……95
□公職選挙法《こうしょくせんきょほう》……69
□控訴《こうそ》……47
□公聴会《こうちょうかい》……33,**35**
□公的扶助《こうてきふじょ》……95
□高等裁判所《さいばんしょ》……**45**,47
□高度経済成長《こうどけいざいせいちょう》……**83**,84
□公布《こうふ》……8,**9**,33
□国債《こくさい》(費《ひ》)……88
□国際連合《こくさいれんごう》……**118**,121
□国際連合憲章《こくさいれんごうけんしょう》……119
□国際連盟《こくさいれんめい》……119,**120**,121
□国事行為《こくじこうい》……**11**,43
□国税《こくぜい》……93
□国政調査権《こくせいちょうさけん》……36
□国民主権《こくみんしゅけん》……7,**10**,53
□国民審査《こくみんしんさ》(権《けん》)……25,51,**53**
□国民投票《こくみんとうひょう》(権《けん》)……**9**,25,36
□国民《こくみん》の三大義務《ぎむ》……12
□国務大臣《こくむだいじん》……39,**41**,42
□国連環境《こくれんかんきょう》開発会議《かいぎ》(地球サミット)……137
□国連《こくれん》人間環境会議《かんきょうかいぎ》……137
□国会……**31**,51,52
□国庫支出金《ししゅつきん》……**88**,89
□子どもに普通《ふつう》教育を受けさせる義務《ぎむ》……12
□子どもの権利条約《けんりじょうやく》……**17**,119

さ

□最高裁判所《さいこうさいばんしょ》……**45**,46,47
□最高裁判所長官《さいこうさいばんしょちょうかん》の指名……**43**,51,52
□財政《ざいせい》……86
□裁判員制度《さいばんいんせいど》……49
□裁判所《さいばんしょ》……**44**,47,51
□裁判《さいばん》を受ける権利《けんり》……25
□砂漠化《さばくか》……136
□参議院《さんぎいん》……31,**32**
□三権分立《さんけんぶんりつ》……15,**50**
□三審制《さんしんせい》……46,**47**
□酸性雨《さんせいう》……136
□参政権《さんせいけん》……**24**,25
□自衛隊《じえいたい》……**13**,125
□市場《しじょう》……74
□市場価格《しじょうかかく》……75
□自然《しぜん》エネルギー……145
□市町村合併《がっぺい》……59,**89**
□死票《しひょう》……70
□司法《しほう》(権《けん》・機関《きかん》)……**44**,46,50,51
□司法《しほう》の独立《どくりつ》……48
□資本主義《しほんしゅぎ》……107
□市民革命《しみんかくめい》……14
□事務局《じむきょく》(国連《こくれん》)……122
□『社会契約論《しゃかいけいやくろん》』……15
□社会権《けん》……16,19,**22**
□社会主義《しゅぎ》……107
□社会福祉《ふくし》……95
□社会保険《ほけん》(料)……76,**95**
□社会保障関係費《ほしょうかんけいひ》……95
□社会保障制度《ほしょうせいど》……23,**94**
□衆議院《しゅうぎいん》……31,**32**,52
□衆議院《しゅうぎいん》の優越《ゆうえつ》……34,**35**
□自由権《けん》……12,19,**20**,21
□自由民権《みんけん》運動……15
□住民投票《じゅうみんとうひょう》……61,**62**,63
□主権《しゅけん》(国民《こくみん》)……10
□主権(国家)……104
□需要《じゅよう》(量《りょう》)……**74**,75
□循環型《じゅんかんがた》社会……98
□常会《じょうかい》(通常《つうじょう》国会)……37

チェック式 さくいん

- まんがと「ポイント解説《かいせつ》」などにのっている重要《じゅうよう》用語をのせてあります。
- 太数字は，くわしくあつかっているページを示《しめ》します。
- 理解《りかい》できた用語には，□にチェック印をつけましょう。

あ

□悪質商法《あくしつしょうほう》……77
□ASEAN《アセアン》(東南アジア諸国連合《しょこくれんごう》)……117
□新しい人権《じんけん》……26
□アフリカの年……108
□安全保障《ほしょう》理事会……122,**123**
□EC《イーシー》(ヨーロッパ共同体《きょうどうたい》)……116
□EU《イーユー》(ヨーロッパ連合《れんごう》)……114,**115**,116
□委員会……34,35
□育児《いくじ》・介護《かいご》休業法《ほう》……21
□違憲立法審査権《いけんりっぽうしんさけん》(法令《ほうれい》審査権)……**49**,51,52
□イタイイタイ病……99
□1票《ぴょう》の格差《かくさ》……71
□医療《いりょう》(健康《けんこう》)保険《ほけん》……**94**,95
□インターネット……128
□インフレーション(インフレ)……80
□APEC《エイペック》(アジア太平洋経済協力会議《たいへいようけいざいきょうりょくかいぎ》)……117
□択捉島《えとろふ》……**102**,105
□NGO《エヌジーオー》(非政府組織《ひせいふそしき》)……**144**,145
□NPO《エヌピーオー》(非営利組織《ひえいりそしき》)……145
□円高《えんだか》・円安《えんやす》……**130**,131
□沖ノ鳥《おきのとり》島……102
□オゾン層《そう》の破壊《はかい》……136
□温室効果《こうか》ガス……**135**,137
□オンブズマン(オンブズ)制度《せいど》……63

か

□介護保険《かいごほけん》……95
□解散《かいさん》(衆議院《しゅうぎいん》)……**33**,42,51,52
□解散請求《かいさんせいきゅう》……61,62,**63**
□解職請求《かいしょくせいきゅう》(リコール)……61,**62**
□価格《かかく》……74
□下級裁判所《さいばんしょ》……47
□核拡散防止条約《かくかくさんぼうしじょうやく》(NPT《エヌピーティー》)……112,**113**
□閣議《かくぎ》……40
□核軍縮《かくぐんしゅく》……**112**,113
□家計……74,**76**
□加工貿易《かこうぼうえき》……130
□化石燃料《ねんりょう》……135
□家庭裁判所《さいばんしょ》……**45**,47
□家電リサイクル法《ほう》……98
□株《かぶ》(式《しき》)……78
□株式《かぶしき》会社……78
□株主《かぶぬし》……78
□簡易裁判所《かんいさいばんしょ》……**45**,47
□環境《かんきょう》開発サミット……137
□環境基本法《かんきょうきほんほう》……99
□環境権《かんきょうけん》……26
□環境庁《かんきょうちょう》(省《しょう》)……99
□間接税《かんせつぜい》……**91**,93
□間接民主制《かんせつみんしゅせい》(代議制《だいぎせい》)……**51**,65
□議院内閣制《ぎいんないかくせい》……**42**,53
□起訴《きそ》……45
□基本的人権《きほんてきじんけん》の尊重《そんちょう》……7,**11**
□基本的人権《きほんてきじんけん》を守るための権利《けんり》……19,**24**
□教育を受ける権利《けんり》……23
□供給《きょうきゅう》(量《りょう》)……**74**,75
□行政《ぎょうせい》(権《けん》・機関《きかん》)……**39**,50,51
□行政改革《ぎょうせいかいかく》……43
□京都議定書《きょうとぎていしょ》……137
□拒否権《きょひけん》……**123**,124
□緊急《きんきゅう》集会(参議院《さんぎいん》)……37
□銀行の銀行……80
□金融《きんゆう》(機関《きかん》)……81
□金融政策《きんゆうせいさく》……80
□勤労《きんろう》(の義務《ぎむ》・権利《けんり》)……12,**23**
□クーリングオフ……77
□クレジットカード……**80**,81
□グローバル化……133
□景気《けいき》……79
□経済活動《けいざいかつどう》(経済《けいざい》)の自由……21
□経済《けいざい》社会理事会……122
□経済水域《けいざいすいいき》……**103**,104

▼この本は下記のように環境に配慮して制作しました。
※製版フイルムを使用しないCTP方式で印刷しました。
※環境に配慮して作られた紙を使用しています。

[協力者]
●まんが＝ひろゆうこ・児玉智則・川下　隆
●写真提供＝AFP＝時事・PANA・朝日新聞社・悠工房
●編集協力＝寺南純一・パル企画・ゲマイン・パピルス・田鍋祐次郎
●表紙デザイン＝ナカムラグラフ＋ノモグラム
●本文デザイン＝西須幸栄
●ＤＴＰ＝明昌堂　データ管理コード：16-1772-1163（CS3）

中学入試 まんが攻略BON!　政治・国際

④